高校图书馆文献信息服务研究

郑 勇 著

國家圖書館出版社
National Library of China Publishing House

图书在版编目(CIP)数据

高校图书馆文献信息服务研究/郑勇著. --北京:国家图书馆出版社,2015.8

ISBN 978 - 7 - 5013 - 5609 - 6

Ⅰ.①高… Ⅱ.①郑… Ⅲ.①院校图书馆—图书馆工作—文献服务—研究 Ⅳ.①G258.6

中国版本图书馆 CIP 数据核字(2015)第 136898 号

书　　名	高校图书馆文献信息服务研究	
著　　者	郑　勇　著	
责任编辑	高　爽	
出　　版	国家图书馆出版社(100034　北京市西城区文津街 7 号)	
	（原书目文献出版社　北京图书馆出版社）	
发　　行	010 - 66114536　66126153　66151313　66175620	
	66121706(传真)　66126156(门市部)	
E-mail	btsfxb@ nlc. gov. cn(邮购)	
Website	www. nlcpress. com ──→投稿中心	
经　　销	新华书店	
印　　装	北京科信印刷有限公司	
版　　次	2015 年 8 月第 1 版　2015 年 8 月第 1 次印刷	
开　　本	880 × 1230(毫米)　1/32	
印　　张	7.75	
字　　数	220 千字	
书　　号	ISBN 978 - 7 - 5013 - 5609 - 6	
定　　价	48.00 元	

目　　录

前　言

高校图书馆员最为津津乐道和引以为豪的或许就是,教育部2002年2月发布的《普通高等学校图书馆规程》第一条给予了高校图书馆很高的地位,即"高等学校图书馆是学校的文献信息中心,是为教学和科学研究服务的学术性机构,是学校信息化和社会信息化的重要基地",所以文献信息服务一直是高校图书馆最根本、最主要,也是最核心的服务。然而,第一,随着科学技术尤其是信息技术的发展,随着互联网的普及,图书馆的文献信息优势面临前所未有的挑战,传统的文献信息服务面临贬值的危机,让图书馆员不得不重新思考新的服务取向;第二,高校图书馆员虽然对文献信息服务已经展开了广泛而深入的讨论,产生的研究成果也是不计其数,然而当我们阅读相关学术著作或检索浏览相关学术论文,便会立刻产生一个十分强烈的印象,那就是绝大多数都是站在图书馆的角度来理解图书馆服务、规划图书馆服务蓝图,很少站在图书馆的服务对象即用户角度来审视图书馆服务。当然,产生这一现象也有其必然性,因为从事图书馆服务研究讨论的大都是图书馆员自己,而非用户。但任何服务,从本质上说都是服从和满足用户需要的活动,只有为用户所接受并能满足其需要,才能成为有效的服务。用户不需要、不利用,即使服务再多、再周全也没有意义,所以如果只是站在图书馆角度来思考和设计图书馆服务内容、方式与策略,而忽视用户的需要,那么服务效果必然大打折扣。因此,从用户接受的视角来理解和审视图书馆文献信息服务,无疑更具理论意义和现实意义。

这本著作试图改变长期以来主要以图书馆的视角来讨论图书馆文献信息服务的传统,而主要从用户的视角来审视高校图书馆文献信息服务的内涵、内容、方式与策略。第一章从用户角度重新理解高校图书馆文献信息服务的内涵,从网民用户的网络用语和用户调查所反映的利用图书馆文献信息服务倾向来审视现时代高校图书馆文献信息服务的取向。第二章针对现时代高校图书馆文献信息服务所面临的挑战,以用户需要为基础讨论高校图书馆文献信息服务在服务内容、服务方式和服务语言上所面临的选择,其中重点讨论从文献信息服务走向知识服务的必要性和可行性。第三章调查和总结我国高校图书馆文献信息服务的非策略倾向,讨论开展策略性服务的策略,并就图书馆通过超市化服务、广告服务和学习服务来提升文献信息服务效益做了深入思考。第四章可说是本书一大亮点,从阅读学、阅读心理学、受众心理学、接受美学、对话理论等角度重新审视高校图书馆网上服务现状,认为我国高校图书馆网站大都还在独白语境中徘徊,因而严重影响利用率,只有赋予其对话性格才能提升服务效益。基于此,探讨赋予高校图书馆网站以对话性格应遵循的原则和可采取的策略。第五章基于调查反映我国高校图书馆参考咨询服务所面临的困境,依据用户需要对走出服务困境的路径提出建议,其中重点关注独立学院图书馆参考咨询服务所反映出来的特殊倾向以及高校图书馆参考咨询服务普遍存在的非参考倾向,提出提升参考咨询服务的参考意义和服务效益的策略。第六章鉴于我国高校图书馆的用户教育与培训主要立足于图书馆和图书馆资源,普遍缺乏服务性,从而导致用户参与度低、服务效益不理想,提出必须让用户教育回归服务本质、让更多用户参与到服务活动中来,并积极跟服务者展开互动对话的建议。第七章总结我国关于高校图书馆学科服务的研究现状,认为学科服务无论是研究视角还是服务现状都存在忽视用户接受需要的倾向,从对话的视角和以用户阅读与接受心理为基础,讨论让学科服务更为学科用户所接受的路径。

这本著作可以说是我在北京师范大学珠海分校图书馆从事读者服务工作十多年来一边实践探索、一边独立思考和研究的成果体现,其中部分章节的主要内容已作为学术论文发表在《大学图书馆学报》《情报资料工作》和《图书馆论坛》等在我国图书情报学领域有较大学术影响的 CSSCI 来源期刊上。虽然某些观点还欠成熟,论证也还显粗糙,但却是我诚实劳动的结果。

　　我本是一所中学的语文、政治教师骨干,追求的目标就是做一名优秀的中小学教师,并且这种追求一直很专心、很执着,从来没有动摇过。为了提升自己的教学水平,我还特意报考了北京师范大学中文系教育硕士,希望为实现这一目标创造更好的条件。然而当 2003 年毕业时,却不得不面对一个连自己都感到十分意外的选择,那就是来到了北京师范大学珠海分校图书馆,但是一到这里就很快发现,自己是多么适合这里! 一切不安都在这里迅速沉静了下来。

　　对于图书馆,我一直充满好奇和崇敬,遗憾的是本科期间基本上被我忽略掉了,直到在攻读硕士学位期间,才第一次好好利用了一下。但也仅仅只是把它当作是看书、借书、浏览报刊以及上网的地方罢了,从没有深入了解一下图书馆究竟是什么。我要特别感谢张晓峰馆长给了我宝贵的机会,让我成为一名图书馆员,并且还成为我馆参考咨询服务工作的开拓者。担任图书馆首任参考咨询部主任近 6 年的时间,使我不仅深刻认识了图书馆,还不得不每天深入思考图书馆及其服务。

　　在从事一线文献信息服务的十多年期间,我发表了大量有关图书馆文献信息服务的研究论文,其中绝大多数都是从用户视角来思考和展开的。这或许是因为从用户视角来探讨高校图书馆的文献信息服务是我的一大优势吧!

　　第一,图书馆所服务的对象基本上全是非图书情报专业用户,而我拥有非图书情报专业背景和多年一线专业教学实践经验,并一直从事非图书情报专业的学术思考与研究,且常有相关研究成果发表,就是说自己就是一名图书馆普通用户,对于非图书情报专业用户在教学与研究过程中的文献信息需求有着最直接的体验和经验,对于用户需求的把握也许更准确、更到位。

　　第二,我一直从事图书馆参考咨询服务工作,每天都在跟各类用户打交道,跟他们沟通交流,为他们提供文献信息服务,对于他们各方面的文献信息需要,对于他们利用图书馆各种服务的思想、感情和接受态度与倾向,十分熟悉。

　　第三,我所修的专业方向是思想政治教育和语文教学论,对于图书情报专业可谓完全是外行,但这一劣势也给我带来了一大优势,那就是可以更多从普通学科用户或读者的视角来审视图书馆的服务,并利用自己的学科专业优势从语言学、阅读学、接受心理学等角度来思考图书馆服务的有效性,这无疑有利于思维的创新。

近年来,一系列较高质量的研究论文的发表也证明了我这三个优势的确存在,并且让我受益颇多。2010年,我的论文《高校图书馆网站:从独白走向对话》就是利用阅读学方面的专业知识所做的研究,发表在中国人民大学和中国社科情报学会合办的《情报资料工作》上,让我兴奋了好几天。而2014年1月我的论文《从言语到话语——赋予高校图书馆网站以对话性格》同样是利用阅读学、心理学等专业知识所做的研究,发表在高校图书情报界最有影响的北京大学和教育部高校图工委合办《大学图书馆学报》上,让我尤其有成就感。当然,我也经历了许多次的退稿考验,但每一次退稿的经历也是让我不断自我反省、不断学习和取得进步并逐步走向成熟的机会。我要特别感谢《大学图书馆学报》和《图书馆论坛》的审稿专家们给予我多次的极宝贵的审稿意见,让我受益匪浅。

这本著作是我在长期的读者服务工作中逐步形成的对于高校图书馆文献信息服务所做的观察、体验与思考的成果,希望以此跟从事图书馆文献信息服务与研究的同仁们分享和交流。也许对于拥有图书情报专业背景的读者或从事图书情报专业研究的专家来说,本书所讨论的内容与形式都还不够专业,但或许换一个角度即从非图书情报专业角度来观察和审视图书馆的文献信息服务,会对专业的图书情报服务实践与研究有所启示或参考。如果能达此目的,则我之幸也。当然,如果能得到同仁或专家的批评与指正,同样是我之幸也。

本研究成果获得"北京师范大学珠海分校2015年科研成果出版支持计划"经费资助,特别致谢!

郑　勇

2014年11月于珠海

1 从用户视角看文献信息服务

1.1 对文献信息服务内涵的重新审视

1.1.1 文献与文献服务

"文献"一词最早见于《论语·八佾》,子曰:"夏礼,吾能言之,杞不足征也。殷礼,吾能言之,宋不足征也。文献不足故也。足,则吾征之矣。"宋代朱熹在《论语集注》中注释为:"文,典籍也;献,贤也。"所谓典籍,即历代史料;所谓贤,即当代重要人物,其言行被记录下来即是"文"。在生产力极不发达的历史时期,只有重要人物的言行才可能被记录下来成为"文"。但无论如何,今天的"文"是历代之"献",而今天的"献"也可能就是将来之"文",所以文献可理解为古今一切社会史料之总称①。元代马端临在《文献通考》自序中将"文献"诠释为:"凡叙事,则本之经史而参之以历代会要以及百家传记之书,信而有证者从之,乖异传疑者不录,所谓文也;凡论事,则先取当时臣僚之奏疏,次及近代诸儒之评论,以至名流之燕谈,稗官之记录,凡一语一言,可以订典故之得失,证史传之是非者,则而录之,所谓献也。"献的含义在这里跟文已经很接近了,指文字所记和言论所录。值得注意的是,马端临特别强调了记录的可靠性,且记录范围有所扩大,除了臣僚、诸儒、名流等重要人物,稗官也列入其中。我国1983年、1985年颁布的《文献著录总则》(GB 3792 - 1—83)和《情报与文献工作词汇基本术语》(GB 4894—85)则将文献定义为"文献就是记录有知识的一切载体",这可说是图书馆员最普遍认同的经典表达,意味着文献的两个构

---

① 杜泽逊. 文献学概要[M]. 北京:中华书局,2008:1 - 4

成要件须得到满足,即文献记录的一定是知识,且一定是载体。强调文献的知识性,无疑继承了传统强调记录的可靠性观念,只是记录范围扩大为一切载体,贤的意味消失了。但在信息泛滥、文献多样的现代社会,文献所记就一定是知识? 显然未必! 基于此,《中国大百科全书》将文献界定为"是记录知识与信息的一切载体"①,显然更全面更准确反映了文献的内容,因而也能获得最普遍的认同和接受。

图书馆的文献服务无疑就是提供能满足用户所需文献的服务,就是说用户接收到的是文献载体(实体),并且这文献所记知识或信息还能满足其选择、利用的需要。用户来图书馆借书、看报纸,图书馆帮助用户检索、下载并提供给用户所需文献,图书馆通过网络传递用户所指定的文献,这就是图书馆的借阅服务、文献检索服务、文献传递与馆际互借服务等文献服务。文献服务提供给用户文献实体或虚拟实体,服务者不需要关心文献里的内容是什么,文献内容信息是否真实可靠,就是说图书馆员不用关心文献记录的是知识还是信息,只要给用户所需要或指定的文献实体即可。同样,对于用户来说,他们只要能通过图书馆的服务获得自己所需要的文献实体或虚拟实体即可,至于文献内容是什么,也与图书馆员无关,由于文献需求的个性化,用户有时甚至不希望图书馆员或者身边人知道文献内容。

从用户角度看,文献服务是图书馆一项非常重要的服务。图书馆的价值首先就在于其文献价值。尽管互联网时代,用户也能通过互联网获得很多自己所需要的文献与信息,但那毕竟是虚拟的,其来源也是复杂的。有研究证明,来源于传统媒介的信息一般会在精确性和公正性方面受到详细审察,而来源于互联网上的信息则不必受此压力,所以互联网上不受限制的信息流可能引起人们对其可信度的怀疑②。

---

① 中国大百科全书总编委员会. 中国大百科全书(第二版):23 卷[M].北京:中国大百科全书出版社,2009:311
② 托马斯 J. 约翰逊,芭芭拉 K. 凯,谭辛鹏. 互联网与传统媒介信息可信度的比较[J].国际新闻界,1999(5):58

对于传统文献的尊崇依然是许多用户根深蒂固的观念,在感情态度上总是更信赖"白纸黑字"的可靠性和安全性,无论什么信息,无论来自什么渠道的信息,仿佛一看到"白纸黑字"的记录,心里才能踏实和安稳似的①。所以现代社会面对文献来源的多样化和复杂化,如何能获得可靠的、值得信任的、安全的文献,也是用户所面临的一大难题。而图书馆正是馆藏文献的重地,其文献服务的价值依然是最有分量的,是互联网的虚拟空间所无法取代的。甚至可以说,如果图书馆所提供的文献服务只是跟互联网所提供的文献服务差不多,那么图书馆的价值就真的完全丧失了。

1.1.2 信息与文献信息服务

所谓信息,就是消息,就是对于接受者来说预先不知道的通信内容或报道,一般指消息、情报、数据、知识等②。显然,这是对信息概念的狭义理解,强调了信息接受者的重要性,就是说信息的信息意义是相对于接受者而言的。"给你提供一条信息",意味着给你提供的内容或报道是你不知道而又想知道的,如果你已经知道,那就失去了信息意义;如果你不知道,也不想知道,你就会漠然置之,听而不闻、视而不见,同样也失去了信息意义。有论者从哲学本体论角度认为信息是事物存在方式或运动状态以及这种方式和状态的自我表述,把信息理解为一种向外输出的客观存在。也有论者从认识论角度认为,信息是主体所感知或所表述的关于该事物的运动状态及其变化方式,包括这种状态或方式的形式、含义和效用,强调了信息主体的感知作用③。毫无疑问,信息是一种普遍的客观的存在,任何事物都是信息源,这是绝对的,但同时又是相对的,因为其现实存在取决于信息接受者的感知,接受者感知了、接受了,才意味着其真实的存在,如果信息接受者听而不

---

① 张惠芳,赵瑞琦. 网络时代的纸媒生存之道[J]. 新闻知识,2009(2):46
② 冯契. 哲学大辞典(上)[M]. 上海:上海辞书出版社,2007:951
③ 王众托,吴江宁,郭崇慧. 知识与知识管理[M]. 北京:电子工业出版社,2010:2

闻、视而不见,那么信息也就失去了现实意义,至于信息内容是什么,是否真实可靠,是否有利用价值,也是信息接受者所做的理解与判断,会直接影响他们对于信息所采取的取舍态度,但并不影响信息的存在。

文献信息,顾名思义就是文献的信息,包括文献的外在信息和文献的内在信息(即内容信息),例如作者是谁、出版时间是什么、谁出版的、是图书还是期刊、什么地方有馆藏、怎样能获取等,这些关于文献外部及文献线索的信息,就是文献信息;同样,关于文献的内容是些什么,同样也是文献信息。文献信息也可以理解为文献与信息,文献和信息之间彼此之间是未必存在联系的两个东西。文献信息还可以理解为文献与文献的信息。

基于以上理解,文献信息服务,可以理解为文献的信息服务,即关于文献的外在信息与内在信息的服务,未必一定要提供文献实体或虚拟实体,这显然不符合图书馆服务实际;也可以理解为文献服务与信息服务,二者是存在本质区别的两种服务,信息服务所包括的内容是极其广泛的,意味着只要用户需要,图书馆什么类型、什么内容的信息都提供,图书馆很难提供涵盖一切领域、无所不能的信息服务。所以图书馆的文献信息服务应该理解为文献服务与文献的信息服务,就是不仅仅为用户提供他们所需的文献实体或虚拟实体,还为用户提供他们所需文献的外部信息、线索信息,或为用户报道所需文献的内容信息,以满足用户不同类别或层次的需要。图书馆是基于图书与文献的馆藏或管理优势而存在的,因此其信息服务,应该只能是基于文献或以文献为依据而提供的信息服务。

从用户角度看,文献信息服务也是现代社会图书馆所提供的极其重要的服务。因为现代信息爆发式增长、文献多样且来源复杂,大多数并非用户所需,但却严重影响和干扰着用户对于目标文献的获取,可以说如何能迅速找到用户所需要的目标文献,如何从浩如烟海的文献信息海洋里捞出用户所需要的"针",也是让用户极其头疼的事。所以图书馆的文献信息服务是极具利用价值的服务。毋庸置疑,现代社会图书馆的文献中介属性对于用户来说确实有所削弱,但新的文献信息需要与烦恼却又越来越沉重困扰着每一个用户。如何让用户及时知道某个领域最新的文献,如何帮助用户及时找到他们所指定的文献,如何帮助用户按照他们的需要有效筛选和评价文献,如何帮助用户剔除无关的或毫无利用价值的干扰文献,如何帮助用户获取更可靠的文献,如何帮助用户快速锁定记录某条信息或知识的文献,这些都是最能体现图书馆服务价值的工作,也是用户给予图书馆最大的期待。至于文献内容是知识还是信息,则完全是用户自己来理解和做出的选择,无须图书馆员干预。

1.1.3 知识与知识服务

何为知识?《现代汉语词典》的定义:人们改造世界的实践所获得的认识和经验的总和。每个人在自己的实践中都会获得对于世界的认识和经验,就是说每个人都有属于自己的知识。"知识"在《中国大百科全书》中是指"人类认识的成果。它是在实践的基础上产生又经过实践检验的对客观实际的反映。人们在日常生活、社会活动和科学研究中所获得的对事物的了解,其中可靠的成分就是知识"[①]。这里强调知识是"经过实践检验"的"对客观实际的反映",强调认识和经验的"可靠成分",这就意味着,并非所有认识和经验都是知识,只有符合实际的反映和认识与经验中的"可靠的成分"才是知识。

"文献就是记录有知识的一切载体",这是图书馆员长期以来最耳熟能详和尊崇的关于文献的界定,所以许多图书馆员一直认为文献服务实质上也是知识服务[②]。然而这一关于文献的界定在现代社会是极其苍白无力的。难道文献所载就一定是知识吗?如果是,那么网络谣言也是载体所载,难道也是知识?图书馆员也许会认为,不是知识的

---

① 中国大百科全书总编委员会. 中国大百科全书(第二版):28 卷[M].北京:中国大百科全书出版社,2009:326

② 任俊为. 知识经济与图书馆的知识服务[J].图书情报知识,1999(1):28

文献,不能算是真正的文献。但文献所记是否可靠,是否是知识,不同的用户所站角度不同、利用目的不同、生活经验不同,完全可能产生不同的看法,要求文献所记就是知识未免显得过于偏狭。尤其是现代社会任何人都可能是文献出版者,或者编著图书,或者发表期刊论文,或者发表网上博客(或微博),或者发布 BBS 帖子等,可谓出版方式多种多样,十分复杂,形式上丰富多彩,内容上则鱼龙混杂、真假难辨,是否算是文献可谓极难界定。如果一定要认为文献所载是知识,是文献作者认识与经验中的"可靠的成分",那也只是相对于文献作者来说"可靠",是知识,但是对于文献用户来说,是否"可靠"还得经受他们知识与经验的检验,就是说是不是知识,不是文献作者或文献馆藏与服务者说了算,而是应该由文献用户来检验和判断,你认为是知识,但对于用户来说则不尽然。从信息角度看,任何知识无疑都是信息,但只有符合实际的可靠的信息才是知识。

从知识一词的内涵看,图书馆所提供的文献信息服务也完全可以理解为知识服务,因为文献外部及线索信息,也是可靠的信息,把文献的内容准确报道出来,显然也具知识意义。因此一些论者认为,图书馆的文献信息服务其实也就是知识服务,"无法说清知识服务和信息服务的区别"①,如果说有区别,那么文献服务的对象是大众用户、普通用户,而知识服务是专业的、个性化服务,他们认为"就本质而言,满足读者用户个性化需求的信息服务就是知识服务"②。这种看法相当普遍,浏览我国大部分关于知识服务的研究论文会发现,他们不遗余力、津津乐道的所谓知识服务,其实只是将文献信息服务换了"知识"这个名称而已。当然,也有一点可以肯定,那就是多数关于知识服务的讨论都认同服务的学科化、专业性。然而从实践角度看,图书馆员

---

① 陈建龙,王建冬,胡磊等. 再论知识服务的概念内涵——与信息服务关系的再思考[J]. 图书情报知识,2010(4):19

② 安月英. 网络环境下图书馆服务理念的整合——从信息服务到知识服务[J]. 情报杂志,2002(6):77

的专业背景和素养决定了他们能为用户所提供的所谓知识服务,主要是图书情报专业知识上的服务,是文献信息方面的知识服务,并非是其他学科专业知识服务,并非是学科文献内容信息里的学科专业知识服务。这可以从已经发布的有关参考咨询服务内容和相关用户需求的调查得到证明。例如,2001—2005 上海几所图书馆开展网上联合参考咨询服务,就以文献信息服务为主,大部分图书馆专家答复的多数知识性问题主要是图书情报类知识,而对于学科专业知识性问题的答复则显得迟钝①。

从用户角度看,正如一些知识论者所说,他们所需要的并不是满足于获取文献,而是深入文献内部的知识单元内容②。但知识也是一个动词,知,即知道、了解;识,即识别。图书馆员提供给用户的是不是知识,需要用户已有知识经验来理解和识别并做出判断,而并非给用户知识,用户就真的直接当作知识来接受了(本书第二章将对此做进一步探讨)。用户所需要的知识是他们自己通过实践经验获得或通过文献信息理解、识别和提取出来的,而不是图书馆员如教师传授给学生知识那样直接提供和授予他们。如果说图书馆员想利用自己的专长为用户提供自己熟悉的图书情报专业知识服务,倒也可以理解,甚至有了合理性,如果图书馆员希望为用户提供自己并不熟悉甚至是"外行"的学科专业知识服务,那么这对于用户来说则显得有些不可思议了。2008 年,中科院王海燕曾对该院一线科研用户做过调查,在遇到研究型问题时,比如在科研过程中遇到某个专业方面的问题时,向学科馆员咨询的为零,求助于同行和网络的几乎相等,各占 47.5%,通过其他途径解决的占 5%③。由此可见一斑。

① 王珽嘉. 图书馆参考咨询实现知识服务的可能性——"网上联合知识导航站"的统计与研究[J].图书馆杂志,2006(2):19
② 刘淑玲. 网络环境下高校图书馆的知识管理与知识服务[J].情报科学,2010(4):24
③ 王燕海,盛春蕾,范广兵. 科研用户对研究所图书馆学科化服务的认知度分析[J].现代情报,2008(12):166

1.2　用户视野中的文献信息服务

1.2.1　网络用语的反映

（1）网络用语对于图书馆服务的意义

随着互联网的日益普及,以互联网为媒介的表达与交流日益成为人们生活的常态,从而使网络用语逐渐成为学术界关注的语言现象。

所谓网络用语,顾名思义,就是指网上所用之语,即人们通过网络表达、交流所用之语,可从广义和狭义两方面来理解。从广义角度看,网民用于网络交流或发表个人观点的用语都是网络用语①。从狭义的角度看,网络用语是网民为了适应网上交际的需要而使用和创造的一种有别于传统交流介质的字符形式②,如拍砖、马甲、杯具、潜水、mm（妹妹）、886（bye-bye）等。基于此,不同研究者还以不同标准给网络用语加以分类,分析和总结网络用语在信息交流中的影响与特点。例如,中山大学黄晓斌等从词汇的结构组成与用语含义内在联系角度出发,将网络用语分为符号图形类、谐音类、缩略词类、旧词新义类、引申类、新词类、数字代码类等,认为网络用语在信息交流过程中具有简洁性、区域性、生动性、动态性、非规范性等特点③。有研究者还总结了我国学人对于网络用语研究的三大走向,一是介绍性研究和以词法分析为主的特点归纳式研究,二是基于语言学概念的研究,三是基于语言

---

① 陈飞鲸. 网络语言的特殊性[J]. 东南传播,2006(1):31-32
② 王用源,李爽,王乐乐. 试论语言的功能磨损与功能补偿在网络用语中的体现[J]. 兰州教育学院学报,2012(7):4-6
③ 黄晓斌,余双双. 网络用语对信息交流的影响[J]. 情报理论与实践,2008(1):23-25

结构的研究①。

　　语言学家索绪尔有个著名论断:"语言是一种表达观念的符号系统。"②无论人们如何界定和理解网络用语,作为表达和交流用语,网络用语在内容上都是人们在交流时用来表达自己思想观念、生活经验和行为态度的符号的集合。语言是文化的载体,所以网络用语也能反映出社会遗传的习惯与信仰,反映着社会的意识与文化③。从形式上看,作为人际沟通交流的一种工具,网络用语也必定是约定俗成的一种符号体系,一个语词、一个符号所蕴含的意义,在网络交流中由于不但被运用而得到实现并逐步获得社会认可,从而成为一种表达或交流用语④。由此可见,一个网络用语使用的广度或频次,也意味着其所蕴含的意义或观念被社会接纳和认可的程度。换言之,网络用语在一定程度上也是社会意识、经验与文化的一种反映。

　　语言是思想的直接显示⑤。从图书馆员与用户之间的关系看,图书馆员如何通过网络媒介向用户表达,无疑直接反映着他们的服务理念。而对于用户来说图书馆有什么用,他们来到图书馆或访问图书馆网站的目的是什么,主要利用哪些服务,也常常通过他们的日常用语表达出来。如果他们使用某些利用图书馆服务的网络用语达到较高的频次,可在一定程度上反映出他们利用图书馆服务的较普遍的意识与倾向。

①　李楠.近十年中国网络用语研究综述[J].吉林化工学院学报,2012(10):23-26
②　菲尔迪南·德·索绪尔.普通语言学教程[M].高明凯,译.北京:商务印书馆,1985:37
③　韩梅.网络用语的文化现象透析[J].绥化学院学报,2008(1):125-127
④　刘倩忠,王婷.潜性显性化——网络用语产生的重要途径[J].文教资料,2010(18):134-136
⑤　马克思恩格斯全集:第3卷[M].北京:人民出版社,1960:525

(2)网络用语对于高校图书馆服务现状的反映

1)图书馆服务的网络用语

网络时代,图书馆服务离不开网络用语。高校图书馆服务的网络用语主要体现在两方面:

——作为图书馆服务门户的图书馆网站所普遍使用的一些属于图书馆员的特殊用语。例如:FAQ、OPAC、信息共享空间、WOS 收录、虚拟参考咨询等,这些术语有一定的专业性,一定程度上反映着图书情报专业领域的发展状况。这类用语属于图书馆员的"行话",非图书情报专业用户往往难以理解,少用或不用。然而有调查研究结果显示,作为为用户服务的我国高校图书馆网站却充斥着大量让用户费解的图书情报用语,无视用户的接受需要,这就反映出图书馆员自我中心的服务理念①。

——图书馆通过网络表达或跟用户在网上展开沟通交流所用之语,这些用语直接实现着图书馆的服务职能,有很强的交流性,只有用户愿意"聆听"和理解才有意义。例如图书馆网站推介资源与服务所表达的话语,就要迎合用户的口味,用户才会阅读和利用;图书馆通过网上参考咨询解答用户提问,就要说用户能理解和接受的话,如果图书馆员和用户各说各话,就会造成意义的无效传达,甚至拉大心理距离,影响交流效果。然而调查显示,我国高校图书馆网站用户访问量最大的是"常用数据库",其次是"借阅服务""公告通知",其他栏目访问量都极低,甚至于数据库来说,除了 CNKI,其他中外文数据库利用率也都不高,用户常用的网上服务也只是查收查引、文献传递等少数服务项目②,这就表明图书馆网站所表达的大部分内容都还没有为用户所接受,大都还处于自得其乐、自我消遣的自言自语状态。

---

①② 郑勇. 从言语到话语——赋予高校图书馆网站以对话性格[J]. 大学图书馆学报,2014(1):65-69

2）网民利用图书馆服务的网络用语

中国互联网络信息中心发布第 34 次《中国互联网络发展状况统计报告》，截至 2014 年 6 月，中国网民规模达 6.32 亿，互联网普及率为 46.9%，且网民人均每周上网时长达 25.9 小时。无论是网民的数量、区域分布，还是年龄、职业等结构，都足以涵盖各类图书馆用户。因此，网民使用的网络用语无疑在一定程度上可以反映出他们利用图书馆服务的状况。

我们可以站在用户或用户之间交流的角度，设身处地想他们会如何表达他们利用图书馆服务的意向，例如，"去图书馆查资料"，他们还可能表述为"到图书馆去查资料""去图书馆查点资料""到图书馆去找点资料"等。2014 年 7 月 18 日，笔者利用百度反复尝试检索用户可能使用的有关利用图书馆各种服务的若干网络用语（见表 1－1），列出检索结果较多的用语，也列出少数几个利用同一服务用户可能使用的近似语，以便观察和比较检索结果所显示的相关用语的频次，以了解用户利用图书馆服务的观念、习惯或倾向性选择。检索结果呈现出如下特点：

表 1－1　百度精确匹配检索的部分网络用语及频次

	网络用语	检索结果		网络用语	检索结果		网络用语	检索结果
借阅服务	去图书馆看书	735 000	文献查找与检索服务	用图书馆数据库	44	学习服务	去图书馆学习	211 000
	到图书馆去看书	158 000		上图书馆网站查	50		到图书馆去学习	42 400
	去图书馆借书	440 000		在图书馆网上查	33		去图书馆自习	216 000
	到图书馆去借	76 100		到图书馆去查资料	24 300		去图书馆做作业	115 000

续表

	网络用语	检索结果		网络用语	检索结果		网络用语	检索结果
借阅服务	去图书馆看报纸	29 100	文献查找与检索服务	去图书馆查资料	388 000	学习服务	去图书馆写论文	39 000
	去图书馆看杂志（去图书馆看期刊）	20 100（20）		去图书馆找资料	123 000		图书馆占座	126 000
咨询服务	去图书馆咨询	95		用百度查（用百度检索）	3 800 000（2790）	休闲娱乐	去图书馆玩	13 300
	去问图书馆	85		用百度搜	3 090 000		去图书馆看电影	1560
							去图书馆玩游戏	142
	去图书馆问	13 400	培训服务	去图书馆听讲座	8140	网上服务	用图书馆网	71
	去找学科馆员	8		去图书馆参加培训	15		去图书馆网站	78

说明:本表只列用户常用语,对于图书馆员较多使用的则不列入,如"上图书馆网"等。

——网民用户的用语跟图书馆的用语呈现出较大差异。人们常说"用百度查"资料或"找"资料,很少如图书馆员说"检索"资料或文献;人们习惯说"看报纸、杂志",很少说"阅读报刊或期刊"。

——网民用户利用图书馆的目的与图书馆的期望存在一定差异。浏览近年高校图书馆员发表的相关论文可见,普遍把图书馆看作是一所学校的文献信息中心、知识服务中心、信息咨询中心、教育培训中心、现代学习中心、休闲娱乐中心等,服务职能在不断扩展与放大,而网民用户利用图书馆的目的却很集中。表1-1显示,"去到图书馆看书、借书"等相关用语,"去到图书馆查资料、找资料"相关用语,"去图书馆自习学习、做作业、写论文"等相关用语,使用频次相对较高,这说明在用户看来,图书馆就是看书、借书的地方,是借阅中心;是查资料的地方,是资料中心;是自习的地方,是自主学习中心。就是说,图书馆是文献中心、学习中心,至于其他"中心"还没有成为用户普遍接受的意识。

——图书馆网上服务、参考咨询服务还没有为网民用户所普遍关注和利用。表1-1显示,很少有网民说"去图书馆网站"做什么,或者说"用图书馆数据库"查什么资料,也很少有用户说"去图书馆咨询""去问图书馆"或者"去图书馆参加培训"等。相关研究也明确反映,我国高校图书馆主页很难看到文献内容信息和学术信息的报道,除了文献资源导航目录、服务项目和馆情介绍,就很少有别的信息了,信息量小可以说是图书馆网站的一大缺陷①。由此可见,目前,我国高校图书馆所实现的主要还是文献服务价值,信息服务价值还远远没有体现出来。

——图书馆的文献信息服务地位面临挑战。同样是查资料,网民"用百度查""用百度搜"的使用频次远远高于"去图书馆查""去图书馆找""去图书馆网站查"等相关用语的频次,可见在网民用户的普遍意识里,用百度查资料比去图书馆更有优势。OCLC发布针对高校用户的报告也清楚表明,84%的用户首先使用搜索引擎开始搜索信息,仅有1%的用户会从图书馆网页开始搜索,且90%的用户对搜索引擎获得的信息表示满意②,再次显示出网络用语所反映的情况与实际状况的一致。

1.2.2 用户调查的结果

如果说网络用语只是间接反映了用户利用图书馆文献信息服务的意识与倾向,那么针对用户的调查则完全可以直接反映他们利用图书馆服务的意识与倾向。

---

① 郑勇. 高校图书馆网站:从独白走向对话——以我国20所重点高校图书馆网站栏目设置为例[J]. 情报资料工作,2010(1):43-44
② 于静,杨雪晶. 高校图书馆读者服务创新研究[J]. 图书馆论坛,2007(2):35

（1）用户来图书馆做什么

2014 年，一项来自广州大学的调查（见表 1 - 2），关于读者"去图书馆干什么"，超过六成的学生均选择自修和借书，近半学生选择阅读，选择其他目的的只有 15.4%。由此可见，文献借阅和自主学习，是大学生利用图书馆的主要目的。

表 1 - 2　2014 年广州大学学生"去图书馆干什么"调查结果①

去图书馆做什么	自修	借书	阅读	上网	交流	其他事
占有效样本百分比	69.0%	60.8%	45.4%	4.0%	3.5%	7.9%

另一项针对杭州 7 所高校的 800 多名大学生的调查统计显示（见表 1 - 3），学生来到图书馆的主要目的是书刊借阅和检索利用文献资源，值得注意的是来图书馆利用这里的环境学习的比例达到 76.28%，而利用参考咨询、读者培训等其他服务的比例极小，仅占 1.88%。关于"希望图书馆提供的文献信息服务"内容，也主要是新书通报、书刊导读、举办读书活动、学术讲座，以及文献检索与传递等，参考咨询服务需求并不强烈。

表 1 - 3　2011 杭州 7 高校大学生调查统计②

问题	选项	占比
到图书馆的目的	借阅图书	49.38%
	查阅报刊	15.13%
	查阅电子资源	10.63%
	学习	76.28%
	利用其他媒体资源	4.38%
	其他	1.88%

---

① 黄文忠. 网络环境下大学生图书馆信息行为实证研究——以广州大学为例 [J]. 广州大学学报（社会科学版），2014(7):67
② 王毅蓉. 基于大学生调查问卷的"90 后"大学生信息需求分析[J]. 图书馆建设，2012(2):72

问题	选项	占比
希望图书馆提供的文献信息服务	新书通报、书刊导读	62.13%
	文献代检与传递	32.00%
	定题服务与参考咨询	23.25%
	文献检索技能培训	27.50%
	数据库使用培训	26.50%
	举办读书活动、学术讲座	33.38%

（2）用户利用参考咨询服务的情况

调查结果显示（见表1-4），即使对于那些需要利用咨询服务的大学生用户来说，他们要解决的问题主要是：图书借阅、电子资源的相关问题、图书馆其他服务信息、专业的学术信息，这些问题被解决的概率依次为96.1%、72.9%、60.3%、57.0%，可见文献获取与利用方面的问题依然占了主流。对于大学生为什么不愿意利用图书馆咨询服务，24.9%的学生更相信自己能解决，而43%的学生是由于对图书馆员缺乏信任。

表1-4　大学生不愿意利用咨询服务的原因调查[①]

从未向图书馆员提问的原因	所占比例
问题都能自己解决	24.9%
不相信图书馆员能回答特定问题	9.7%
曾有过或见闻过不愉快的咨询经历	1.3%
不知道图书馆开展此类服务	18.1%
不能从图书馆员那里得到满意答复	15.9%

---

① 付立宏,邢萌.高校学生读者享受图书馆咨询服务现状调查与思考[J].图书馆学研究,2011(16):67-68

续表

从未向图书馆员提问的原因	所占比例
不愿意给图书馆员添麻烦	8.1%
有更好咨询途径,如同学、师长等	17.1%
其他	11.5%

(3)用户期待图书馆培训什么

来自吉林大学的调查(见表1－5),用户期望参加图书馆用户教育与培训的内容,主要集中在馆藏查询与获取,数据库检索方法、网上资源查询与利用方法,文献传递与馆际互借流程,专题文献检索等方面,对于知识服务方面的内容需求并不多,对于学科知识几乎不涉及。

表1－5　用户期望参加用户教育与培训的内容统计[①]

项目	百分比
馆藏查询与获取方法	57.1%
数据库检索方法	40.3%
网上资源查询与利用方法	44.8%
文献传递与馆际互借流程	22.7%
专题文献检索与文献综述	29.2%
论文被引与评价	28.6%
其他	4.5%

(4)用户利用图书馆网站的情况

2012 年,郑州大学尚新丽等学者面向北京、山东、黑龙江、广东、天津、海南、新疆、江苏、湖北等 27 个省、直辖市、自治区高校的在校本科生和研究生,发放 500 多份问卷,结果显示,仅 31.28% 的学生表示经

---

① 王强. 学科馆员与大学图书馆知识服务研究[D]. 长春:吉林大学,2010:40

常访问图书馆网站,偶尔、几乎不访问的学生比例分别为 62.85%、5.78%。关于访问图书馆网站的目的,62.67% 是为了书目查询,54.87% 是为了查询个人信息,39.83% 是为了利用数据库,为了放松消遣的只有 12.26%,咨询等其他目的的仅 4.46%[①]。可见图书馆网上服务利用率较低,且利用者也主要是为了查询和获取文献信息,为了娱乐消遣或咨询等目的的极少。

1.2.3　基于用户视角的文献信息服务取向

任何服务都是以满足服务对象的需要而展开的,高校图书馆文献信息服务亦然。服务什么,如何服务,都得以用户需要什么为前提。无论是网络用语的反映,还是用户调查结果,都清楚反映了用户的需求倾向。用户来到图书馆主要是获取文献,并通过文献的学习获取知识。就是说,他们利用文献是为了获取知识,但知识的获取是通过自己对于文献的获取与利用获得的,而不是图书馆员直接提供给他们的。由此来审视图书馆的文献信息服务取向,无疑具有启示意义。

(1)文献服务的核心地位不可撼动

面对互联网时代图书馆文献信息优势的削弱,许多图书馆员产生了危机感,认为文献信息服务难以再体现图书馆的核心价值了,他们企图寻找和培育新的服务价值[②],于是知识服务、嵌入式服务等各种新服务不断被提出和讨论,教育培训、休闲娱乐等功能也不断被强化和赋予。然而在用户看来,图书馆乃藏书之所,无"书"便不称其为"图书"馆,图书馆的价值就是"书",就是文献,这种意识和观念已经深入其心,并成为一种难以改变的信念。面对浩如烟海的文献,用户需要解决的问题是如何更方便、快捷获取所需文献,如何更有效驾驭文献。

① 尚新丽,杨柳. 我国高校图书馆网站建设现状研究——基于对学生用户使用评价的调查[J]. 图书情报工作,2012(13):96

② 张晓林. 走向知识服务:寻找新世纪图书情报工作的生长点[J]. 中国图书馆学报,2000(5):32－37

任何用户都希望一检即得自己所提问题的答案,利用百度检索,他们常可立刻通过"百度百科""百度知道"等,检索结果基本如愿,而来到图书馆网站还得在众多的资源分类导航目录里去选择自己并不了解的各种检索工具才能检索,并且检索方法各异,检索结果还只能是相关文献,要打开还得安装相应阅读器,打开后还得花大量时间仔细辨识、寻找才能获得答案;图书馆网站虽不厌其烦介绍了很多服务项目,但大都还得通过其他途径或烦琐的手续才能加以利用,能直接通过访问网站就能实际享受的服务寥寥无几①。由此可见,图书馆所提供的文献信息服务跟用户需求还有很远的距离,如何提高这一服务的能力和效力,更好满足用户需要,缩短与用户需要的差距,才是高校图书馆应努力的方向,而不是盲目抛弃这一服务的核心价值。图书馆员应当确信,至少从目前用户的利用情况看,文献信息服务依然是图书馆得以巍然耸立于世之根本,其地位不可改变,一旦改变,图书馆就可能失去自己存在的根基。

(2)信息与咨询服务品质有待提升

参考咨询服务或许是近年我国高校图书馆员最关注的服务了,几乎把实现信息服务价值和培育图书馆新服务价值的希望都寄托在这一服务上,基于参考咨询服务的信息服务、知识服务、学科服务、教育教学服务等成了他们津津乐道讨论的热门话题。然而在多数用户心目中,几乎还没有形成利用这些服务的概念和意识。当我们打开几所我国有影响的高校图书馆网站,便会看到它们提供的网上预约的各种读者培训用户参与者寥寥。调查也显示,我国高校图书馆参考咨询服务利用率低,且用户提问大都是不具参考意义的简单的非参考性问题(如文科阅览室在哪里? 卫生间在哪里? 办公室在哪里等),真正属于

---

① 郑勇. 从言语到话语——赋予高校图书馆网站以对话性格[J]. 大学图书馆学报,2014(1):65–69

知识方面的参考性问题极少,超过 77% 的读者甚至从未参加过读者培训[①]。从用户角度看,他们需要什么书、资料,可能会想到图书馆、向图书馆求助,如果他们有什么专业知识问题,只会想到去找专业教师或者专业技术人员解决,谁会想到图书馆员呢? 在用户意识中,一个人拥有某本书不等于拥有书里面的知识,同样,图书馆藏有丰富的文献,但不等于图书馆员能有效掌握和驾驭文献里的知识。

在用户看来,任何一项有竞争力的服务都必须具备至少两个品质,一是较高的利用价值,二是稀缺性[②]。图书馆的服务要想赢得用户尊敬和重视,努力的方向只能是充分发挥自己的文献信息优势不断提升服务品质,而不是抛弃本属于自己优势的东西去追求别的所谓新服务。高品质的服务是便捷的服务,即任何时间、地点,用户都可以很快、很直接利用,而不必转弯抹角;高品质的服务是专业服务,即服务很专业,能充分体现图书馆员的专业优势,专业得只有图书馆员能提供;高品质的服务是很实用的服务,即能很好满足用户所需。如果用户来到图书馆,能感受到图书馆的墙壁都散发出诱人的文献信息芳香,那么他们没有理由不愿意光临;如果用户每天来到图书馆网站,都能有新的能引起他们关注、唤起他们需要的文献信息发现,并使其需要不断得到满足,那么他们没有理由不愿意光顾;如果图书馆员面对用户的提问,能够对相关文献信息达到烂熟于心、了如指掌的程度,能够娓娓道来、如数家珍,顺手拈来、皆成秒谛,让用户有茅塞顿开之感,那么他们没有理由不信任并利用其服务。

从社会职能上看,图书馆应该能使人类先进文明成果得以保存和传播;图书馆应该能对当今世界风云的变幻、学科或行业的动态做出迅速反应,让用户一来到这里,便知天下事;图书馆应该是学习与研究

① 郑勇.让参考咨询服务更具参考性——高校图书馆参考咨询服务的现状与思考[J].图书馆论坛,2012(6):142-143

② 郑建明,宋海艳.论图书馆员与图书馆核心能力[J].新世纪图书馆,2008(2):13-16

的中心,是高校最高学术讲坛,是信息交流、学术交流中心,也是思想碰撞的地方。

(3)学习服务内容与方式亟须改进

常听图书馆员感叹:"图书馆这么多书,这么多数据库,老师和同学不用真可惜!"调查也表明,我国高校图书馆主页除了密密麻麻排列的文献资源目录,除了服务项目和馆情介绍,就很少有别的信息了,然而用户利用情况却很不理想。这的确很值得反思。在用户看来,正因为太多,所以不愿用! 现代社会每天都会产生大量文献,用户获取文献信息的途径也多样化了,他们无须利用图书馆也确实能满足某些文献信息需求。然而新的问题、新的需求又产生了,那就是如何从海量的文献信息里快速、准确获取自己的目标文献,如何及时掌握某个领域的最新文献,如何识别、评价和筛选最可靠、最有利用价值的文献,如何快速剔除非目标的干扰文献,等等。文献的有效评价、报道和筛选,无疑应成为现时代图书馆文献信息服务必不可少的重要内容,虽然一些高校图书馆对此也做了不少努力,但还远远不能满足用户所需。

一方面是高校图书馆图书借阅量在不断下降,但是另一方面,图书馆座位紧张、占座现象却不断成为高校较普遍的现象,表 1-1 显示,有关"去图书馆学习""图书馆占座"等相关用语频次较高。在用户看来,图书馆是他们跟古今中外大师进行思想对话的地方,是他们离开喧嚣闹市和烦恼琐事,收拾情绪、栖息心灵的地方,是自主学习知识、扩展视野、重塑自我、提升自我境界的地方。毫无疑问,图书馆没有理由对用户这一强烈需要视而不见,所以学习服务也应该成为图书馆的主要服务。然而遗憾的是,在 CNKI 期刊库检索近 30 年来有关讨论图书馆学习服务的文献,仅获得 24 篇,且大部分是讨论对于研究性学习的服务,可见这一服务并没有引起图书馆员的关注和重视。图书馆员应当清楚,真正从事研究性学习的读者究竟有多大比例,显然值得思考,更重要的是未必一定要研究性学习才需要图书馆的服务;未必给读者提供了座位、营造了一个安静舒适的学习环境就能满足读者学习需要。如何更有针对性建设学习资源、创造更好的学习条件支持读者的自主学习，不断改进服务内容、方式和策略融入或嵌入读者的自主学习活动中去，同时通过服务唤起读者需要，让读者自觉不自觉利用图书馆资源与服务来提升自己的学习效果，才是图书馆应有的追求。例如，有的图书馆通过专题书展、专题文献推介、经典阅读论坛、书评比赛等活动引导读者学习和阅读，有的图书馆把学术沙龙、学术讲坛放在图书馆让图书馆成为读者学术交流中心，有的高校馆设置考研专区并根据学生备考进程和需要及时发布、提供各种考研信息资讯等，都是学习服务的有益尝试。

（4）用户为本服务理念仍需强化

服务之"服"，乃"服从"之意。服务的汉语意义是指服从和满足用户需要的活动。所以服务的要义不在于服务者为用户提供了什么，而在于服务对象即用户是否能接受，并从服务者那里接受了什么，是否能满足他们的需要。有效的服务除了以用户为本，没有别的选择。例如，图书馆网上用语到底"说什么"，无疑取决于用户需要什么，如果用户不需要，说什么也没有意义；至于"如何说"，则取决于对谁说。图书馆网站是给用户看的，所以说用户愿意聆听和接受的，实现与用户之间的话语对接，是图书馆网上服务首先要解决的问题。

对于用户来说，图书馆的服务只是一种选择。所以并非图书馆网站说清楚了借阅规则，用户就一定会理解和接受；并非图书馆发布和推送了各种资源与服务信息，用户就一定会阅读和掌握；并非图书馆向用户展示了资源，用户就一定会知道和利用。这一切都只有符合用户接受需要才能实现其价值。例如，有的图书馆看到他馆在开展嵌入课程教学服务，就不顾本馆用户是否有需要也盲目模仿，试图把这一服务强加给用户，显然是失策的表现。而从浩瀚的文献中发掘出用户所需要的文献信息加以报道和反映，以提高图书馆网站的信息量和吸引力，并改变传统那种独白言语方式以适应用户阅读需要，无疑是增加用户更多选择利用的可能与机会的有效策略，也是值得图书馆员高度重视的探索课题。

2 文献信息服务面临的挑战与选择

2.1 高校图书馆文献信息服务困境

长期以来,图书馆员凭借文献优势,早已习惯了正襟危坐或者悠然自得于办公室或阅览室或服务台,等待读者或用户不得不涌来利用或求助的那种受尊敬、受重视的状态。然而信息时代来临了,互联网走近了千家万户,图书馆员慢慢发现读者数量在逐渐减少,用户对他们的求助也不那么积极了。几乎所有图书馆员都强烈感受到了图书馆文献信息优势被削弱,感受到了图书馆所面临的严峻挑战:

(1)借阅量下降趋势不减

高校图书馆图书借阅量下滑的现象越来越普遍和引起关注,在第19个世界读书日来临之际,有记者调查了浙江大学图书馆,相关负责人坦言,该馆图书借阅量每年缩水 10% ,虽然电子图书借阅量在上升,但却仅一成学生用户有网上阅读习惯,主要原因是网上阅读体验不够舒适①。首都师范大学图书馆的统计也显示,2007 年以来该馆图书流通量连续 3 年出现下滑②。许多馆都在通过扩大借阅权限、延长服务时间等措施试图扭转这一局面。

(2)网上资源与服务利用率低

2012 年,郑州大学尚新丽等学者面向 27 个省、直辖市、自治区高

---

① 记者调查浙大图书馆 大学生图书借阅量每年缩水 10% [EB/OL]. [2014 - 04 - 23]. http://zjnews. zjol. com. cn/system/019983769. shtml

② 屈南,彭艳. 大学图书馆纸本图书流通量下降原因分析及对策——以首都师范大学图书馆的实践为例[J]. 图书情报工作,2011(S2):144

校的在校本科生和研究生的问卷调查结果显示,仅31.28%的学生表示经常访问图书馆网站,偶尔、几乎不访问的学生比例分别为62.85%、5.78%[①]。OCLC发布针对高校用户的报告指出,有84%的用户使用搜索引擎开始搜索信息,仅有1%的用户会从图书馆网页开始搜索,且90%的用户对搜索引擎获得的信息表示满意[②]。中山大学图书馆的调查显示,用户访问图书馆网站的目的非常集中,75.4%是为了利用数据库,68.1%是为了查询书目,27.5%是为了查询个人借阅情况,其他目的均不到8%[③],这就导致用户的需要只集中在少数几个栏目上。北京师范大学珠海分校图书馆网站的统计显示,用户访问量最大的栏目是"常用数据库",其次是"借阅服务""公告通知",其他服务类栏目和馆情介绍类栏目访问量都很低。来自武汉大学的调查也显示,用户用得最多的数据库主要是CNKI,其他中外文数据库利用率都不高,并且用户常用的服务也集中在查收查引、文献传递等少数几个服务项目上[④]。

(3)参考咨询服务不理想

2011年,郑州大学付立宏等学者就"高校学生读者享受图书馆咨询服务现状"也问卷调查了北京、天津、黑龙江、辽宁、山东、河南、湖北、四川、山西等15省市的高校,问学生"在利用图书馆过程中遇到困难时,您会怎么办",结果35.0%的学生选择了"总是自己解决",选择"及时向工作人员求助"和"通过网络向图书馆员咨询"的学生分别为34.4%和6.2%,仍有6.2%的学生选择"尽量回避,等有机会再打听",可见大多数学生都选择了避免利用图书馆的参考咨询服务方式

① 尚新丽,杨柳. 我国高校图书馆网站建设现状研究——基于对学生用户使用评价的调查[J]. 图书情报工作,2012(13):96

② 于静,杨雪晶. 高校图书馆读者服务创新研究[J]. 图书馆论坛,2007(2):35

③ 曹树金,司徒俊峰. 高校图书馆的信息技术变革需求——基于中山大学图书馆用户的调查[J]. 图书馆论坛,2011(6):142-143

④ 涂文波. 大学图书馆数字资源需求与服务的读者调查及分析[J]. 大学图书馆学报,2008(5):86-88

来解决自己在利用图书馆过程中的问题①。不仅如此,如前所述,即使利用参考咨询服务的用户,其问题也主要是一些简单的非参考性问题,诸如"办公室在哪里""卫生间在哪里""文二阅览室如何走"等等,北京师范大学珠海分校图书馆咨询台 2011 年 3—5 月的统计显示,这类问题占了咨询总量的 70.08%。类似调查结果也见诸近年发表的专业期刊论文里。

(4)用户教育服务参与者寥寥

高校图书馆普遍举办各种形式的资源与利用培训活动,但是有多少读者参与,一直是让图书馆员头疼的事。查看多所高校图书馆网上提供的读者培训预约情况,均显示出尴尬的窘境。例如,查看上海交通大学网站的最新统计,在校师生 41 893 人,但统计其图书馆网上预约 2013 年 3—4 月 29 场有关资源利用与科研支持的讲座总人数为558 人,平均每场讲座仅 19.24 人参与,多场讲座由于参与者太少而被迫取消。

我们可以想象,图书馆每年投入巨额资金购置的各类馆藏资源,投入大量的人力资源开展的各项服务,却用者寥寥,绝大多数处于闲置或沉睡状态,这是一种怎样的浪费,图书馆员对此又情何以堪!

2.2　文献信息服务走出困境的路径选择

2.2.1　服务内容:走向知识服务

知识服务在国外最初由企业界从提高公司经济效益和竞争能力的角度提出,后被引入图书情报界。我国图书情报界可谓如获至宝,特别是张晓林的那篇《走向知识服务:寻找新世纪图书情报工作的生长点》发表以后,我国图书情报界对知识服务的讨论越来越热烈。用

---

① 付立宏,邢萌. 高校学生读者享受图书馆咨询服务现状调查与思考[J]. 图书馆学研究,2011(16):67

CNKI中国期刊全文数据库检索1999年来以"知识服务"作为标题的论文达2334篇,其中2010年以来的就有1316篇。2012年的《图书情报工作》杂志还专门组织知识服务大讨论。浏览大部分发表在核心期刊的相关研究论文,可做一个简单梳理。

(1)关于知识服务的几个基本问题

1)文献信息服务是否有走向知识服务的必要

对于图书馆文献信息服务必须走向知识服务的理由,普遍认为,一是由于现代信息环境给图书馆带来了严峻的挑战,网络的普及、信息资源的数字化、信息系统的虚拟化,信息检索与传递的非中介化、非专业化和非智力化,使图书馆及图书馆员逐渐丧失了自己资源与技术上的优势地位,图书馆再想以文献资源的提供满足用户需求已经不能为图书馆用户带来更多的价值[1],因此,知识服务就成了不二的选择;二是由于用户知识需求的驱使,随着用户获取文献信息已经变得容易,使他们真正关心并愿意花力气、花成本的已不再是简单地获取文献,而是如何从繁杂无序的信息资源中捕获和分析解决当前问题的知识内容方案[2],这就对图书馆服务提出了更高的要求,驱使图书馆从传统的文献信息服务走向知识服务。毋庸讳言,用户利用文献的目的归根到底是为了获取知识,但用户是如何获取知识的,是主要靠自己获取,还是靠图书馆员直接提供? 他们需要知识,但是不是一定需要图书馆提供知识服务,显然是个值得怀疑的问题。图书馆员可以想想自己每天是如何获取知识的,难道不是自己通过学习获得,而是别人直接提供和传授的吗? 如果推己及人,就可以理解用户如何获取知识了。

2)何为知识服务

对于什么是知识服务? 我国图书情报界虽然众说纷纭,莫衷一

---

① 韩宇,杨宝华. 论图书馆知识服务的超越用户需求策略[J]. 图书情报知识,2004(3):72
② 张文莉. 基于现代图书馆开展知识服务的思考[J]. 图书馆,2009(4):65-67

是,但稍加辨识,就能看出大同小异,有代表性的观点可归结为三种:

知识服务就是从各种显性和隐性信息资源中,针对人们的需求将知识提炼出来并提供服务的过程,是以信息资源建设为基础的高级阶段的信息服务①。这种观点强调服务馆员对文献信息的提炼、加工与重组。

知识服务就是为用户解决问题而提供的经过信息的析取、重组、集成、创新而形成的符合用户需要的知识产品的服务②。这种观点强调解决用户问题,在文献提炼加工基础上形成知识服务产品。

最有影响的还是中科院张晓林的观点,他认为知识服务是以信息知识的搜寻、组织、分析、重组的知识和能力为基础,根据用户的问题和环境,融入用户解决问题的过程之中,提供能够有效支持知识应用和知识创新的服务③。这种观点强调融入用户解决问题的过程。

几乎所有知识服务论者都反复强调知识服务与文献信息服务的区别,但由于知识、文献、信息这三个概念目前还存在着若干种不同的界定,彼此关系也难分难解,导致许多论者都在这三个概念间产生了困惑。大多数论者都认为所有知识都必须以信息的方式存在④,知识是信息的子集⑤;但也有论者认为信息就是知识,把信息简单等同于知识,他们说信息是可传递和交换的知识⑥,信息俨然成了知识的子集;

---

① 黄宏伟,李作化.略论知识服务在图书馆中的实现[J].图书馆,2006(5):108
② 尤如春.论网络环境下的知识服务策略[J].图书馆,2004(6):85
③ 张晓林.走向知识服务:寻找新世纪图书情报工作的生长点[J].中国图书馆学报,2000(5):34
④ 张彬.知识生产服务与知识消费服务——关于"知识服务"概念的哲学解析[J].图书情报工作,2011(15):42-46
⑤ 乌家培.正确认识信息与知识及其相关问题的关系[J].情报理论与实践,1999(1):1
⑥ 田红梅.试论图书馆从信息服务走向知识服务[J].情报理论与实践,2003(4):312

有的则干脆把信息与知识不分彼此加以混用①；还有的论者认为知识是知识、信息是信息②。这些混乱的观念造成了人们对知识服务与文献信息服务理解的混乱和二者边界的模糊，也让观者眼花缭乱、不知所措。

——有论者认为，知识服务是深入文献信息内容的服务，是对文献信息的加工提炼、挖掘知识的服务，而传统文献信息服务则满足于用户简单提问进行文献物理检索和传递服务，不考虑和分析所提供的文献、信息对解决用户的问题是否有帮助③。难道传统服务就不是满足用户需求吗？难道传统按用户需要所提供的文献目录、摘要、综述服务就不涉及或深入文献信息内容吗？图书馆员利用 CNKI 数据库等各种检索工具、通过各种检索策略、手段和经验为用户检索和提供他们所需要的文献，提供他们所需要的文献内容信息，难道就不需要利用自己的知识和智力吗？

——有论者认为，知识服务是目标驱动的服务，是以解决用户问题为目标的服务，而传统的文献信息服务只以提供用户所需要的文献信息为目标，不关心是否解决了用户的问题，认为知识服务不是"我是否提供了您需要的信息"，而是"是否通过我的服务解决了您的问题"④。显然，对于"解决问题"也是个可以多方理解的问题，要看解决什么问题，并非所有问题都是知识问题，获取相关文献也可能就是用户所要解决的问题，如果说知识服务作为一种服务是解决用户问题、满足用户需求，文献信息服务就不是解决用户问题了，岂不是咄咄怪事！如果所谓解决问题一定是指解决学科知识问题，那么则要看图书馆员在这个过程中发挥了什么作用，能够发挥什么作用。就是说图书

---

① 乔杨. 论全媒体时代图书馆知识服务的优化路径[J]. 中国报业,2012(4):
   215-216

② 陈景增. 知识经济环境下的图书馆知识服务[J]. 情报科学,2000(7):622-
   624

③ 王玲. 从信息服务到知识服务[J]. 情报资料工作,2006(6):101

④ 李尚民. 图书馆信息服务与知识服务比较研究[J]. 现代情报,2007(12):33

馆员是否有能力解决学科知识问题,用户是否愿意接受图书馆员提供的知识解决学科知识问题。

——有论者认为,知识服务是专业化服务、个性化服务,能满足用户个性化需求的信息服务就是知识服务,而传统信息服务很少考虑用户的个性化需求,把用户作为集团和"族"给予"批发"性服务[①]。这种看法也很奇怪,难道传统参考咨询服务不就是针对用户个体解决个性化问题么?在参考咨询服务基础上发展起来的学科服务不也是专业化服务么?这种通过想当然贬低文献信息服务功能,抬高知识服务价值的观念非常普遍,但却并不符合图书馆服务工作实际。

——还有论者认为,文献是知识的载体,有针对性的文献服务实质上就是知识服务[②]。这种看法更让人莫名其妙了。任何服务都有用户针对性,知识服务如此,文献服务亦然,如果按此说,二者还有什么区别呢?

知识服务首先是一种服务。什么是服务?服,就是服从,服从谁?自然是服从用户的需要,因此我们应更多从用户需要的角度来审视知识服务问题。首先,每个人在自己的生活中都会获得对于世界独特的认识和经验,从而使知识具有了个性,就是说每个人都有只属于自己的知识。其次,知识是在人们在实践基础上产生又经过实践检验的对客观实际的反映,是人们在日常生活、社会活动和科学研究中所获得的对事物的了解中的可靠成分,所以并非所有认识、经验和观念都属于知识,只有其中的可靠成分,才是知识。再次,记录有知识和信息的一切载体都是文献,所以文献所记载未必都是知识,所以文献不能等于知识,只有那些能真实反映客观实际的可靠的信息和文献内容才是知识。最后,是不是知识,需要用户利用自己的知识经验加以判断和确认。

---

① 安月英.网络环境下图书馆服务理念的整合——从信息服务到知识服务[J].情报杂志,2002(6):77-78

② 周亚雄.论图书馆知识服务[J].图书馆,2003(2):46-48

从用户角度看,如果知识和文献内容用户已经知道,就不再具有信息意义;如果信息和文献来源与内容不可靠,就不具有知识价值。因此,知识服务应该是为用户提供的能满足用户需求的来源和内容可靠的文献信息服务,而这种可靠性是由用户来理解和判断的。自以为通过服务为用户提供了知识,那只是图书馆员自己的看法,但是用户可能却不以为然,即使面对一系列真正的科学知识,在用户看来也可能只是一些参考信息而已。

3)服务什么

如何界定知识服务,也许并不重要,重要的是通过这一服务到底为用户提供了什么,用户接收到的是什么,对于用户有什么意义。

——提供知识? 知识论者认为,信息服务没有深入分析提炼文献信息内容,向用户提供的是仅局限于素材型、资料型文献或数据信息本身,并不一定是知识,知识服务则是充分挖掘蕴藏于显性信息当中的隐性知识,为用户提供的是能解决问题所需的知识①。从知识服务馆员角度来看,他们的确通过服务为用户提供了自己的知识和经验,或者提供了他们通过各种途径和工具深入文献信息内容,从中挖掘、提炼出来的知识(知识地图、文献信息知识、隐性知识、显性知识等②),但是如果从服务接受者用户角度来看,这些所谓"知识"首先呈现在他们面前的都是文献信息,是不是知识,还需要他们的理解、判断和选择。换言之,图书馆员提供给用户是文献信息也好,还是知识信息也好,对于图书馆员来说,也许有本质区别,但对于用户来说,性质完全是一样的,即都是信息。

——提供知识产品? 众多知识服务论者都强调要为用户提供恰好适合用户需要的知识产品。那么这个知识产品是什么? 如果是记录知识的文献,无疑就变成传统的文献服务了。如果是文献信息加

① 周倩,刘勇.图书馆知识服务理论与实践概论[J].情报理论与实践,2005(4):380

② 徐以斌.高校图书馆实施知识服务的要素与内涵[J].图书馆,2007(6):76

工、重组、提炼后所形成的知识产品,那么这种产品里所包含的知识内容是馆员自己的,还是原始文献信息里的? 如果是自己的,那还具有很强的个体性,可能只对馆员自己有意义,对于用户是否有意义,还是个未知数;如果只是原始文献知识信息内容的重组和类聚(如文摘综述、专题资料汇编、专题索引、专题数据库、知识库、学科导航系统等),那么文献信息的性质就依然没有改变①。更重要的是,为用户所提供的知识产品也只有通过载体才能为用户所感知和接受,而用户所能感知和接受的依然还是载体文献。

——提供问题解决方案? 知识服务论者普遍认为要融入用户解决问题的过程,"致力于向用户提供全面、完善的解决方案"②。但是如何融入用户中? 是成为用户群体的一员,还是连续跟踪服务? 如果是前者,那么馆员就不仅仅是知识服务者,而是已经成为知识用户和知识创造者了;如果是后者,那就变成了传统的定题跟踪服务了③。为用户提供什么方案? 如果是提供获得有关知识的文献线索、文献检索策略等方案,那就是被知识服务论者认为的低级文献信息服务了;如果是馆员利用自己的知识,研究大量文献信息所制订的研究性方案,那就意味着馆员已经附加了个人的观念甚至在代替用户思考④,那就不仅仅是知识服务,而是属于知识研究与创新了,姑且不论用户是否能接受馆员代替他们的创造性劳动,就算馆员能够提供这种方案,对于用户来说也依然只是一种参考性文献信息而已。

4)用什么服务

图书馆依靠什么资源为用户提供知识服务,知识服务论者有大量论述,主要观点如下:

① 徐楚雄. 图书馆服务定位:"知识服务"质疑[J]. 图书馆建设,2007(6):53
② 陈碧叶. 从信息服务到知识服务[J]. 图书馆杂志,2004(1):20
③ 徐楚雄. 图书馆服务定位:"知识服务"质疑[J]. 图书馆建设,2007(6):55
④ 李智敏. 不可轻言"知识服务"——关于知识服务能否作为图书馆核心能力的讨论[J]. 图书馆杂志,2005(10):8

　　——靠文献信息资源服务。图书馆拥有丰富的文献信息资源(包括馆藏实体资源、授权使用的数字资源以及网络资源等),这是图书馆开展各项服务的基础和优势所在。让用户在获取知识的过程中能够便捷地从图书馆获得所需要的文献信息,这就是图书馆的主要职能。但是按照知识服务论者的看法,这只是低层次的文献信息服务,用户真正关心的不是文献信息,而是文献信息里面的知识,是解决知识问题的方案。文献信息资源只是知识服务的一个硬件条件而已。

　　——靠馆员的知识和能力服务。不少知识服务论者认为,知识服务应以馆员的图书情报学专业知识为基础①。有的论者甚至认为,图书馆馆员作为一种成熟的职业已在社会上得到高度的承认,他们拥有专业化的教育背景,熟悉掌握各种信息搜集、组织、存储、服务方法和技术,这是图书馆开展知识服务具有其他类型机构无法比拟的一大优势②。但是另一些知识服务论者又认为,馆员要开展知识服务,最重要的是应具备较扎实的学科专业知识,达到准专家的水平③,图书馆员缺乏专业知识,很难介入用户科研过程,很难提供用户信任的服务,这是知识服务的一大瓶颈,而作为非专业的学科馆员,要在较短的时间内熟悉服务对象的专业又很难做到④。客观而言,图书馆员相对于用户是有一定优势的,但这种优势主要是体现在图书情报知识和文献信息获取、组织和加工能力能力上的优势。常言道"隔行如隔山",如果从知识服务的专业性要求看,从专业知识素养和专业能力上看,图书馆员则成了完全的"山外人""门外汉",这就意味着他们很难识别用户所需要的专业知识,处于完全的弱势地位。当然,"只要愿意学,就一

① 闫静波,李玉玲.适应用户需求的图书馆知识服务[J].图书馆学研究,2010
　　(11):68－71
② 周倩,刘勇.图书馆知识服务理论与实践概论[J].情报理论与实践,2005
　　(4):380
③ 孙宁.图书馆的知识服务[J].云南教育学院学报,1999(4):91
④ 田晓阳,陈春,辛小萍.快报在知识服务中的功能探讨[J].图书馆论坛,2010
　　(5):119

定能学会",但知识服务是深入文献信息内容提取知识的服务,而文献卷帙浩瀚、信息浩如烟海,如果一一阅读专业文献,岂不是工作量浩大的工程! 知识服务必然要求提供服务的图书馆员学者化、专业化,而现今时代学科专业门类众多、用户需求无限,图书馆的人才资源却非常有限,何以应付如此众多学科门类的知识服务要求①,也是个值得思考的问题。有的论者提出通过相关学科知识的培训使图书馆员具有一定的学科背景知识②,如果通过简单培训获得那点学科知识就可以开展高层次的学科知识服务,未免也太简单了。如果一个人的学科专业素养仅靠简单的培训就能达到知识服务所需要的"准专家水平",那么除非这人是天才,否则这种想法就显得有点天真了。

——靠技术和智能工具服务。知识服务论者都认为,知识服务的任何环节都离不开技术的支持③,技术是开展知识服务的必要条件和基础④。智能技术、智能工具、集成化知识服务系统的建构几乎成了所有知识服务论者开展服务的法宝。但是一方面这些智能工具或数据库系统识别的是文献记录,还是知识? 如果真的能识别、评价和筛选知识,那么第一,图书馆的技术相对于数据库商未必有优势;第二,图书馆员的价值在哪里,岂不是完全被智能工具所代替了,如果这些智能工具能代替图书馆员的价值,那么用户也完全可以不需要图书馆员了,例如谁不会用百度呢? 很少有用户还会因为不会用百度而求助图书馆员的。另一方面,技术和工具是死的,是机械的,而用户的需求却是灵活多样的、千变万化的、个性化的、无法预测的,要想建立一个"以不变应万变"且"百发百中"能够完全符合用户需求按知识单元揭示、

---

① 王均林,岑少起. 知识服务与图书馆的核心能力——与张晓林先生商榷[J].
图书情报工作,2002(12):118

② 韩宇,杨宝华. 论图书馆知识服务的超越用户需求策略[J]. 图书情报知识,
2004(3):72

③ 刘淑玲. 网络环境下高校图书馆的知识管理与知识服务[J]. 情报科学,2010
(4):523

④ 李贺,刘佳. 我国图书馆知识服务研究热点述评[J]. 情报科学,2010(4):634

组织并提供检索服务的理想的系统也是不可能的①。更重要的是,知识服务论者也承认,知识是一种观念形态的东西,一种意识,只有人的大脑才能产生、识别、处理和利用它②。这显然是一种自相矛盾、难以自圆其说的观念。

5)为谁服务

知识服务是为谁提供的服务?是为大多数用户提供的服务,还是为少数用户提供的服务;是为普通用户提供的服务,还是为特殊用户提供的服务?

答案一:知识服务是个性化服务。有论者说,信息服务要满足的是社会大众信息用户对知识和信息的一般需求,而知识服务则更注重特定的信息用户对知识和信息的需求,是更侧重于专业化和个人化的服务③。意思是说,给大众用户提供的服务就是信息服务,给个人用户提供的就是知识服务。还有的论者干脆直截了当地说,就本质而言,满足读者用户个性化需求的信息服务就是知识服务④。按照他们的观点,那么参考咨询服务是针对用户个体的,所以参考咨询服务就是知识服务,文献传递服务也是针对个体的,所以文献传递服务也是知识服务。

答案二:知识服务是针对少数用户的服务。有论者认为,传统信息服务对象是普通读者或大众用户,而知识服务不再是"批发"性的、大众化的服务,而是小众的服务⑤。更有论者认为,知识服务的对象不是一般读者,而是决策机构、科学研究课题组或研究者个人⑥。知识服

① 李家清.知识服务的特征及模式研究[J].情报资料工作,2004(2):16-18
② 陈碧叶.从信息服务到知识服务[J].图书馆杂志,2004(1):22
③ 柴永红.论信息服务与知识服务[J].情报杂志,2004(4):75
④ 安月英.网络环境下图书馆服务理念的整合——从信息服务到知识服务[J].情报杂志,2002(6):77-78
⑤ 孙晓明,张爱臣.知识服务与图书馆组织结构变革[J].图书馆工作与研究,2010(11):46
⑥ 李玉花,孙晓明.图书馆知识服务的实践策略和模式[J].情报资料工作,2010(1):75

务的对象往往是决策机构、科学研究机构的特殊用户①。

答案三：知识服务是针对学科用户的服务。有论者认为，当前大学图书馆服务应当分为三个层次，第一层次是为到馆用户提供阅览服务；第二层次是为普通用户提供简单的参考咨询服务；第三层次是为学科用户提供深层次、随需而变的知识服务②。

如果一项服务只有少数用户能利用，那么这样的服务又如何能成为一个服务机构的核心服务呢？如果针对群体的服务就是文献信息服务，针对个体用户的服务就是知识服务，未免太简单、也太浅薄了。知识服务的性质难道不是由服务内容的性质决定的，而是由服务对象的个体性决定的吗？知识服务论者也都承认，任何用户利用文献信息的目的，归根到底都是为了获取知识，如果图书馆知识服务只是针对少数用户的服务，那么这一服务还有多大利用价值和存在价值就值得怀疑了。

至于知识服务是为了科研机构或研究者提供的服务，众所周知，科研人员总是研究自己最擅长、最熟悉、最精通的领域，那么这就意味着服务对象是对于某个专业的某个领域极有造诣的专业人员，而知识服务者图书馆员要么缺乏学科专业背景，要么只是通过培训或自学获得部分专业知识，以自己所不擅长的专业知识去为用户最擅长的专业知识领域开展服务，会是什么效果是不言而喻的。图书馆员当有自知之明，不可只靠想象来提升自己所谓优势地位。从用户的角度来看图书馆员关于知识服务的许多观点，可以说很难感觉到其中的专业和科学意味，倒是会感到带有不少滑稽色彩。

结论

浏览大部分关于知识服务的相关研究论文，可以把他们的研究结论归结为一个简单的等式：

知识服务 = 参考咨询服务 + 学科服务 + 特色数据库 = 针对个体用户的服务 = 信息服务

---

①② 史振立.基于知识管理的图书馆知识服务[J].情报杂志,2007(7):133

从这个等式可以看出论者关于知识服务的讨论有多肤浅、简单和片面,甚至有些荒谬。由此可见,关于知识服务的讨论虽然很热闹,虽然叫好的多,质疑的少,初观之,仿佛已经基本达成共识了,图书馆必须以知识服务为方向了,但细查之,则内容重复的多,有新见解的少,大部分论者都没有跨越张文的观点、跳出张文所划定的框架。或者是讨论知识服务的内涵和特点,或者是构建知识服务的模式、提出实施对策,概念混乱、自相矛盾、以偏概全、主观想象、泛泛而谈的多,逻辑清晰、深入探究、客观论证的少;表面上说的是知识服务,实际上却依然还是文献信息服务,只是用新瓶装旧酒罢了;为了抬高知识服务的优越性,就贬低传统的文献信息服务的功能与地位。例如,一些论者刚才还在严肃讨论文献信息服务与知识服务的区别,还在为抬高知识服务而贬低文献信息服务的价值,不一会儿又把自己的观点给全部否定了,又认为文献服务、信息服务,其实也是知识服务,它们没有什么区别。从用户角度看,图书馆员的这些讨论颇有玩文字游戏的味道。强调智能技术的多,强调人的因素的少;空洞说理的多,在实践上具可操作性的少[①]。知识服务是深入文献内容信息的挖掘、重组和加工提炼知识服务,但如何深入?有人说靠图书馆员,可图书馆员有限,而文献卷帙浩瀚,图书馆员如何能处理无限的文献内容信息?何况图书馆员的图书情报专业背景,如何能够识别和提炼专业文献里有价值的知识内容?有人说靠机器、靠智能工具,但又认为知识属于观念形态的东西,只有人脑能识别,这一矛盾又如何化解?又如,有人主张知识服务是融入用户研究过程的服务,但如何才能融入,则不知所措。

知识服务的讨论还主要局限于图书馆界,很多讨论简直就是图书馆员面对文献信息优势地位下降的困境而产生的不安和寻求走出困境的胡思乱想和自我安慰。有人对这一现象做了很好的总结:从内容

---

① 陈建龙,王建冬,胡磊等. 一论知识服务的概念内涵——基于产业实践视角的考察[J]. 图书情报知识,2010(3):14

来看,大多宽泛而不深入,笼统而不具体,低层次、低质量、重复严重,论述如出一辙,未能实现对理论的深入挖掘与探讨,缺乏理论创新和理论价值;很多文章从知识服务的概念、特征、内容等方面进行宏观论述分析,对微观层面的问题涉猎较少,缺乏对图书馆知识服务影响因素的深入分析以及影响因素对图书馆知识服务作用机理的深层探讨,缺少相关实证性研究成果;研究水平不高,理论研究相对滞后,不能为实践提供有力指导;研究方法单一,研究结论缺乏客观性,采用定量研究方法的较少,研究结论的主观性较强,对实践的指导作用有限,不能够为图书馆知识服务的具体方案和策略提供数据支持①。

(2)高校图书馆开展知识服务的理性选择

任何服务都要满足用户需求、解决用户问题,只是满足需求的程度各异、解决问题的类别或层次不同罢了,知识服务如此,文献信息服务亦然,不能为了抬高知识服务价值就贬低文献信息服务价值。但无论是知识服务,还是文献信息服务,有一点是共同的,那就是服务者必须以自己的优势资源或能力作为自己有效开展服务的资本。例如,医院的优势资源就是有一批很专业的医生和较好的医疗条件,才能满足患者的专业需要,解决患者的病痛问题;学校的优势资源就是有一批很专业的教师和其他必要教学条件,才能满足学生学习知识的需要,解决学生的知识学习问题。如果让一所普通学校的教师去给患者治病,让一个普通外科医生去给学生介绍经济学知识,结果怎样可想而知。同样,图书馆的核心服务到底是什么,也只能依靠其优势资源才能得到准确的界定。

1) 图书馆的优势是文献信息优势

图书馆的优势资源到底是什么?毫无疑问,只能从馆藏、从图书馆员演绎出来。著名图书馆学家黄宗忠说,图书馆的本质属性在于其

---

① 李贺,刘佳. 我国图书馆知识服务研究热点述评[J]. 情报科学,2010(4):634 – 635

藏用性①。这就意味着,从物的因素看,图书馆的优势资源首先就在于其"藏用",即丰富的馆藏,即馆藏文献的利用,图书馆正是依靠馆藏文献的利用价值来满足用户需要的。从人的因素看,图书馆的另一个优势资源就是那些能合理馆藏、有序馆藏、能开发出馆藏文献利用价值、有效帮助用户利用馆藏文献,并能有效获取和驾驭各种文献的图书馆员,他们大都拥有图书情报专业背景,这种专业优势使他们能对各种馆藏文献、对各类文献均拥有高超驾驭力,这正是他们能够有效服务用户的优势和保证。吴慰慈则认为,中介性是图书馆的本质属性,表现在图书馆是中介性机构,是帮助人们利用文献进行间接交流的中介物,文献通过图书馆与用户见面,用户通过图书馆与文献建立联系;图书馆工作的实质,就是转换文献信息,实现文献的价值,图书馆工作的任务,就是充分揭示文献的形式信息和内容信息,从而使文献的内容信息得以传播②。

从社会分工角度看,任何用户都会根据自己的问题所涉及的不同性质与类别的知识,自觉选择相应的服务机构或部门、寻求相应的专业知识人员来解决。例如,要治病会去医院找医生而不会去学校找教师,要打官司就会去律师事务所找律师而不会去医院找医生,要开发新技术就去科研院所找有关专家,要学各科知识就去学校找相应的各科专业教师。图书馆也是社会分工的产物,有它特定的优势和服务职能,那就是拥有丰富的馆藏和图书馆员对馆藏及其他各种文献信息拥有专业的知识和驾驭能力③,所以用户需要文献资料信息,就会去图书馆利用图书馆的文献信息服务。

2)拥有文献信息不等于拥有知识

一个人拥有某本书,不等于拥有那书里面的知识。同样,图书馆员

---

① 黄宗忠. 图书馆学导论[M].武汉:武汉大学出版社,2002:133

② 吴慰慈,董焱. 图书馆学概论[M].北京:北京图书馆出版社(今国家图书馆出版社),2002:77-80

③ 徐楚雄. 图书馆服务定位:"知识服务"质疑[J].图书馆建设,2007(6):55

拥有文献优势,但并不意味着也拥有文献所记载和传递的知识优势。如果一定要说图书馆员也拥有知识优势,那就是图书情报专业知识优势,图书馆员可以对用户需要的文献知识或文献信息达到烂熟于心、如数家珍的程度,让用户豁然开朗,但却很难识别和驾驭文献信息里的知识。图书馆员也是人,要想识别和驾驭文献信息里的知识,也得通过阅读文献,运用已有知识经验去识别、理解文献内容信息里的知识,也得通过学习的过程才能掌握、驾驭知识。图书馆员从文献里获取知识,用户从图书馆提供的文献里获取知识,都是一个学习的过程。

现代学习理论认为,学习并非是行为主义所描述的简单的 S－R 过程,并非是学习者被动地接受知识,而是他人都无法代替的学习者运用自己的头脑主动反映外界信息、构建内在心理表征的过程。学习是否有意义,取决于新旧知识之间是否建立了联系。奥苏贝尔认为,有意义的学习使学习者"认知结构中新旧知识相互作用导致新旧知识的同化,从而不仅使新知识获得了意义,而且旧知识也因得到了修饰而获得新的意义"[①]。旧知识是生成和培育新知识的基地。在建构主义看来,学习者并不是空着脑袋开始学习,不是被动的知识接受容器,在日常生活中,在以往的学习中,他们已经形成了丰富的认知经验,在对事物的解释中,他们总是从自己的经验背景出发,主动地选择和加工外部信息从而做出合乎逻辑的假设。所以知识的意义并非简单地由外部信息决定的,而是学习者在新旧知识间反复的、双向的相互作用过程中建构而成的。每个学习者都以自己独特的原有经验系统为基础对信息进行编码、建构自己的理解,而原有知识又因为新经验的融入而发生调整和改变。皮亚杰用认知图式的同化与顺化来描述这一过程。所谓图式就是学习者已有的认知结构,是学习者在学习过程中的一种心理准备,包括学习者已有的认知经验、情感态度等因素,它对学习者当前的学习和认知活动起着决定性的作用。"一切认识都离

---

① 施良方. 学习论[M]. 北京:人民教育出版社,1994:246

不开认知图式的同化与顺化。"①

　　阅读文献的过程实际上也是学习者运用认知图式去同化和顺化读物文字符号信息的过程。现代图式理论认为,读物本身不具有任何意义,"意义蕴藏在读者的脑海里,取决于读者阅读过程中相关的图式知识的启动情况"②。阅读理解的过程就是发现合适的图式并使图式活动起来从而实现图式变量具体化的过程。所以学习者能够从读物中读出什么,当然首先取决于读物能够提供什么信息,但同时也取决于学习者所具有的相关图式的性状。例如,一个学生要想顺利读懂课文,就必须具有相应的适合于该课文的图式。我们说学生读懂了某篇课文,就是说学生"已经找到了一种假设(即图式),并且这种假设提供了对于课文各个方面一致的说明"③。相反,我们说学生未能理解某篇课文,则主要是因为:第一,学生可能并不具备适合于该课文的图式,因而无法理解课文;第二,学生虽然具有适合于该课文的图式,但课文所提供的线索不足以使这种图式活动起来;第三,学生可能发现了对于课文一致的解释,但并非是作者的解释,图式引起了学生知觉的错误或歪曲④。图式的活动是主动的。如果说读物提供了一种意义的假设和可能性,那么学习者正是在阅读中用自己的图式来检验这一假设并实现意义的具体化。孟子所谓"以意逆志"实际上就是指学习者运用自己的认知图式去实现读物意义具体化的过程。每个学习者都有着自己独特性状的图式,因而每个学习者对读物的理解也必然有着个性化的差异,每个学习者的头脑里都在阅读过程中生成着自己的"读物",谁也无法代替别人头脑对读物的反映,阅读是学习者独立建构意义的过程。

①　施良方. 学习论[M]. 北京:人民教育出版社,1994:173

②　曹明海,宫梅娟. 理解与建构——语文阅读活动论[M]. 青岛:青岛海洋大学出版社,1998:25

③　张必隐. 阅读心理学[M]. 北京:北京师范大学出版社,1992:244

④　张必隐. 阅读心理学[M]. 北京:北京师范大学出版社,1992:255

这意味着什么？

首先意味着图书馆员要想从文献信息中识别和提取知识，就必须拥有与文献记载知识相对应的图式，即相关知识经验的准备，相关知识经验越丰富、越深厚，就越能识别和提取越多的知识。可以说，知识的学习和接受本身就是相关知识经验的汇兑。然而，拥有图书情报专业背景的图书馆员，又如何能从其他专业文献里去汇兑出专业用户所需要的知识呢？

其次意味着图书馆员与用户拥有不同的知识图式，即使面对同一文献，图书馆员通过学习从中识别和提取的知识与用户通过学习从中识别和提取的知识是不一样的。

再次意味着用户不是被动接受图书馆员提供的知识，也不会直接接受图书馆员提供的知识，图书馆员提供给用户的一切知识都需要经过用户利用已有知识经验即认知图式加以识别和反映，从而构建他们的知识意义。

3）图书馆的知识服务对于用户存在着文献—知识的转换过程

用户来到图书馆到底需要什么？毫无疑问当然是需要知识，但文献是记载知识和信息的载体，而知识是能真实反映事物本质、规律和实际情况的信息，那些不能真实反映事物本质、规律和实际情况的信息，就只是信息。换言之，文献所载并非都是知识。不仅如此，知识是人们对世界的认识和经验性反映，具有很强的主观性和个体性。对于一个人来说是知识的东西，对于另一个人来说，只是一条信息而已。这就意味着，并不是图书馆员给用户知识，对用户来说就是知识了。图书馆员提供给用户的知识，无论是主观知识，还是客观知识；是显性知识，还是隐性知识；是生活常识，还是科学知识，但对于用户来说，都是一种独立于他们之外的客观存在物，还只是一种文献或者信息，只有当他们经过理解和识别并确认后，才能转换为知识，才真正具有了知识意义。

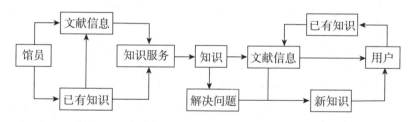

图 2 - 1　图书馆员与用户之间的知识—文献信息—知识转换图

如上图所示,图书馆的服务"馆员"要么凭借自己"已有知识"经验为"用户"提供"知识服务",要么运用自己"已有知识"经验从"文献信息"中识别和提取自以为是知识的东西,经过挖掘、重组和提炼,变成为"用户"提供"知识服务"的知识,无论是图书馆员已有的知识,还是从"文献信息"提取的知识,都可以分为两大类:一类属于技术性知识,直接为用户"解决问题",从而成为用户所需要的新知识,例如,用户不会安装阅读器,图书馆员直接替用户安装,直接解决了用户问题,显然这类知识比例极小。更多的还是另一类,即文献性知识,需要馆员通过各种载体以口头传递或文字记载的文献方式才能提供给"用户",而"用户"也并非直接接受图书馆员提供的知识,对于他们来说,这些知识还完全处于"文献信息"状态,他们需要再利用自己"已有知识"、经验和思维去识别、评价、选择和提取这些"文献信息"里的知识内容,一部分(或全部)与实际相符且来源可靠的"文献信息"可能获得他们的认同从而转换成他们解决自己问题的"新知识";另一部分(甚至全部)由于得不到他们认同,则继续处于"文献信息"状态,而被他们所忽略。

由此可见,知识的确不仅仅是一个名词,还是一个动词。知识的过程,不是一个被动接受的过程,而是一个主动认识了解的过程,一个去伪存真的过程,一个理解与选择的过程。图书馆员提供给用户的大部分自以为是知识的东西,都要经过用户文献—知识的转换过程,才能成为用户所认同和接受的所谓知识。

4)知识服务的理性选择

如果从知识的内涵讲,图书馆文献信息服务提供给用户文献的馆藏信息以及外部与内部信息,也是可靠的,也属于知识服务。但如果从学科专业知识来讨论学科服务,那么图书馆员必须面对的现实是,自己可能成为学科文献信息专家,但未必是学科知识专家。图书馆拥有文献信息优势,但并非同时拥有学科专业知识上的优势。图书馆服务职能是社会分工的结果,不能试图取代学校教师、医院医生、科研院所的学科专家等社会知识服务机构知识服务专业人员的服务职能。如何提高文献信息服务水平更好满足用户各方面、各个层次的需要,才是图书馆员的理性选择。

任何服务都是满足用户需要的活动。图书馆服务取向也首先取决于用户的需求。用户来到图书馆需要什么、向图书馆员求助的是什么,图书馆就服务什么。

用户为什么来到图书馆,他们到底需要什么? 2014 年,一份来自广州大学的调查(参见表 1 - 2),关于读者"去图书馆干什么",超过六成的学生均选择自修和借书,近半学生选择阅读,选择其他目的仅15.4%[①]。每当我们走进阅览室,常常看到阅览桌旁几乎没有多少空位,大多是自习的学生,但在书架间找书、看书、在服务台借书的读者也不多,至于图书馆组织读者培训或讲座最大的担心就是没有多少读者参与,而图书馆咨询台平均每天接受读者咨询的次数也极少(2011年3—5 月的统计仅为 5.41 次)。

用户向图书馆员求助什么? 首先,用户除非万不得已,极少愿意向图书馆员求助。国内有调查结果显示,用户遇到问题时,能首先想到找图书馆寻求帮助的人只占 17.09%,其他大部分人根本就没想过

---

① 黄文忠. 网络环境下大学生图书馆信息行为实证研究——以广州大学为例[J]. 广州大学学报(社会科学版),2014(7):67

要找图书馆员求助①。其次,用户利用图书馆的服务也主要是文献信息服务,知识方面的服务很少利用。来自吉林大学的调查显示,用户需要向图书馆员求助的问题主要是文献资源的检索与利用方面的问题,其他问题较少,他们利用图书馆的服务主要文献信息服务,其中获取原文和一般问题咨询利用最多,其他服务均很少利用,甚至对于学科服务用户希望接受的也主要是文献检索服务、馆际互借服务、学科导航服务等文献信息服务,其他知识服务项目比例均不高,并且用过图书馆咨询服务后认为服务对自己有帮助的用户只有 16.9%,其他要么不知道,要么不利用,要么认为帮助不大;表示参加过图书馆用户教育与培训并认为对自己有帮助的用户也只有 29.2%,且用户希望教育培训的内容也主要是馆藏文献的查询与获取方法、文献传递与馆际互借流程、数据库的检索利用方法等文献信息服务②。根据上海图书馆界"网上联合知识导航站"2001—2005 年的服务统计,虽然知识服务的需求在增长,但用户需求仍以文献信息为主,并且专家答复的问题中知识服务的比例相对较低,文献信息类问题高达 60%,而知识性答复则主要集中在简单知识答复,详细知识类的答复量仅占 15% 以下,文献信息资料的提供仍是图书馆咨询专家的强项,在专业知识含量较高的领域,由于图书馆咨询专家的熟悉程度较浅而导致文献信息的提供占了近 70% 的比例,只有在咨询专家所熟悉的图书情报专业领域的答复中,知识类答复量才占了一定优势,这就充分说明,咨询专家的专业背景、专业知识积累和业务素质是知识服务质量的决定性因素③。

由此可见,图书馆不是不可以提供知识服务,只是应发挥图书馆

① 闫静波,李玉玲. 适应用户需求的图书馆知识服务[J]. 图书馆学研究,2010(11):69

② 王强. 学科馆员与大学图书馆知识服务研究[D]. 吉林大学,2010:39 – 40

③ 王琏嘉. 图书馆参考咨询实现知识服务的可能性——"网上联合知识导航站"的统计与研究[J]. 图书馆杂志,2006(2):17 – 19

员在图书情报专业领域的优势提供相应的知识服务,而不能企图涵盖各个专业、各个学科,甚至代替用户的知识学习和知识创新过程。如果图书馆一定要提供学科知识服务,那就必须使图书馆员拥有较高学科专业素养,除了引进高素质非图书情报专业背景人员经过图书情报专业培训担任服务馆员外,没有别的捷径可走。

2.2.2 服务方式的"你来我往"

(1)"你来"

无论图书馆服务什么,无论图书馆的服务有多丰富、多专业、多周到,只有用户来利用,才有意义,否则不过是毫无意义的摆设,不过是资源的浪费而已。"你来"是图书馆实现服务的首要条件,只有用户愿意走进图书馆、愿意光临图书馆网站,图书馆的全部服务工作才有了开展的机会,其服务价值也才有了实现的可能,反之则不然。所以如果你愿意常来,则意味着是我的服务得到了你的信任,也意味着我的服务价值有了实现的可能或得到了你的肯定,如果你只来一次就不愿意再来,则意味着对我的服务水平、质量和价值的否定。然而图书馆长期秉持的理念是,你来还是不来,我一直在这里等着。长期以来,等"你来"一直是图书馆开展文献信息服务的主要方式。

等"你来",是一种以自我为中心的简单的服务方式。图书馆按照自己制定的馆藏计划,将图书、期刊等文献按照中图分类法有序陈列于一排排书架上,将各种数据库和各种服务项目分类陈列在图书馆网站上,等待读者或用户的到来。图书馆员要么端坐阅览室迎接读者入室,看着他们穿梭于密集的书架间;要么端坐咨询台静静等待着读者前来问询。至于读者或用户来不来,来多少,来做什么,则跟图书馆员没有多大关系,他们需要做的工作也许就是按时上下班而已,上班时将放乱的书刊重新归位,或者扫扫条形码,为读者办理简单的借出或归还手续。他们面对读者或用户,是一副唯我独尊的架势,"我每天都在这里,等你来,你来不来,那是你的事"。他们不用为用户来不来、来后是否能满足其需要而伤脑筋,更不用为此承担什么责任。所以当阅览室空荡荡没有多少读者时,图书馆员依然可以安坐服务台,摆出一副超然的姿态。

等"你来",是一种被动接受用户选择方式。图书馆员并不清楚用户之所需,也不了解用户之所需,甚至不需要了解用户之所需,只能被动等待和接受用户的选择,除了等待,还是等待。所以等"你来",也反映了图书馆员被动接受用户选择的无奈。

等"你来",是一种单向给予式服务。我是文献提供者,你是利用者,是我给你提供了选择机会,我有,你就用,我没有,你就没有用的机会。我有的东西都摆出来了,你用不用,你会不会用,那是你的事。所以图书馆员可以以一种高高在上的姿态面向用户,他们不用跟用户交流和沟通,也不用关心用户来自哪里,从事什么工作,来图书馆想要什么。在阅览室观察一个个读者入室完成借阅活动的全过程,除了那一声声扫条形码办理手续的声音,再也听不见任何声音,图书馆员和读者之间没有、也不需要有任何交流、任何互动。

当前,这种自我中心仅靠被动等待的服务无疑很难为用户所接受。尤其是信息时代,用户获取文献信息的途径多样化,图书馆的文献信息优势逐步削弱,用户无须来图书馆,他们的文献信息需要也完全可以通过别的途径得到满足。图书馆没有用户所需的文献,用户就不会来图书馆;图书馆的文献利用不方便,用户也不愿意来图书馆。这就导致图书借阅量下降,许多馆藏文献处于闲置状态无人问津,图书馆网站用户访问量低,网上资源与服务利用率低。

(2)"我往"

"我往"是图书馆主动走向用户、关心用户的服务。图书馆员不再是消极被动坐等用户的到来,而是主动报道馆藏文献、推广图书馆服务,挖掘文献利用价值,为用户提供更多的选择的服务;是走出服务台、办公室主动走向读者、用户,了解他们的需求,主动为他们提供帮助的服务;是根据用户需要不断调整服务策略与方法,不断提升服务水平与效益的服务。服务是一个主动词,而"我往"正是主动实现服务价值的必要方式。

为了让用户知道和了解图书馆资源与服务,图书馆发布相关利用通知或消息、印制和散发各种宣传活页,张贴的各种服务海报;为了帮助用户更好利用图书馆数字资源,图书馆举办各种数据库利用培训活动;为了给用户提供更多选择,实现文献潜在的利用价值,图书馆为目标用户推送各种文献信息;为了满足用户专业化需要,图书馆开展各种学科文献信息服务;为了使用户及时掌握文献资源利用方法,有的图书馆员还主动走进教师办公室或者学生教室给他们培训数据库利用方法……这些,都是图书馆主动服务的体现。

"我往"是图书馆员主动服务的方式,"你不知道,我告诉你""你不会用,我教你""你不愿意来,我给你送上门""你有困难,我帮你解决"。这种主动、热情、周到的服务,自然会受到用户欢迎。但"我往"依然还是单向的服务,并没有充分尊重用户的接受需要,图书馆告诉的,用户听而不闻、视而不见;图书馆教的,用户没兴趣参与;图书馆送上门的,用户漠然置之。某高校图书馆负责人在一次公开的会议上说,该馆主动开展了很多读者培训活动,本是为教师周到服务,但竟然有教师不但不买账,反而质问他:"你们图书馆来找我搞培训,是不是为了完成任务?"可见,盲目的走近用户,仅停留在形式上的丰富多彩,同样会导致服务的无效。

(3)"你来""我往"

单纯的"你来",而我不往,或者单纯的"我往"而你不来,都是片面的,都是不尊重对方、不重视反馈的表现,因而很可能是无效的。因此,既要"你来",也要"我往"才会形成良好的互动交往关系。

"你来我往",在汉语意义里是指朋友之间相互走动、来往频繁,也指人流之多之热闹。图书馆服务中的"你来""我往"则反映着图书馆员与用户、读者之间平等、互动、亲密无间的友好关系。

"你来""我往"并非礼尚往来,而是图书馆员与用户互相都有需要,主动展开的互动交往活动。用户想要获取自己所需要的文献信息来到图书馆,图书馆员则需要关注用户的需要是什么,是否能得到满足,如果不能得到满足,还要及时调整服务内容、更新服务产品,直到能满足用户需要为止。"你来""我往"是真正以用户需要为本的服务。

"你来""我往"也可以反过来理解,是图书馆员主动来到用户中给用户施加积极的影响,并充分尊重用户的接受需要,以唤起用户利用的热情与动机,而使用户也给了了积极的反馈和回应。例如,图书馆员经常通过各种途径开展的各种形式的读者调研活动,了解用户需求,并根据用户需求不断调整服务策略。图书馆网站是为用户而建的,如果用户访问量低,利用率低,图书馆员就要反思,找出存在的问题;读者教育是为读者举办的,如果读者参与少,图书馆员也得反思,找出问题症结所在,探寻解决问题的办法。"你来""我往",要求图书馆员必须关注用户的反馈,关注服务的效益,尽可能减少低效无效、无效服务。

"你来""我往"反映了图书馆员之间频繁的互动,是不带功利色彩的良好的自然的交往关系,是"服务—反馈—更好的服务"的理想服务模式。

2.2.3　服务语言:从言语到话语

(1)言语服务与话语服务

人们利用语言表达自己思想感情所言之语,即为言语。言语的本质是表达和交际,有很强的对象性[1],以己为对象的言语是独白之语,以人为对象的言语是对话之语。图书馆有什么、如何用,图书馆所开展的所有服务活动,都需要通过语言、借助各种载体(如纸质海报、通知或网络等)加以表达,才能为用户所感知和接受。

言语服务,就是不分对象的表达服务,就是只管自己说得如何,而不管别人听得如何。只关心自己表达没有、表达是否充分,不关心是为谁表达,也不关心是否有人聆听和接受。这种服务表现为:书摆放的书架上,借不借,看不看,那是读者的事;咨询台也设置了,用户有问

---

[1]　范晓.语言、言语和话语[J].汉语学习,1994(2):2-3

题问不问,也是用户的事;图书馆购买了数据库,都在网上,用户用不用,会不会用,也是用户自己的事。这就是言语服务。言语服务,其实就是自言自语,图书馆网站充斥着大量用户费解的图书情报专业用语和符号,大部分栏目和数据库访问量、利用率极低,用户培训参与者少,都是典型的言语服务所致。

话语,就是处于与人沟通、交流、对话之中的言语。一个人的言语要成为话语,就必须展开与他人的对话,而要展开对话就必须具备以下条件:有明确的对象;有共同的话题,能互相满足需要;彼此处于平等、民主、信任的地位;所表达的是彼此都能理解的语言①。

话语服务,有强烈的用户针对性,"说什么"是以用户"需要什么""是否感兴趣"为前提,"如何说"是以用户是否能理解、能接受为基础的。说用户需要的话,说用户感兴趣的话,说用户能理解和接受的话,这就是话语服务。话语服务离不开用户的参与,话语服务本身就是在与用户互动交流中生成的。用户在图书馆一次愉快的咨询过程,是话语服务;读者来到图书馆进行一次满足文献信息需要的借阅图书、期刊或获取文献资料的过程,也是话语服务;用户来到图书馆网站感受到网上信息的丰富多彩、文献检索与利用的轻松、便捷,还是话语服务。

(2)话语服务,图书馆有效服务的必然选择

图书馆任何服务都不是自我展示、自我欣赏、自我满足的活动,而是为用户所理解、所接受,并能满足用户需要的活动,因而离不开与用户之间的话语沟通与交流。图书馆所表达的资源与服务,都是为了用户的接受与利用。所以,话语服务是图书馆有效服务的必然选择。

图书馆的书刊,需要用户尽可能多用,而不能让其藏在深馆人不识;图书馆的读者培训,需要用户参与,而不能处于无人问津状态。图书馆网站是供用户访问,是用户利用图书馆资源与服务的重要平台。用户访问图书馆网页是一种阅读活动,而阅读就是读者与读物之间展

开的跨越时空的对话①。总之,用户利用图书馆各种资源与服务的过程,也是与图书馆和图书馆员展开的互为主体、互相理解、互相选择、互动对话的过程,因为图书馆无法把自己的资源与服务强加给用户,它只能平等接受用户的选择,只有当它赢得了用户的信任,才能为用户所用。所以图书馆的资源与服务不能成为图书馆自我炫耀、自我陶醉的言语作品,而必须是能召唤用户利用、期待用户参与对话的话语作品,必须拥有对话的性格。

话语服务不是那种晦涩难懂、让人敬而远之的服务,不是那种机械、死板、冷漠和缺乏温情的服务,也不是那种远离尘世、故作清高的服务。它是能对用户产生吸引力,能唤起用户兴趣并为用户所需要的服务;是用户能理解和接受的服务;是能使用户积极参与和便捷利用的服务。

---

① 曾祥芹. 阅读学新论[M]. 北京:语文出版社,2000:185 – 189

3 提升文献信息服务效益

3.1 策略性服务

3.1.1 高校图书馆服务的非策略性倾向

(1)关于策略性服务

在现代汉语里,策略是指做事的计划、方法或谋略。人们说话做事为追求理想的效果自觉注意方式方法,就是策略意识。它蕴于人们为自身行为确定目标、制订计划、列出方案、识别问题、修正错误、发现最佳路径、有效率完成等一系列复杂过程中,特别强调排除无效率行动和不恰当工作,追求所完成工作质与量的配置达到最佳[①]。基于策略意识的行为是策略性行为。

策略性行为这一概念源于处于市场竞争中的企业在决策方面存在的相互依赖的关系,最早由经济学家谢林(Schelling)在 1960 年的著作《冲突的策略》中提出,指的是企业通过影响竞争者对该企业行动的预期,使竞争者在预期的基础上做出对该企业有利的决策行为[②]。它包括非合作策略性行为和合作策略性行为,前者是为追求利润而提高自身竞争地位的行为,后者是协调本行业各企业之间的竞争性行为使彼此均能各获其利的行为[③]。这一术语如今正逐渐被用于经济以外的许多领域,如策略性教学、策略性管理、策略性传播等。

---

① 曲中林,许占权. 教师专业决策权的优化——复杂性与策略性思维的双向穿越[J]. 教育导刊,2012(9):12
② 干春晖,姚瑜琳. 策略性行为理论研究[J]. 中国工业经济,2005(11):118
③ 巫称喜. 中国电视业的策略性行为研究[J]. 江西社会科学,2007(12):131

不同领域对于策略性行为所关注的角度和重点是有差别的,但对于行为效果和效益的重视则是共同的。图书馆为提高其馆藏资源利用率和服务效益,采取各种灵活而有效的措施,以更好为读者所接受、满足读者需要的服务,就是策略性服务。

策略性服务是图书馆根据读者需要而主动谋划的服务,是主动帮助"书"选择读者的服务,甚至是走出阅览室、办公室主动走近读者而提供的服务,它投入了馆员积极的智力努力;是灵活的适应性服务,有很强的对象针对性和目标指向性,即通过服务不断提高馆藏资源利用率而不使其处于闲置状态,由于读者需求与接受倾向有别,要求图书馆采取不同的服务策略,在服务内容、方法上因地制宜、因人而异,不拘一格,自由灵活,而不是简单划一、按部就班;是有效的服务,即读者能有效利用图书馆服务,图书馆服务能有效满足读者需要,一旦出现低效或无效问题,图书馆能迅速找出症结所在,及时调整策略,保证服务始终处于有效状态;是发展性服务,不仅关注服务行为本身,还要关注其可能产生的效果,不仅要努力满足读者的现实需求,还要努力满足读者的潜在需求,是一种具有一定前瞻性的服务,也是赢得读者信任和口碑,培育读者信心、拓展读者群的服务。

总之,策略性服务所关注的是如何最大可能为读者所普遍接受,如何最大限度满足不同读者的不同需求,追求服务的最佳效益。

(2)高校图书馆服务的非策略倾向

只要不是为了自己随意消遣,任何人做任何事,为追求最佳效果,都需要策略的支持。图书馆服务是针对读者的服务,服务什么、如何服务,都无法离开策略。然我国高校馆所开展的许多服务工作还不同程度表现出非策略倾向,主要表现在:

策略缺失。服务馆员习惯于端坐服务台等待读者来各取所需,让读者穿梭于那密密麻麻分类排列着各种书刊的书架间,"每个读者有其书""每本书有其读者",似乎不需要馆员的智力努力,甚至跟馆员没有多大关系。尽管各馆所面对的读者对象不同,但不同馆的网站也如书架一般密密麻麻分类排列着馆情介绍、资源目录与服务介绍等栏目,等待着用户访问和利用,栏目名称、网页风格甚至连表述语言都千馆一面、大同小异,极少有自己的特色,只有"通知公告"一栏在经常更新,大部分栏目长期不更新也不用更新①。统计2013武书连排名前20的重点大学馆网站,提供网页访问量统计的寥寥无几,可见普遍不关心用户是否访问和利用。毫无疑问,图书馆服务需要等待,但又不能仅靠等待,如何让读者了解馆藏,如何让服务与读者需求实现对接,离不开图书馆员的积极谋划和努力,以"我在这里,你来不来、用不用、用多少,那是你的事,跟我无关"这种唯我独尊的姿态等待,并不符合服务工作的本质要求。

策略脱轨。图书馆的服务主要是馆藏文献的服务②,是根据读者文献需求,充分利用馆藏而提供的文献信息服务。就是说图书馆服务是建立在文献信息基础上的。然有些馆在服务方向上却不同程度偏离了这一轨道。有调查表明,我国内地高校图书馆的读者培训23%以上的内容是应用软件培训,远高于香港台湾地区高校图书馆的比例③;为提高图书馆员气,有人主张把咖啡厅、歌舞厅等休闲娱乐设施也放在图书馆,也许会为部分读者所接受,但却并不符合图书馆的藏用本质④。

策略错位。图书馆员常以自我意识和自我需要开展服务而忽视读者需求,导致服务策略与读者需求不同程度产生错位。例如他们承认满足用户需要是图书馆网站建设的根本出发点,但又习惯性把自我展示功能摆在了第一位,服务功能摆在了第二位;他们常以自己的理解给数据库多重分类,但用户却并不因此而感觉更方便;它们普遍以不分专业、不分读者对象、游离于用户学习与研究之外的数据库讲座

① 郑勇. 高校图书馆网站:从独白走向对话——以我国20所重点高校图书馆网站栏目设置为例[J]. 情报资料工作,2010(1):43
② 吴慰慈,董焱. 图书馆学概论[M]. 北京:北京图书馆出版社(今国家图书馆出版社),2002:191 - 192
③ 姚向阳,江蓉星,黄黄. 港台与内地高校图书馆读者培训的调查与研究[J]. 图书情报工作,2012(23):79
④ 黄宗忠. 图书馆学导论[M]. 武汉:武汉大学出版社,2002:133

和文献检索课的方式开展用户培训,导致用户没有参与的兴趣①。

图书馆服务的非策略倾向带来的结果就是馆藏资源的低利用率和服务的低效与无效。有统计表明,我国高校馆普遍存在"藏非所用,用却无所藏"的窘境,大量馆藏长期无人问津②。一项针对 27 个省、市、自治区高校用户的调查结果显示,仅 31.28% 的用户在经常访问图书馆网站。据 OCLC 发布的报告,甚至只有 1% 的用户要查资料会首先选择图书馆网站。上海交通大学图书馆网上预约 2013 年 3—4 月 29 场有关资源利用与科研支持的讲座平均每场仅 19.24 人参与,多场讲座由于参与者太少而被迫取消。而武汉大学馆的调查也显示,用户用得最多的网上数据库主要是 CNKI,其他中外文数据库利用率都不高,并且用户常用的服务也集中在查收查引、文献传递等少数几个服务项目上③。

没有服务热情,没有积极的智力投入,就没有策略性服务。而图书馆员看不到职业前景,丧失了工作积极性,则是当前图书馆服务面临的主要困境,也是造成图书馆服务非策略倾向的主要原因。浏览近年我国发表的有关高校馆服务的论文,可见用户本位思想虽已得到图书馆员的普遍认同,但在实践上却常常难以摆脱根深蒂固的图书馆本位的思维定式,习惯以自我为中心,重藏轻用,只关心馆藏的丰富程度、服务项目的多少,不关心用户的需要,看到它馆服务什么、如何服务,就不顾本馆实际简单模仿、照搬,完全不用考虑策略问题;"干多干少一个样,干好干坏一个样",只要按时值班即可,服务效果可以不管不理,这种管理的不到位导致馆员失去了进取心和责任意识,产生了自足心理,加上图书馆服务被简化为借借还还的简单重复也易使馆员

① 郑勇.让参考咨询服务更具参考性——高校图书馆参考咨询服务的现状与思考[J].图书馆论坛,2012(6):143 – 145

② 刘广普,李晓红,张一章.网络环境下的图书馆效益浅探[J].中国图书馆学报,2000(6):48

③ 郑勇.从言语到话语——赋予高校图书馆网站以对话性格[J].大学图书馆学报,2014(1):65 – 69

产生职业倦怠感①,从而淡化和忽视策略问题。

3.1.2　开展策略性服务的策略

长期以来,"要借书看书就去图书馆""要查资料就去图书馆",这是全社会对图书馆的理解与共识。然而在信息时代的今天,读者可通过多种途径获取自己所需的文献信息,每个读者"有其书",但这"书"未必需要通过图书馆获得;每本书"有其读者",但这"书"有可能长期深藏馆中而不为读者所用。面对图书馆文献信息优势地位有所削弱的现状,为提高馆藏资源利用率与服务效益,从根本上改变高校图书馆本位意识,开展策略性服务显得更加必要和紧迫。

(1)强化读者本位,重建服务意识

服务之"服",乃"服从"之意。服务是服从和满足用户需要的活动。对于图书馆来说,服务是一种自我营销,一种自我价值的实现,要求图书馆员必须谋划如何尽可能使读者知晓和利用馆藏与服务;对于读者来说,图书馆的服务只是一种选择,一种需求的满足,要求图书馆员须处理好与读者的关系:

1)供给与需求的关系

看许多图书馆拥挤不堪的主页,大有互相攀比资源与服务多寡之势,但如果不是读者所需、不为读者所用,就成了无意义的摆设。图书馆无法把自己的服务强加给读者,与读者之间完全是一种平等的互相选择的关系,读者是否利用图书馆服务,完全取决于服务能否取得其信任、能否满足其需求。如果图书馆能提供通过百度等途径无法提供的高质量的文献信息服务,那么读者没有理由不利用图书馆服务。如果服务馆员对于专业馆藏的了解达到烂熟于心、了如指掌的程度,当读者需要时,能够娓娓道来、如数家珍,顺手拈来、皆成秒谛,让他们有如沐春风、豁然开朗之感,那么他们没有理由不信任其服务。一切为

---

① 杨容.图书馆员职业倦怠的成因分析及对策探究[J].四川图书馆学报,2012
(2):65

了读者,一切都是由于读者需要演绎的结果。图书馆除了以读者需要为本,没有别的选择。就是说,"读者需要什么"远比"图书馆有什么"重要。图书馆"没有",完全可以重新配置;读者不需要,图书馆无论怎样"有",也是枉然。

2)文献信息与非文献信息的关系

任何服务机构都要凭借自己的优势资源才能有效开展服务,其服务也才能被社会所普遍认可和接受[①]。图书馆乃馆藏文献之地,是高校文献信息中心,丰富的馆藏,宁静优雅的环境,图书馆员对文献信息的高超驾驭力,使其成为读者理想的阅读场所、精神家园和心灵栖息地,这也是图书馆的优势和核心价值所在。图书馆只有凭此优势才能为读者所信任并满足其需求,一旦离开或失去此优势,图书馆就会贬值。有的馆为读者提供培训、娱乐、饮食等非文献信息服务本无可厚非,但这些只能是文献信息服务的辅助性服务,绝不能影响或脱离文献信息这一根本服务,因为图书馆毕竟不是培训机构,不是娱乐场或餐饮馆,它有自己独特的性质和功能,术业有专攻,它不能企图代替其他专业人员和社会服务机构所提供的服务。另外,能驾驭文献,不等于也能驾驭文献信息所负载的知识。图书馆员希望为读者开展知识服务以提升自我形象的愿望可以理解,但以自己并不是优势的资源去开展服务,企图体现自己的所谓核心价值,未必是明智的选择[②]。

3)传达与接受的关系

图书馆总是试图借助各种表达手段、通过各种途径向读者展示和介绍自己能提供的馆藏与服务,但只有能引起读者关注并为其所理解和接受,才有意义。我国大多数高校馆网站的主题背景都是图书馆僵硬、冰冷的建筑图片和密密麻麻单调、死板和枯燥乏味的文字,且充斥

---

① 刘晓光,郭霞,董维春.日本高校社会服务:形式、特点及启示[J].现代教育管理,2011(10):122－125

② 张晓林.走向知识服务:寻找新世纪图书情报工作的生长点[J].中国图书馆学报,2000(5):33－34

其间的是读者陌生的图书情报用语,让读者望而却步,实在是很失策的事,因为图书馆网站不是图书馆员自我欣赏的作品,而是为读者服务的平台,是为读者而建的,这就要求其内容的选择、栏目的设置、版式的设计、表述的语言都必须与读者的倾向和喜好相契合,才可能为他们所理解和接受。例如,在图书馆网上发布的"PressDisplay 数据库利用培训",读者如何知道这个库是什么、有什么用,又怎能产生关注的兴趣? 如果在前面加上"全球最大的数字报纸在线服务平台"主标题,便立刻易于识别,且有助于唤起倾向读者了解的欲望和潜在的需求①。可见,如何向读者表达,如何告诉读者,才能引起读者注意,才能为读者所理解和接受,是个很有探讨空间的问题。

(2)建立激励机制,促进服务创新

开展策略性服务,关键在于服务馆员要自觉关心自己所从事的工作及其成效,要有工作热情和积极性。如果他们有为读者负责的精神,热爱自己的服务工作,就会将自己的感情、精力和智力积极投入到服务中去。那么,这种工作责任感、兴趣和热情哪里来?

首先,来自图书馆员的职业理想与追求,即自律、自励,是他们较高职业道德素养和先进职业理念的体现。图书馆服务应该是一种研究性服务,需要馆员紧跟时代技术发展进程,不断研究、开发和利用现代自动化技术,使传统那些简单机械的重复性服务工作能尽可能被机器所代替,从而将人的精力和智力解放出来。至于如何让尽可能多的读者了解馆藏与服务,如何挖掘和利用馆藏文献信息使之与读者需求相契合,如何让读者尽可能接受和选择图书馆服务,如何使图书馆服务尽可能充分满足读者需求,更是一个与读者需求与接受倾向无限接近的复杂过程,要求图书馆员不断研究读者,不断探索、调整和完善服务方式与策略。就是说,读者对馆藏与服务的知晓度、接受度、利用度和满意度,是一个需要无限开拓创新的智力活动空间,这为图书馆员

① 郑勇.从言语到话语——赋予高校图书馆网站以对话性格[J].大学图书馆学报,2014(1):65-69

实现职业理想提供机会和舞台。

其次,有赖于管理的保障与促进,即他律、他励。管理的主要职能就是为实现预定发展目标,优化配置各种资源与要素,使物尽其用,人尽其才,而如何通过管理让馆员严格要求自己并为自己所做的工作承担责任,如何通过激励机制最大限度调动图书馆员的积极性和创造性,也是其核心职能①。可采取的策略:一是分级设岗,目标驱动:根据智力的投入程度与复杂程度,将不同服务岗位设定为从低级馆员到高级馆员的若干个级别并与薪酬挂钩,每个级别的岗位都设置若干个需要达到的指标,让每位馆员都能看到自己的上升空间和发展目标,从而产生追求的动力,不再得过且过;当馆员在一定时期达到所要求的指标(或通过积分制根据智力投入情况赋予各项指标一定的积分要求),便可直接升级或取得相应荣誉,当然每过 2—3 年实行一次不同级别岗位的公开竞聘,也是激发馆员斗志的有效措施。二是正面引导,成就激励:每个馆员做了些什么,有什么成效和业绩,应有一套机制及时公开发布、互相监督和比较,从而产生强烈的成就感和鞭策意识,未必要罚劣,但一定要奖优,对于贡献突出的优秀馆员,必须给予一定荣誉或奖励以示肯定,从而体现图书馆管理积极的价值取向,营造全馆积极、向上、有为的工作环境。

(3)重视服务反馈,强调"事实"评价

反馈是复杂系统行为的决定性因素,对于策略性行为的有效性至关重要②。馆员的服务工作做得怎么样,服务对象(读者)无疑最有发言权,因此首先需要来自读者的反馈和评价,读者用得多且很满意,就是对他们工作的最大肯定和鼓励。但他们是为图书馆做的工作,因此也离不开来自图书馆的反馈和评价,图书馆满意和肯定他们的工作,

---

① 余宏俊,达庆利. 基于知识创新的科研组织人力资源管理体系研究[J]. 中国软科学,2004(12):99

② 克雷格·勒尔. 策略性思维——个人和专业发展的有力工具[M]. 黄远振,译. 沈阳:辽宁教育出版社,2001:221

他们就会更有信心,反之则不然。目前,许多馆还在沿袭传统那种凭领导主观印象或馆员之间互相凭印象打分的评价方式,由于分工的差异与部门的分隔,互相之间很难完全了解,因而这种评价无法真实反映他们的业绩,会造成馆员付出了努力得不到认可,做出了贡献、取得了成绩得不到肯定,从而产生心灰意冷的心理体验,这对于服务工作的发展极为不利。因此,图书馆应尽可能避免主观评价,努力追求评价的客观、公正、可靠和说服力,而事实胜于雄辩,除了以事实为依据、实事求是别无选择。

服务馆员做了什么,怎样做的,做了多少,无疑是首先应关注的事实,但这只是反映了工作量,工作量多未必就有成绩。因为服务是极具对象性的工作,服务对象的反馈,才是最能反映服务业绩的事实。因此,应重点关注读者对服务的接受程度及所反映出的数量效果。

关注度。如观察图书馆网页读者访问量,访问量高,说明关注度高;给每个网页都提供留言的窗口,观察读者阅读网页后的留言情况,反映读者关注的程度;又如观察读者了解图书馆资源与服务后在咨询量、咨询内容深度、广度等方面的变化,关注愈众愈深广,意味着读者利用可能性愈高,反之,则应及时反思和调整策略。

利用量。分不同时间段加以统计、比较和分析,观察不同服务内容、方式与策略反映在利用量上的变化状态和趋势。

满意度。根据读者利用服务后是否会有积极的反馈来评价。一旦读者需要被很好满足,就可能通过各种方式情不自禁地洋溢出喜悦或感激之情,如果利用服务后表情冷漠甚至从此杳无音信不再有任何反馈,则可能是对服务并不满意。当然通过调查或回访得到的答案或更为有效,满意度高的服务会有好的口碑。

再用率。服务质量高,就会赢得读者的尊重与信任,他们就可能二度利用,服务质量低,就会失去读者信任进而失去读者。

拓展度。高质量的服务,不仅能唤起读者自己产生更多、更广、更深层次的需求,而且还会使他们向身边的人积极推介,从而使服务收获更多的读者,从而在服务对象、服务内容上都不断从有限的服务向无限空间拓展①。因此,应及时掌握新读者的数量变化和来源情况,以此评价服务的成效。

对于图书馆服务效益的评估,目的不仅在于区分出是非优劣等级,更是为了找准存在的问题与不足,以便及时反馈给服务馆员,为进一步调整服务策略、优化服务举措、提升服务质量提供直接的依据,从而保证服务过程始终处于可控状态和满足读者需要状态。

结语

高校图书馆服务的非策略倾向归根到底是由于图书馆本位意识和传统造成的,重建服务意识、积极开展策略性服务,就是要真正以读者需要为本,通过一系列有效措施和行为,更好实现图书馆的文献信息服务职能,提高资源利用率。它要求服务目标明确,服务手段灵活,服务效果可观,服务过程可控,努力避免服务的低效与无效,避免造成人力、物力、财力资源的浪费。它是一种服务理念,也是一种服务行为。它立足当前,着眼长远,着眼图书馆的发展战略,追求服务效益的最大化。

3.2　超市化服务

3.2.1　高校图书馆超市化服务现状

(1)超市与超市化服务

超市(即超级市场)一词来源于英文 supermarket,是指以顾客自选方式经营食品、家庭日常生活用品为主的大型综合性零售商场,是许多国家特别是经济发达国家主要的商业零售组织形式。最早产生于1930 年,美国人迈克尔·库仑(Michael Cullen)在纽约州开设了第一家超级市场。80 多年来,超市以最受消费者欢迎的商业零售模式,由

---

① 郑勇. 让参考咨询服务更具参考性——高校图书馆参考咨询服务的现状与思考[J]. 图书馆论坛,2012(6):143－145

小到大,由少到多地发展,如今已遍及全球。逛超市购物已成为现代人日常生活的重要内容。

超市是发达国家探索出来迎合消费者口味的一种销售模式,是零售商业发展至今最佳的销售模式。超市经营面积一般都在300平方米以上,配备有现代化的经营设施,运用现代管理方法,其管理理念是"以人为本",服务宗旨是"顾客至上",经营方式是"全方位开放"。现代超市的核心经营理念就是"一站式"经营,它打破了一个又一个独立分割的格局,并实行开架售货,使商品与顾客之间"零距离"和"全接触",品种丰富、齐全,摆放合理,任人自选,还有电话购物、送货上门、售后服务等"便民"措施,能满足消费者对基本生活用品一次性满足的需要,并实行自助服务和集中式一次付款的销售方式,极具便利性①;它营造了一个宽敞、明亮的购物环境,让顾客有一种轻松、自由的舒适感,消费者即使不买什么,进去逛逛也是一大享受;它通过连锁经营的方式,组织起庞大的连锁店网络销售体系,以扩大自身的销售规模与服务范围。

超市销售服务理念已深刻影响着服务领域的各种其他行业,也影响着图书馆的服务模式。应该看到,超市销售服务与图书馆服务的确存在着许多相通之处,如都有较大的空间和服务规模,都追求最大的效益(只是超市追求的是商品能最大可能卖出去以获取利润,而图书馆追求的是馆藏资源能最大限度为读者所用),都采取开架自助式的管理方式,都要满足消费者的需要(只是超市满足的是消费者的物质需要,而图书馆要满足的是读者或用户的文献、信息、知识、精神方面的需要),等等。进而,超市销售模式也逐渐为图书馆员所接受,成了图书馆的重要服务与管理模式。图书馆服务经历了自藏专用、闭架、半开架、全开架等几个阶段发展,20世纪90年代以来,藏借阅一体的超市化模式在我国被逐步接受并成为图书馆设计的主流。这一模式

---

① 潘东霞. 现代超市理念对图书馆建设的启示[J]. 图书馆杂志,2002(1):29 - 30

以读者为中心,在管理理念上强调"读者至上""以人为本",在空间结构上,采用"同一柱网、同一层高、同一荷载"的通透式、大开间设计,变传统分割的小空间为连贯的大空间,并使"藏、检、借、阅、管、查、咨"合一和"人、机、书"一体化,密切了人与书的联系,书库与阅览共处于同一空间,达到了人在书中、书在人旁的效果,极大地方便了读者,是读者可以随见、随取、随看的自选式借阅①;在馆藏布局上,按功能分区设置借阅区、服务区、办公区、休闲区等区域,为读者提供宽敞舒适的借还、阅读、休闲、娱乐环境;在读者服务上,实行全天候开放、全开架阅览和一站式服务,管理更为人性化②。

(2)高校图书馆超市化服务现状

我国大多数高校图书馆都有超市化服务倾向,只是由于硬件等外在物质条件所限,暂时难以实行而已。虽然许多馆在空间格局上无法实行超市化服务,但在服务理念或服务方式上则不同程度已经实行超市化,只是实行超市化服务的程度存在一定差异罢了。例如,广州大学图书馆卢小玲对广东省内40多所高校图书馆进行了问卷调查(见表3-1),共回收有效问卷40份,其中30份为广州市内高校,10份为深圳、韶关等省内高校,结果显示:21份问卷表示本馆已实行了"超市化"管理模式,占52.5%,18份表示没有实行,占45.0%,1份表示不完全实行,占2.5%;对于不能实行的原因,有16份(占76.1%)表示最大障碍是"图书馆建筑限制",11份(占52.3%)表示由于经费问题;而对于馆藏布局的超市化程度,只设一个总出入口的有24馆(占60.0%),设了一站式借还书处的有26馆(占65.0%);至于读者自助服务必备的硬件设备则普遍显得不足,设置了自助打印、复印、借还书机的馆均较少,仅有1馆设了24小时自助还书箱。

① 陈喜红.超市化管理模式在高校图书馆读者服务中的应用[J].情报探索,2011(2):105-106

② 卢小玲,陈漫红,李少贞.港澳两地公共图书馆"超市化"管理的调查与思考[J].图书情报工作,2011(1):97

表 3 – 1　广东 40 所高校图书馆自助设备情况调查统计①

自助服务设备	有(所)	占比
网上检索终端	40	100.0%
自助借还书机	15	37.5%
自助复印	13	32.5%
自助打印	7	17.5%
24 小时自助还书箱	1	2.5%

　　超市化服务理念已经被高校图书馆员普遍接受,至少在借阅服务上已被广泛采用。当然,超市化服务也带来了一系列新的问题,例如,乱架现象非常严重,偷书现象时有发生,书库阅览环境由于读者的不文明行为而受到影响等,为此,有的图书馆员主张要加强读者的引导教育工作②。值得注意的是,有的馆正在将超市化服务模式与理念拓展到其他服务领域。例如,吉林农业大学图书馆马丽华等学者就提出了"信息服务超市"的概念,认为可把不同信息产品、信息服务项目、信息服务内容、信息服务方法等像商品一样集合起来,建立一个开放式的信息服务"商场",任用户自由选择信息服务项目、信息服务内容、信息产品形式等,从而接受信息服务③。上海海事大学图书馆 2011 年开始联合校内有关部门试图把图书馆打造成"文化超市",通过举办知识竞赛、LOGO 设计大赛、环境主题设计大赛、演讲比赛、辩论赛、征文竞赛等节庆人文系列活动,邀请专家、学者等来图书馆开展系列学术与文化讲座,举办系列人文展览,推出系列人文书展,将报告厅建成人文

---

① 卢小玲 . 图书馆"超市化"管理模式应用调查研究——以广东省部分高校为例[J]. 图书馆学研究,2010(10):32 – 33
② 雷萍艳 . 论高校图书馆实施超市管理模式的利与弊[J]. 图书馆学刊,2009(2):35
③ 马丽华,王丽娟,张桂山等 . 高校图书馆参考咨询服务中信息服务超市模式研究[J]. 情报科学,2010(5):670 – 673

影院播放人文电影等,从而使图书馆成为学生除课堂以外首选要去的地方,成为大学生校园生活的"第三空间"①。毫无疑问,这些积极尝试与探索是非常值得肯定的。

3.2.2 超市化服务策略

超市化服务的核心理念就是以"用户为本",最大可能提高服务效益。实行超市化服务的关键也在于转变传统图书馆中心、唯我独尊的服务观念,真正以"用户为本",把用户的需要放在最重要的地位,不断创造条件满足用户的需要,以此为抓手提高图书馆服务效益和馆藏资源利用率。就是说内容上是否超市化远比形式上的超市化重要。

(1)便利化服务

一切以方便读者、以满足读者需要为立足点。读者一走进图书馆,能看到十分清晰的分区、分类、服务标识,他们能迅速认定自己所需要的处所,而不必到处寻找和问询;一走进阅览室,能利用文献检索系统和分类导航指示迅速获取自己所需要的图书,而不必茫然到处在书架间穿梭。当用户一打开图书馆网站,能迅速锁定自己所需要的内容,而不必打开一个又一个相关网页查询;能利用相关检索工具迅速获取所需文献,而不必花费大量时间去筛选无关文献;能直接利用图书馆推出的各种相关文献服务,而不必转弯抹角。我国大部分高校图书馆主要采用的是分类排架的方法,根据图书所反映的内容、性质、形式、体裁、立场观点和读者用途分门别类地组织藏书,一方面有的分类很难理解和识别,给读者带来了不便,例如心理学类的图书按照《中国图书馆分类法》放在哲学大类里,这让许多读者感到意外,也难以理解,从而成为他们利用的障碍,如何突破《中国图书馆分类法》的局限来给馆藏文献分类让读者更容易理解和识别,是各馆需要思考的问题;另一方面,读者往往需要的是同一主题、同一作者的各种文献,如

---

① 陈灏,李晓赤,柳建华."大学文化超市":高校图书馆文化服务新模式——以上海海事大学图书馆为例[J].图书馆杂志,2013(12):51 – 54

何通过一站式服务避免读者在茫茫书海中"大海捞针",甚至辗转于各个不同阅览室,办理好几次借阅手续,也是需要思考的问题。此外,超市的连锁服务,对于高校图书馆的馆际互借、资源共享服务,以满足特殊用户的需要,也很具启示意义。

（2）自助化服务

自助化是图书馆超市化服务的一大特色,当你走进香港的大学图书馆,就能强烈感受到这一点,自助借还书机、自助传真机、自助复印机,随处可见,且无人看守,读者可以直接刷卡消费利用。内地高校图书馆在这方面显然做得还很不够。自助化服务,不仅尊重了用户自由、灵活利用馆藏与服务从事自己的学习与研究工作的个人权利,而且也节省了图书馆更多的人力资源,使人的因素被解放出来去从事更多研究性、创造性的服务工作,因此图书馆应重新审视所有的日常服务工作及其流程,凡是能通过设备或技术自动化的,一律自动化。这一方面要配备自助借还书、打印、复印等各种自助服务设备,更重要的是另一方面,图书馆要紧跟自动化技术发展步伐,通过技术人员努力开发和引进、利用各种自动化、智能化技术,不断提高图书馆自助服务与自动化、智能化管理水平。香港高校图书馆在这方面就做得很到位,很值得内地高校图书馆学习和借鉴。

（3）人性化服务

超市化服务改变了传统那种坐等守摊式服务方式,开始了真正意义上的主动服务,主动走近读者或用户,时刻为他们的需要着想。读者不会查文献馆藏地,图书馆给予指导;读者不会用数据库,图书馆给予帮助;读者需要饮水、存包,图书馆给予配备相应设备;读者需要讨论交流,图书馆也提供相应的空间和平台;有的读者身材不高,图书馆就设置矮书架;有的读者需要用自带笔记本,图书馆就提供电源插座和无线上网设备;如此等等。值得一提的是,很多论者都注意到了超市导购员的作用,重视图书馆的导读服务工作,有的还主张设置咨询台、书库导读和学科馆员三级导读模式①。毫无疑问,无论是书库导读还是学科馆员导读,都是走出服务台、办公室直接并且主动走近读者的服务,能够为读者及时解决他们利用馆藏与服务过程中的各种问题,引导读者合理利用、文明利用,也能及时解决全开架、全开放服务所带来的乱架等问题,这就大大拉近了图书馆与读者之间的距离②,不仅是体现图书馆服务人性化的重要方式,而且导读员的形象、素质也直接体现着图书馆的服务质量与水平。但是应该看到,有的超市导购员的过分热情也让消费者反感和不满,产生了逆反心理,同样图书馆导读员什么时候走近读者安全与信任防范的距离区域,如何施加帮助,才能为读者所接受,也是需要引起重视的问题。另外,超市为了提高销售额,经常会开展多种形式的促销活动,如限时特价、折扣优惠、派送赠品、抽奖活动、竞赛等来吸引顾客购买商品,一般能收到显著效果,图书馆也可以经常组织专题书展、专题知识竞赛、专题读书与演讲等活动,以鼓励读者阅读、引导读者利用。

(4)规范化服务

开放式服务、个性化服务,不等于随意、散漫和杂乱无章。恰好相反,更多尊重读者自主权、自由利用权,让服务更具热度、信度和效度,是建立在图书馆更专业、更先进的管理水平基础上的,对于图书馆员的素质有了更高的要求。传统的守摊服务,图书馆员只要按时上下班即可。而超市化服务,每个服务馆员作为导读员都要走近读者,直接跟读者沟通交流,一方面积极的有效的沟通交流本身就是一种素质和能力的体现;另一方面由于读者需要的多样性和多层次性,要求导读员不仅要非常熟悉馆藏,而且应具有丰富而专业的文献信息知识。因此,图书馆不仅应给各项服务质量提出规范性要求,而且也应给服务

① 范烨. 现代超市管理模式在图书馆的实践[J].河南图书馆学刊,2006(2):118－119
② 李晓红. 超市理念在高校图书馆中的应用[J].河南图书馆学刊,2007(5):83－84

65

人员提出规范性要求,例如,服务礼仪、服务用语、服务流程、服务质量评价等。因此,应提倡统一服饰、挂牌服务。也许不少图书馆员认为统一服饰、挂牌服务,让人感觉自己真有点像超市导购员了,是不是有点降低自己的身价了。这种根深蒂固的传统自我中心的观念无疑是现代服务的巨大障碍。图书馆本就是服务机构,图书馆员也本就是服务人员,服务他人就低人一等这种观念必须彻底清除。应该清醒地看到,统一服饰、挂牌服务是非常有利于图书馆服务管理的:图书馆各类读者云集,统一服饰有利于读者识别图书馆员身份,他们有需要可以很方便求助;统一服饰、挂牌服务也有利于读者对图书馆服务人员的服务行为进行监督,对于服务不满意,读者可以很方便投诉,从而促进图书馆员随时注意自己的形象和态度,不断提升自己的服务质量与水平;此外,统一服饰、挂牌服务也是图书馆风貌与形象的展现。

3.3　广告服务

3.3.1　高校图书馆广告服务现状

(1)图书馆广告服务的内涵与意义

图书馆员再也不能忽视的一个重要社会现象,那就是大街小巷挂满了各种广告牌,打开电视各种广告扑面而来,打开报纸映入眼帘的也是整版整版的广告,但用户不但没有反感这种广告冲击,反而习以为常,甚至不同程度接受了,不知不觉被广告引导着去选择自己的生活所需。

广告一词的拉丁文 advertere,意思是:我大喊大叫,以引起注意。所以广告,就是广而告之,就是通知别人某件事,以引起别人注意。为什么广告? 为了营销而广告,为了人人而广告①。这种理念可以说跟

---

① 李宝元. 广告学教程[M]. 北京:人民邮电出版社,2010:2-3

图书馆的服务高度一致。图书馆的本质属性在于藏用性①,"藏"的目的在于"用",所以图书馆员也要追求如何提高馆藏资源利用率,如何提高服务效益,这就需要让每位读者或用户都知道图书馆"有些什么""有什么用""如何用",这就需要最广泛的告诉读者或用户,这就离不开广告。

在我国,也有一些图书馆员注意到了广告的作用。早在 1922 年,有位图书馆学家就把"广告术"列为图书馆管理工作的一大方法,1981年江苏一位高校图书馆员撰文认为书刊广告宣传有助于提高馆藏文献流通率,并就广告宣传内容与形式做了介绍②,这一观念得到了部分同行的支持。以河北大学图书馆石宏英等为代表的论者讨论了广告在图书馆建设与服务中的重要意义③,以广东商学院图书馆蔡红等为代表的一些论者主要讨论的是图书馆如何通过公益广告将图书馆的管理理念及社会价值观念加以宣传推广,来引起公众对图书馆的注意和兴趣,产生信赖和好感,从而促使更多的人走进图书馆利用资源与服务④。而济南大学图书馆王君则主张利用广告信息(如考研信息、招生信息、各种辅导班信息、求职信息等)来丰富馆藏资源为用户服务⑤。总体而言,我国高校图书馆还没有充分关注和重视广告在图书馆服务中的重要性,相关研究文献数量还很少,讨论的内容也很简单,且已有研究仅仅只是注意到了图书馆服务中广告的意义,注意到了图书馆的公益广告,以及利用广告信息来丰富馆藏资源,视野还非常狭窄,理解还很片面,还没有人关注图书馆服务中的广告手段与策略,更

① 黄宗忠. 图书馆学导论[M].武汉:武汉大学出版社,2002:133
② 周金林. 图书馆书刊广告宣传初探[J].图书情报知识,1991(2):38
③ 石宏英. 广告对图书馆生存发展的启示[J].河北大学学报(哲学社会科学版),2000(3):132 – 135
④ 蔡红,张涛. 图书馆宣传推广中的广告策略初探[J].图书馆理论与实践,2011(10):29 – 30
⑤ 王君. 高校图书馆如何开发利用广告信息[J].图书馆学研究,2002(11):55 – 56

没有人提出也应将广告服务纳入图书馆的重要文献信息服务内容中去。

显然,在广告时代、信息时代的今天,图书馆仅仅关注广告、利用广告作用是远远不够的,广告必须成为图书馆文献信息服务的一项重要内容。一方面,图书馆有什么资源或新资源,有什么服务,有必要也有责任及时通知和告诉用户,只要存在广泛告知问题,就存在如何表达才能达到有效告知的目的,就存在广告手段与策略问题;另一方面,用户只有知道图书馆有什么、有什么用、如何用,才可能用,因而需要接受和感知来自图书馆的通知和告诉,而广告无疑是最有效的接受和感知方式,一条好广告能在很短时间就能达到家喻户晓、妇孺皆知的效果。

众多调查都表明,用户常常因为不知道图书馆"有什么"和"如何用"而没能利用图书馆服务。例如,2012年郑州大学尚新丽等面向27个省、直辖市、自治区高校的在校本科生和研究生的问卷调查结果显示,仅31.28%的学生表示经常访问图书馆网站,对于部分学生不访问图书馆网站的原因,选择"不知道网站存在"的比例高达63.4%[①]。由此可见广告服务的必要性和迫切性。

图书馆广告服务,就是为用户广而告知图书馆文献信息与服务,并用广告的手段与策略以引起用户关注,最大可能使用户广泛知道、理解和接受的服务。

广告所要追求的是让用户在微笑中被说服的境界,就是说广告所要告诉的内容与方式,都是能让用户在心理上感到有趣和愉悦,能让用户在微笑中通过理性思维活动,达到认知和理解所广告的商品与服务,从而产生购买或利用的欲望。所以图书馆的广告服务,不只是强调及时的告诉服务,同时更强调有效的告诉服务。其告诉方式要彻底抛弃那种严肃的、冰冷的、高高在上以势压人的告诉方式,要以如何吸

---

① 尚新丽,杨柳.我国高校图书馆网站建设现状研究——基于对学生用户使用评价的调查[J].图书情报工作,2012(13):96

引用户注意、如何向用户最有效传达最重要的信息为主要目的,以轻松、活泼、亲切、富有情趣的方式接近用户,跟用户平等自由对话,易于引起用户关注、捕捉、感知,易于为用户所理解和接受。

(2)高校图书馆广告服务现状

当我们走进各大高校图书馆及其阅览室,除了能看到冰冷的、空荡荡的墙壁,能看到各种指示牌和门口张贴的部分纸质"通知"外,几乎看不到任何广告,甚至很难再看到别的什么告诉信息了。当我们访问各高校图书馆网站,除了能看到各种通知公告和各种资源与服务目录外,也看不到任何广告信息和以广告手段与策略而发布的信息。可见我国高校图书馆普遍缺乏广告意识,更谈不上广告服务。

我国高校图书馆如果有什么新资源、新服务需要告诉用户,普遍采用的告诉方式就是发布正式的、严肃的、冰冷的、呆板的文书式的"通知"或"公告"。毋庸置疑,这种告诉方式也能把相关信息说清楚,但是却缺乏亲和力及可读性,缺乏对用户的吸引力及接受力,对用户释放出来的是一种高高在上且必须如何的信息。除非必须,否则用户常常对此采取视而不见的策略。这就是为什么图书馆员会常遇到用户咨询一些图书馆门口张贴了通知、图书馆网站发布了公告,甚至还可能把各种通知或利用指南之类的资料发到用户手中的信息,但用户却依然一无所知、毫不知情的原因。

我国高校图书馆的告诉语言以不分阅读对象的言语为主,不具用户针对性,缺乏对于用户的吸引力和接受性。告诉方式单一,仅靠网上发布公告和门口张贴纸质或制作纸质活页与宣传册,以文字为主,且充满用户费解的图书情报专业用语,少有图片或图示。例如,"Springer-Link 数据库利用培训通知"是许多馆常用的通知方式,Springer-Link 是什么?用户不知道,跟用户有什么关系,对用户有什么用,用户不清楚,用户凭什么关注和阅读这则通知,凭什么参加这一培训活动?这种告诉方式,是以数据库为立足点,关注的是数据库的利用,而不是以用户需要为立足点,不是要满足用户需要,因而传达效果必然很不理想。

3.3.2 广告服务的策略

（1）及时告诉策略

只要是希望用户知道、了解和利用的资源与服务，图书馆都应该及时告诉用户，只有告诉了，用户知道了、了解了，才可能利用。图书馆长期以来很多文献资源与服务深藏馆中，无人知晓，无人问津，无人利用，很大程度上是由于不知道，因为用户没有那么多时间和精力在浩如烟海的文献信息世界里去发现各种文献资源与服务的使用价值。这种局面必须改变，而改变的首要策略无疑就是第一时间及时告诉、广泛告诉，图书馆员应密切监控各种馆藏资源与服务的用户利用情况，对于用户少用或不用的资源与服务，要及时给予关注，深入研究，到底是这些资源与服务本身确实没有多大利用价值，还是其利用价值还没有被发现，用户不知道。如果是前者，则应剔除馆藏目录；如果是后者，图书馆员应发掘出其利用价值所在，主动告诉用户。及时告诉策略的意义相信图书馆员都是心知肚明的，在此无须赘述。

（2）有效告诉策略

无效告诉等于没有告诉，所以仅仅及时告诉是远远不够的，必须追求告诉内容与方式的有效性，必须让告诉能引起目标用户的注意，并使他们得以充分感知。

——广告服务的首要问题也是最重要的问题就是引起受众注意力。只有引起了受众注意，并且调动了受众的兴趣，他们才会看广告正文去了解其他内容，如果不能引起受众注意，就意味着广告的失败，意味着人力、财力、物力和时间的无效与浪费。所以受众是广告要首先考虑的问题，广告是给谁看的？他们有什么年龄特点和需求，他们的生活习惯、接受心理如何，他们有什么需要、喜好和接受倾向，以此作为广告服务的依据。

——从用户需要角度提炼和选择广告内容与广告方式。从注意的心理动机看，广告信息的有用性（即使用价值）和支持性（即与接受者认知行为一致）会引起有意注意；广告信息的刺激性（如意外、新颖)和趣味性(即娱乐性)一般会引起无意注意。所以如何从图书馆文献信息或服务信息中挖掘和提炼出对于用户来说有用、有趣,能唤起他们需要和兴趣的内容,如何以一种新颖、活泼、有趣的传达方式表达,直接影响着广告服务的成败。

——充分利用广告手段制作广告。广告产生效益的比例:文字引起注意占22%,图像占78%;但是能够唤起记忆的文字占65%,图像占35%[①]。所以广告要靠图像去吸引用户,但广告效果却要靠文字的力量,靠文字和图像产生的综合表现力。最好的广告 = 优美 + 推销力大。所谓优美是指创意、语言、图案和画面的优美;推销力是指标题能引人注意,使受众采取行动购买。所以广告创作要注意以下问题:第一,广告词要准确规范,通俗易懂,朗朗上口,易认、易读、易记;第二,广告语言,简洁明快,避免冗长;第三,以最少的文字传达出最重要的信息,让用户瞬间就能把握,并产生进一步了解的愿望;第四,要生动活泼、形象醒目,要主次分明、一目了然(即字体的选择与大小,图片的大小与布局,色彩的对比,都能让用户一目了然,而不能让用户还要细细分辨),视觉效果要突出。

——标题是广告服务的关键。人们无论是读文章还是看广告,能最好吸引受众的首先就是标题,所以标题在广告中发挥着关键性作用。美国广告大师大卫·奥格威说,好的标题,能创造一条广告80%的利润。广告界认为,好的广告词,等于广告成功了一半。广告效果的50%—70%是广告词的力量。据美国哈佛大学商学部调查,有85%的广告不能引起注意,没有起到应有的作用,重要原因是标题不吸引人[②]。常言说:看书看皮,看报看题。只有标题精彩有趣,才能对用户有吸引力,标题不能引起用户兴趣,往往就会放弃阅读。为了让标题发挥应有的作用,创作广告标题时要注意的是:一定能传递出主要广告信息,即使用户不读正文,也能基本获得广告正文的基本信息,

---

① 印富贵. 广告学概论[M].北京:电子工业出版社,2006:149
② 印富贵. 广告学概论[M].北京:电子工业出版社,2006:150

就是说标题要能传达出广告最主要的内容,显示出广告内容的精华;
要能有效诱发用户阅读正文的兴趣,这就要根据目标用户需要,传达
出用户所关心或能引起用户兴趣或好奇心的内容。

——发布任何需要用户广泛知晓的信息都要有广告意识和策略。
例如,图书馆网站的布局,通常用户的视线流动规律是,注意力左比右
大,上比下大,中比上下大。所以要把图书馆最重要的栏目或信息放
在页面左上的位置;同时注意网页设计的张弛、均衡与美观,以及色彩
的搭配。心理学研究表明:正常情况下,人们获取信息 80% —90% 都
是由视觉系统实现的,所以广告的布局色彩的搭配所造成的视觉效果
也非常重要。

3.4　学习服务

关于高校图书馆的服务性质,高校图书馆员最为耳熟能详的就是
教育部发布的《普通高等学校图书馆规程》第一条第一句:高等学校图
书馆是学校的文献信息中心,是为教学和科学研究服务的学术性机
构。审视高校图书馆所普遍开展的各项服务和所做的各种学术讨论,
图书馆的科研服务已经受到了普遍重视,但对于教学之"学"的服务仍
处于被忽视的状态。CNKI 期刊库检索历年有关图书馆学习服务的期
刊论文,结果仅为 25 篇,其中有 10 篇是讨论图书馆如何为研究性学
习服务,由于研究性学习是中小学新课程标准提出的新学习方式,因
而这 10 篇中有 7 篇都是中小学如何利用图书馆开展研究型学习,讨
论自主学习的仅 3 篇,真正讨论高校图书馆学习服务的文献极少。有
论者认为,所谓研究性学习是指学生在教师指导下,根据选定的课题,
以个人或小组合作的形式,通过问题的研究主动地获取知识和应用知
识,这种学习方式以问题为载体,在教学过程中创设一种类似科学研
究的情境和途径,让学生通过自己收集、分析和处理信息来实际感受
并体验知识的生产过程,进而了解社会,学会学习,培养分析问题、解

决问题的能力,因此图书馆应努力帮助学生获取和利用文献信息以支持其开展研究性学习①。对外经济贸易大学图书馆李慧等通过一个问卷量表调查反映了该校本科生自主学习能力情况,认为图书馆应构建一个自主学习环境②。还有论者讨论了自主学习的特点和图书馆为自主学习服务的有利条件,认为图书馆可以为自主学习提供丰富的学习资源、良好的学习环境和个性化、专业化服务③。这些讨论大都视角较窄,且泛泛而谈,缺乏实践意义。学习服务显然不仅仅局限于研究性学习,也不仅仅只是构建一个有利于自主学习的环境而已。

图书馆员不得不面对的一个客观事实是,图书馆已经成为读者自主学习的中心,许多读者来到图书馆并非是为了借阅文献,而是为了利用图书馆良好的学习环境在这里开展自主学习。调查已经显示,学习、自习等已经成为读者来到图书馆的主要目的,并且读者这一需要甚至超过了借阅目的④。所以图书馆员再也不能对读者的学习需求视而不见了。

高校图书馆开展学习服务应体现在以下三方面:

(1)学习支持服务

即为读者自主学习提供硬件环境支持。例如,提供一个适合学习的自习区,并在自习区提供常用学习的工具书,放置物品的存包柜,在阅览室配备丰富的学习资源,提供各种在线学习的工具与设备等;对于读者学习文献获取途径与方法给予有针对性的指导、培训与帮助;对于有特殊需要的读者提供个性化服务。

① 李玲.图书馆开展为研究性学习服务的思考[J].图书馆工作与研究,2008
(6):107-108

② 李慧,吕云生,涂育红.高校图书馆开展自主学习服务研究[J].图书馆学刊,
2014(3):68-71

③ 田野.现代图书馆为读者自主学习服务探析[J].图书馆学刊,2011(12):
87-90

④ 王毅蓉.基于大学生调查问卷的"90后"大学生信息需求分析[J].图书馆建
设,2012(2):72

（2）学习参考服务

即尽可能嵌入读者学习过程为他们提供参考文献信息服务。例如，将读者学习区再根据读者需求特点进一步分区，分为考研区、留学准备区、公务员备考区、学术研究区等，图书馆分别给不同区及时推荐和提供最新的参考文献资料，并由相关领域有专长的咨询馆员提供参考咨询服务，同时对于学科最新发展动态及时报道给专业学习的读者。

（3）学习交流服务

即为读者学习和研究的交流提供必要的条件和平台，使图书馆真正成为学校的学术信息交流中心。例如，设置大小不等的研讨室，供读者讨论；联合学校有关部门开办全校性质的学术沙龙或论坛，为读者学术讨论提供一个较好的平台；提请学校领导或有关部门从学校顶层规划的高度，让图书馆成为高校最高学术讲坛，邀请那些校外有学术造诣或有影响的专家莅临讲座，也可以把各教学单位推荐的受读者欢迎的学者纳入讲座计划，让校内外的专家学者能感受到走进图书馆学术讲坛的荣耀，也让学校各类读者能从这个讲坛获得不一样的教益。中国科技大学图书馆开设了一个英才论坛，其中有专家讲座，也有读书沙龙，这无疑是一个令人欣喜的尝试。目前，许多高校各教学单位都有自己的学术讲座，非常分散，且受众范围狭窄，不利于大范围、宽领域交流，讲座水平也参差不齐，非常需要一个全校性质的较高层次的讲坛，图书馆的性质与功能决定其足以承担这一重要职能。北京师范大学图书馆，从 1990 就开始举办由国内外有影响的专家学者主讲的"专家讲座"，从最初的摸索到不断的实践积累，直到今天一直坚持高层次高水准的学术定位，逐步形成了一套成熟而有效的运作模式，深受学生信赖，形成了良好的声誉，不仅成为校园文化活动有较大影响的品牌性活动，而且受到北京地区高校学生乃至一些新闻媒体的关注[①]。这无疑是一个成功的范例。

---

① 张玲,章文娟,茹海涛. 高校图书馆开展讲座服务的实践与思考——以北京师范大学图书馆"专家讲座"实践为例[J]. 现代情报,2008(11):147

4　赋予高校图书馆网站以对话性格

4.1　高校图书馆网站建设现状与思考

图书馆网站不仅仅是图书馆对外宣传的窗口,它本身就是一座图书馆,拥有丰富的数字资源,能为用户提供越来越便捷也越来越深层次的信息服务,它在高校教学与研究工作中发挥着越来越重要的作用。

我国高校图书馆网站一直延续着千馆一面、缺乏个性、简单模仿、栏目雷同、重点不突出、主次不分、信息含量小、实用内容少等问题①。有人曾对我国 20 所高校图书馆网站做了调查,认为栏目设置大同小异,且没有走出"重藏轻用"的误区②。如今这种状况是否有所改变呢? 高校图书馆网站究竟应怎样建设才符合自身的性质与发展需要,才能适应高校教学与研究工作的需要? 我们有必要先了解一下我国高校图书馆网站建设的现状。

4.1.1　我国高校图书馆网站建设现状

为了解我国高校图书馆网上服务现状,笔者对 2008 年全国大学排名(武书连)前 30 的 27 所、外加暨南大学共 28 所著名高校图书馆的网站做了调查统计。结果显示:

(1)栏目设置的传统理念与格局没有改变

图书馆网站主要给用户什么? "馆情介绍""数字资源"与"服务

---

① 胡昌斗. 高校图书馆的网页优化与网站建设[J]. 图书馆论坛,2005(3):98
② 马先皇. 对我国 20 所高校图书馆网站内容建设情况的调查与分析[J]. 图书情报工作,2005(1):93-94

介绍"这三大主题依然是大多数图书馆的共识。28 所高校图书馆主页的大部分空间都被这三大主题下的若干二级栏目占据着。主页设有"本馆介绍""馆长致辞""历史沿革""部门介绍""规章制度""开放时间"等传统栏目的达 19 所(占 67.9%),主页"服务项目(或服务指南)"栏目下由"借阅服务""教学与培训""代查代检""定题服务""课题查新""文献传递""新书通报""荐购图书"等排出长长队伍的达 25 所(占 89.3%)。这些栏目的主要功能是介绍和展示,对于新读者或新用户而言,也许还有点意义,对于在校一段时间的多数读者或用户而言,就没有什么意义了。可见,多数图书馆都把网站作为宣传自身形象、展示其服务项目的工具。这就涉及图书馆网站建设的理念问题,图书馆网站主要是为了宣传和展示自己,还是为了读者提供有实际意义的服务? 28 所高校图书馆的多数都选择了前者。显然,这并不符合高校图书馆的服务性质。

28 所高校图书馆网站都在主页的显要位置设置"电子资源"或"数据库"等栏目为读者提供利用数字资源的路径或入口,有 19 所高校图书馆甚至还通过多种方式揭示和引导读者利用这些资源,其中提供数据库学科分类导航的有 2 所,提供其他(如按源文献类型或按字母等)分类导航的有 17 所,提供"常用资源"检索入口的有 9 所。可见,多数图书馆都在努力引导读者利用馆藏资源,试图改变"重藏轻用"的传统。

值得注意的是,高校图书馆普遍加强了与用户的联系与沟通,重视用户的需求和意见。28 所高校图书馆主页设置"咨询台"或"实时咨询"或"联系我们"的有 23 所,占 82.1%;设立"读者园地"、BBS 或者"留言簿"的有 21 所,占 75%;在图书馆主页为读者提供"书刊荐购"路径的有 25 所,占 89.3%。

(2)信息量小、功能单一的弊病依然延续

网络最大优势就是信息大容量、更新快、传播迅速,有多媒体生动活泼表达语言,并具广泛交互共享功能。信息交互参与者的广泛性、信息更新的及时性以及交换的针对性,应该是图书馆网站最具吸引力的优势特点①。而占据我国高校图书馆主页的多为长期不更新,也不用更新的馆情介绍式栏目,充斥其中的主要是制度化、规则化内容,所采用的主要是冷漠的说明性、程式化语言,且页面单调、死板,可看性极差。28 所高校图书馆不仅主页大部分空间是不用更新的"馆情介绍"和"服务项目",并且它们的二级栏目在名称上、内容上、表达方式上都是一个模式和一种腔调。28 所高校图书馆能够保持经常更新的栏目大都只有图书馆发布的"最新消息(公告)"。为了增加图书馆网站的信息容量,有 19 所高校图书馆设置了网络导航,提供各种推荐网站的链接。虽然多数图书馆网站都设立了读者"留言簿"或"BBS",但只有暨南大学图书馆网站设置了读者可在其他栏目页面自由留言的功能。

信息量小,功能单一,导致图书馆网站缺乏吸引力。北京师范大学图书馆网站无论是栏目设置还是内容建设、网页风格都跟多数高校图书馆完全一致。该馆曾问卷调查师生读者访问图书馆网页的情况:从没上过图书馆网站的达 16.7%,经常访问图书馆网站的读者中57% 以上主要是"利用数据库查资料",33.3 的读者为了查询馆藏书目信息和个人借阅信息。这显然不是图书馆网站建设的理想状态。

(3)图书馆本位的服务理念没有改变

高校图书馆网站主要是为学校师生用户服务的,因此其栏目设置与内容表达方式都要充分考虑师生用户的需要和接受习惯,而不能仅仅站在图书馆的角度强加给读者。介绍再详细,服务项目再多,如果用户不愿看,就是资源浪费;如果用户已经知晓,没必要看,也是浪费。

遗憾的是,占主流的图书馆网站建设与服务理念都是以"我"为中心、唯"我"独尊,所表现出来的都是一副冷冰冰面孔,好像在说"我反正把图书馆全部情况、资源和服务都摆出来了,看不看、用不用那是你的事""菜单给你开出来了,吃不吃随你!"所以大多数图书馆主页主

---

① 胡敏. 关于我国高校图书馆网站建设的思考[J]. 图书馆理论与实践,2006 (5):72

要空间都被"馆情介绍"和"服务项目"的这些介绍性栏目所占据,很少有人考虑这些栏目和内容长期放在那里对于学校师生用户究竟有什么用;所以页面单调死板、文字细密,语言冷漠规则化,很少有人考虑用户是否会愿意看下去。

不同用户有不同需要,需要图书馆给予有针对性服务,然而28所高校图书馆网站针对新生的需要而设置"新生专栏"的仅有5所,针对本科生、研究生和教职工等不同读者需要而设置专栏的仅4所。

(4)有追求特色的倾向,但盲目模仿的总体状况没有改变

28所高校图书馆主页设置"特色资源"栏目的有25所,占89.3%。简单模仿、界面雷同的状况有所改善,部分图书馆不仅设置了自己的特色栏目,并且还把这些特色栏目放在主页的显著位置,而对于以前普遍设置的传统服务栏目则通过"更多"等方式列出。但是也要看到,很多图书馆虽在栏目设置的名称上略有差别,但内容上并没有什么新东西。很多图书馆热衷于自建特色资源,轻视资源特色化、专业化整合与利用指导。

(5)学术信息不受关注,图书馆服务的学术性没有得到体现

应该说,高校图书馆的专业化、学术性服务正在普遍受到重视。28所高校图书馆网站设置"学科导航"的有19所,占67.9%,主要是馆藏资源的学科分类和网络学术网站的链接;提供"学科馆员"或"学科联系人"的有14所,占50%,主要是介绍其职责和联系方式。真正对学术信息做出反映的只有北京大学图书馆的"报刊热点",华中科技大学图书馆的"国际学术动态",华东师范大学图书馆的"基础教育情报",上海交通大学图书馆的"学科信息导报"、华南理工大学图书馆的"食品综合信息"等7所,只有1所高校图书馆(重庆大学图书馆)设立了"学术论坛"栏目,可见我国高校图书馆对于学术信息的反映普遍没有受到重视。

先进的理念才能造就先进的作品。图书馆网站究竟应该怎样建设也必须以先进的理念为指导。我国高校图书馆网站建设出现以上长期不能很好解决的问题,缺乏清晰的符合学校用户需要的先进理念

指导应该是主要原因。要么盲目模仿,要么以图书馆自我为中心想当然。

4.1.2　高校图书馆网上服务取向

图书馆的主要功能是服务,其服务水平本身就是最好的对外宣传。高校图书馆网站本身就是一座网上图书馆,也主要是为用户服务的,因此其建设也必须以用户为本,从用户的需要和接受心理出发,既要体现图书馆的特性与功能,又要充分发挥网络的特性与功能。

(1)让图书馆网站真正成为为用户服务的窗口

只有为用户所接受并能满足用户需要的服务才是有效的服务,用户不需要,即使再好也没有意义。因此图书馆网站栏目设置、内容与表达方式的选择、主次的分配以及页面的设计都必须以用户需求为根据。

根据用户需要和利用情况,可将图书馆主页的所有栏目分成三类,一类是介绍性的长期不用更新、用户利用率极低的传统常规栏目,如"馆情介绍"和"服务项目"这类栏目在图书馆主页只提供一级栏目,并置于页面上下边缘地带;第二类是未必常更新、但用户利用率相对较高的传统栏目,如数据库利用类栏目、信息查询类栏目以及与用户联系交流类栏目(如"咨询台""书刊荐购"等),这类栏目应放在主页比较醒目的位置;第三类是信息量大并经常更新、对用户有吸引力的栏目,如反映学科动态信息、行业信息的"学科信息之窗"、时事动态及图书馆"最新消息"等,应占据主页中心区域。

根据不同用户个性化需要,有针对性设置服务栏目值得提倡。例如,针对个体用户的需要,美国一些高校开展的由 My Links 和 My Updates 两部分组成的 My Library 服务,我国一些高校针对新同学有了解入馆事宜的需要而设置"新生专栏",都是不错的尝试。

(2)让图书馆网站成为用户利用数字资源的中心

图书馆网站必须拥有大容量数字资源,加大数据库建设的力度无疑是最重要的保证。重视网络资源的组织与导航链接,也是不错的选择,如香港中文大学图书馆网站提供的链接范围非常宽广,不仅考虑到用户研究、学习的需要,还满足了各年龄段和不同身份用户的需要,且不乏知识性和趣味性①。

数字资源的利用是图书馆网站的基本功能,自然相关栏目应放在主页的显要位置。"藏"的目的在于"用",而数字资源的利用价值是潜在的,需要发掘出来并告知用户。因此,图书馆主页不仅要提供各种数据库的登录入口,而且还要以引导和方便用户利用为原则。所以将各种数据库进行分类时必须考虑到不同用户的使用习惯,过于烦琐的分类(如按字母)并无多大意义。28 所高校图书馆网站中有 9 所设置了"常用数据库"栏目,笔者认为是有效的。虽然当前中英文文献数据库种类繁多,但用户常用的也就那么几种,筛选并提供快速找到常用数据库的入口而不用费力从烦琐数据库分类里去寻找,无疑对用户很有帮助。

(3)让图书馆网站成为用户获得参考信息的窗口

图书馆最突出的价值就在于其文献信息价值。"高校图书馆是学校的文献信息中心","文献中心"似乎不容置疑,"信息中心"如何体现? 最具信息容量和快速传播力的网站无疑是极重要的平台。

图书馆网站必须拥有信息快速更新能力,这是图书馆的优势所在,也是网络本身的要求。图书馆网站仅有发布图书馆新资源、新服务的"最新消息(或公告)"和提供各种网络导航链接是远远不够的。图书馆作为服务于学校教学与研究的学术性机构,不仅自己要从事各种学术研究,而且还能提供比较专业的学术性服务。为此,有人提出图书馆网站应开设一些提供学术信息的栏目,如有关教学经验、各学科的研究成果及进展情况、最新的中外文学科资料、历史文献资料、一

---

① 邱永萍,徐澎,何程.我国高校图书馆网站建设的评价——以北京大学和香港中文大学图书馆网站建设为例[J].图书馆理论与实践,2004(4):78

些专题性、文摘性的情报服务和一些专业会议信息等①。笔者赞同这种看法。高校图书馆绝不是封闭的,而是开放性的,它能够对人类社会发展的风云变幻、对学科发展的最新动态进行快速反映,高校图书馆网站必须有实现这种反映的功能。

与新华网、腾讯网等这些媒体网站不同的是,图书馆网站虽也关心新闻、关心热点,但它所关心的是经过学科馆员或研究馆员筛选的有学习价值、学术价值和研究价值的新闻;它不仅关注时事新闻、关注社会发展,而且还关注学科动态信息、行业发展信息、工作资讯,能较好地满足用户的需要,给他们的学习与发展、教学与研究提供有价值的参考。这些每天更新的信息,应成为图书馆主页的主体。应该让每位用户每天访问图书馆网页都有新的发现,都能找到自己所需要的信息,都有所收获。显然,这对学科馆员提出了很高的要求。

(4)让图书馆网站成为用户网上学术交流的中心

通过网络交流已成为时尚。最近常有报道说,如今的大学新生还没入校,早就在网上通过QQ认识和熟悉了。几乎每所高校都有学生集中讨论各种生活、学习乃至社会问题的BBS。再看看腾讯之类的媒体网站,常常是一则新闻报道后面的网民留言成千上万。特别值得注意的是,我国已出现了一些有影响的网上学术论坛(如海南的"天涯论坛"等),而博客的快速兴起使网络交流更加热闹。我们无法回避这种趋势,我们必须适应这种趋势。

图书馆应充分吸收现代网络的先进功能与技术,提高网站的建设与服务水平。例如,腾讯等媒体的网页留言功能可用于图书馆网站各个页面,给每个页面的后面都提供两个窗口,一个窗口供读者留言,另一个窗口显示该页面主题的用户最新留言,实现用户之间的互相交流与共享。暨南大学图书馆这方面的尝试无疑是有价值的。

图书馆网站应该是学校进行学术交流的平台。图书馆网站可建

---

① 相丽玲,董小燕,屈宝强．从网页设计看高校图书馆的网站建设[J].情报学报,2004(2):207

设"学科博客"和设立"学术论坛"。"学科博客"由学科馆员负责管理和每天更新,传统"学科资源导航"可作为其中一个专栏,并可设立"学科论坛"等用户感兴趣的专栏,最新学科信息不仅始终显示在博客主页的最前面,而且关注度高的学科动态信息还可通过图书馆主页"学科信息之窗"给以链接,用户在学科博客任何页面的最新留言都显示在博客主页,便于其他用户关注和彼此分享交流。主页设置的"学术论坛"是各个"学科论坛"的总栏目,用户可通过其下拉菜单进入各"学科博客"里的"学科论坛"。

(5)让图书馆网站成为用户咨询的平台

为用户提供多种咨询途径,使用户在利用图书馆资源与服务过程中遇到任何问题都能方便地向图书馆提出咨询请求并能很快得到答案,已成为高校图书馆共识。因此,网上虚拟咨询特别是在线实时咨询因为其极大的便利性,而被越来越多图书馆所采用。在此无须赘述。

4.2 从用户阅读需要看网上服务策略

图书馆网站是给谁看的?这无疑是图书馆网站建设必须首先面对的基本问题。答案似乎不言而喻。网站作为一种大众媒体,是信息公开与传播的载体,不是图书馆自我欣赏的工具。图书馆作为服务性机构,是为用户服务的,其网站自然也是实现其服务职能的重要平台。因此,图书馆网站主要不是给自己看的,而是给用户看的。图书馆网站只有通过用户访问、阅读和利用,才能实现其价值。所以图书馆网站建设不能仅以图书馆的需要为根据,而必须更多以用户的阅读需要为依归。用 CNKI 中国期刊全文数据库检索和浏览近十年来有关高校图书馆网站建设的论文,却发现我国大多数研究者都是站在图书馆角度来讨论图书馆网站建设问题,很少站在用户角度、从用户的阅读需要来关注此问题。

4.2.1 图书馆网站对用户阅读需要的漠视

访问我国大部分高校图书馆网站,可迅速发现两个突出特点:一是提供网页用户访问量统计的寥寥无几,可见普遍不关心用户是否会来访问和光顾;二是普遍以图书馆为中心,热衷于介绍"图书馆有什么",很少关心"用户需要什么",不关心用户阅读网页过程中的需要,主要表现在:

1)不知所读

几乎所有高校馆主页都热衷于自我介绍,都以"图书馆概况""服务指南"和"电子资源"为主题,由于是以图书馆需要为出发点,故而都一味追求多而全,呈现出如下特点:一是栏目(菜单)多,据统计我国重点高校馆网站栏目(菜单)平均达 76.5 个,而用户利用图书馆网站的目的却很集中,这就导致一方面页面普遍拥挤,另一方面用户辨识不易①;二是主次不分,几乎每个主栏目下都密密麻麻平面化排列或堆积着若干子栏目(菜单),这就容易分散用户注意力,甚至产生厌倦情绪;三是分类标准混乱、甚至繁杂,例如数据库,或按文献类型分类,或按音序分类,或按学科分类,或按语种分类,或按主题分类,过多的分类增添了用户选择的困难。

2)无须阅读

我国高校图书馆网站大都把介绍馆情、展示馆内资源与服务作为主要目的,除了"通知公告"栏目需要经常更新外,其他绝大部分栏目长期不更新,也不需要更新,导致信息量小,阅读价值小。例如,有统计显示,我国高校图书馆主页资源导航栏目平均 26.5 个,占所有栏目总量的 34.6%;服务介绍类栏目(菜单)平均 14.8 个,占 19.3%;馆情

---

① 郑勇. 高校图书馆网站:从独白走向对话——以我国 20 所重点高校图书馆网站栏目设置为例[J].情报资料工作,2010(1):43

介绍类栏目平均8.6个,占11.2%①。由于高校图书馆服务对象主要是在校师生,用户对象相对稳定,需求也比较集中,他们多数属于老读者,要么已经熟悉馆情、了解图书馆资源与服务,要么就只关心自己教学与研究中的文献信息需要,并不关心图书馆其他情况,就是说,充斥图书馆主页的大部分栏目和内容对于用户来说要么陈旧,没有什么阅读价值,要么非用户所需,无阅读兴趣。

3)难以解读

由于用户在图书馆网站看到的主要是栏目名称或文章的标题,因而它们是否为用户所理解,会直接影响用户的阅读选择。然而打开我国高校图书馆网站,会发现很多馆的主页栏目名称和文章标题充斥着一些对于用户来说难以理解的图书情报术语:例如,"FAQ""流通服务"等,对于图书馆员来说,非常熟悉,但是对于用户来说却很费解;又如咨询就是咨询,何为"参考咨询"? 有的馆甚至叫"虚拟参考咨询",不能不让用户头疼。有些栏目名称表义模糊、指代不明,例如,"个性服务"过于抽象,到底是什么服务? "教学与培训"到底是图书馆自己的教学,还是面向用户的培训? 也会让他们疑惑。

4)压抑读兴

阅读本身是一种选择,可读则读,不可读,就会抛弃,就会视而不见。一方面,图书馆网站普遍存在栏目繁多、分类混乱、术语费解、纯文字表述语言等现象,都会影响用户的阅读兴趣和选择。另一方面,图书馆跟用户之间是一种对等的互相选择的关系,而不是上下级关系,图书馆无法要求用户的行为,然而图书馆网站却普遍存在一种"高高在上""唯我独尊"的姿态。例如,大部分高校图书馆网站都有"读者教育"和"规章制度"这两个栏目,"教育"一词在汉语中的意思是"用道理说服人使照着做"或对新一代(儿童少年)的培养过程,这就让用户处于被动和弱势地位了;"规章制度"一般是指上级要求下级必

---

① 郑勇.高校图书馆网站:从独白走向对话——以我国20所重点高校图书馆网站栏目设置为例[J].情报资料工作,2010(1):43

须遵守的行为准则或规范性要求,未免有对用户"颐指气使"之嫌了,这显然是传统的图书馆本位思想使然,这些栏目不但不能吸引用户阅读,反而可能使用户产生压抑感甚至逆反心理。

现代社会通过访问图书馆网站已成为用户了解和使用图书馆的主要方式[1]。从图书馆角度看,图书馆网站理所当然地以图书馆为立足点,通过网站介绍图书馆,推介图书馆资源与服务,提供利用路径,并规范读者利用行为。但是,只有当用户愿意访问和阅读图书馆网站、接受所表达的内容时,这一目的和愿望才能得以实现。图书馆网站如果以图书馆为中心来建设,而不顾用户的阅读需要,造成的结果就只能是用户访问量小、利用率低。一项针对 27 个省、自治区高校学生的调查结果显示,只有 31.3% 的学生在经常访问图书馆网站[2]。笔者曾于 2009 年 5 月统计北京师范大学珠海分校图书馆约 2 万注册读者,在网站发布的 427 天里总访问量为 152 097,平均访问量仅为 7.6,日均访问人次仅为 0.018,数量之小令人吃惊。与此相对应,尽管图书馆网站全面系统介绍了服务规则,但是读者依然不知道服务规则,咨询最多的依然是服务规则,基本上是一种无效表达。例如,山东师范大学图书馆咨询台值班记录的读者提问统计结果显示:有关馆藏布局、续借或预约等服务、办证补证、借还书、丢书赔书、开放时间等问题竟然占了咨询总量的 79.57%[3]。

4.2.2　基于用户阅读需要的网上服务策略

从用户角度看,图书馆网站只是一种独立于他们之外的读物,它所提供的资源再多,介绍的服务再全,如果不具可读性,如果不能满足

---

①　宋洁,张敏. 大学图书馆参考咨询服务数据的管理和利用实践[J].农业图书情报学刊,2011(6):188

②　郑勇. 从言语到话语——赋予高校图书馆网站以对话性格[J].大学图书馆学报,2014(1):65－68

③　郑勇. 让参考咨询服务更具参考性——高校图书馆参考咨询服务的现状与思考[J].图书馆论坛,2012(6):142－145

需要,如果难以为用户所理解和接受,就没有任何意义。读者反应理论认为,读物的意义,只有通过读者的阅读才能得以建构,它的生成与存在离不开读者的阅读创造,必须由读者来实现①。既然我们认定图书馆网站是为用户服务的,是给用户看的,就应该从用户需要出发来规划和建设,无论栏目设置、内容建设,还是页面布局,都应以用户阅读需要为依归。

(1)趋利近益需要及对策

现代社会是信息量极大的时代,每天冲击用户视野的读物太多,用户又凭什么选择和访问图书馆的网站。要使用户访问图书馆网站,就必须首先使用户有兴趣和动机,就是说他们愿意读,而这来源于用户需要。图书馆网站是为用户服务的。什么是服务?"服"即"服从",就是说图书馆应该服从和适应用户需要,而不是让用户来适应图书馆的要求。有用,能帮助用户解决实际问题,能帮助用户获得有价值的信息,就是用户访问图书馆网站的唯一理由。这可以从用户调查结果得到验证。调查显示,高校图书馆网站用户访问量最多的栏目是"常用数据库",其次是"借阅服务"栏目,再次是资讯报道类栏目,其他栏目的访问量都极小②。可见,用户访问图书馆网站的主要目的是利用图书馆数据库查资料、了解图书馆借阅规则和获得一些新资讯,具有很强的目的性和实用性。图书馆网站必须具有用户需要通过别的途径难以得到满足的利用价值,让用户每次访问都能有所收获、有所成就,从而培养和强化用户访问和阅读的兴趣,主要策略:

1)实用化

首先,能满足用户各方面的文献信息需求。高校图书馆普遍拥有大量学术类、事实类数据库,文献来源可靠、质量高且能免费阅读全

① 曹明海,宫梅娟.理解与建构——语文阅读活动论[M].青岛:青岛海洋大学出版社,2000:1

② 郑勇.高校图书馆网站:从独白走向对话——以我国20所重点高校图书馆网站栏目设置为例[J].情报资料工作,2010(1):43

文,这正是网络文献的短板,足以满足用户学术方面的需要;目前,图书馆网站的资讯报道大都仅限于图书馆的通知与公告,视野过窄,功能太小,应加强在时事、学科发展动态、行业动态等方面的资讯报道,也可搜集、筛选和整理有关生活、休闲与发展等多方面的文献,以满足用户非学术方面的需要。其次,能为用户提供高质量的参考咨询服务和知识服务,解决用户在文献获取与利用中的实际问题,帮助用户获得有参考价值的实用知识;对于用户少用或不用的栏目或文章,要么剔除,要么精简,要么从各类文献中发掘跟用户需要密切相关的内容推介给用户。

2）便捷化

研究表明,用户获取信息总是存在着一种求近、易用的心理①。因此,要重点突出用户常用栏目,让用户打开图书馆主页,无须寻找,就能立即找到自己所需要的栏目和内容;无须转弯抹角,就能直接利用相关资源库和查询系统找到自己所需要的文献或信息;无须等待,就能马上得到咨询反馈和答复;无须烦琐的手续,就能及时享用图书馆的服务,得到图书馆的帮助。例如,有的馆设置了"常用数据库快速通道",就是一种可取的策略,因为虽然图书馆数据库很多,但并非都为用户所用,用户常用的也就那么几种,如此设置,可大大节省用户寻找的时间。

（2）语言解码需要及对策

图书馆网站的每个网页,都是利用一行行、一系列序化的文字、符号和图形来负载信息、传达意义,在用户没有访问和阅读之前,没有任何意义,其意义是通过用户访问、阅读过程中的解码和转换得以实现的,阅读就是从这些语言符号中提取意义的心理过程②。按照语言学的观点,每位用户在自己的语言生活中都会形成一个心理辞典,汇集着各种语词的意义,当受到外部输入的语言文字符号刺激,就会在心

---

① 吴慰慈. 图书馆学新探［M］. 北京:北京图书馆出版社（今国家图书馆出版社）,2007:241

② 彭聃龄. 语言心理学［M］. 北京:北京师范大学出版社,1991:7

理辞典中搜索,获得语词意义。有效的阅读必须具备两个基本条件:一是文字信息的成功摄取和有效传递;二是用户已有相同、相似、相类、相关的知识背景①。俗话说"对什么人,说什么话",便是基于此理。

没有图书情报专业知识背景的用户,就没有相应的心理辞典,就难以理解图书情报语言。因此,图书馆网站不应用图书情报语言来表达,而应采用用户可理解的语言来表达。面向所有用户的栏目或文章,就采用高频词(即大众媒体或生活话语使用次数较多的语词)、大众化语言表达;面向专业用户的栏目或文章,就采用相应专业所熟悉的语言表达。此外,还要避免使用歧义词,因为用户面对歧义词,在检索心理辞典时,会将多种释义都提取出来,一方面增加了意义选择的难度,另一方面也增加了用户理解的时间。例如,"参考咨询"是面向所有用户的,如果改为"向馆员提问",就通俗易懂了;"规章制度"如果改为"借阅规则",就指代清楚、表义明晰了。

(3)直觉选择需要及对策

阅读的过程是一个选择的过程,读什么,如何读,如何处理阅读信息,都贯穿着用户的选择。用户在阅读注意状态下,会及时有选择地专注于自己阅读的对象,而对那些无关的、无兴趣的或者难以理解的信息视而不见②。由于网络信息海量,网络阅读又使人眼睛容易疲劳,这使得用户网络阅读不同于纸本阅读,而主要是快速浏览和跳跃式阅读。一项针对大学生网络阅读方式的调查显示,58%的学生选择快速浏览式阅读,32%的学生选择跳跃式阅读,仅阅读自己感兴趣的部分,选择仔细阅读的学生极少③。快速阅读的特点就是注视点少、眼停时间短,瞬间扫视就能完成。这就意味着,用户访问图书馆网站的阅读

① 曾祥芹. 阅读学新论[M].北京:语文出版社,2000:146 - 147
② 黄葵. 论阅读心理过程及各种心理因素[J].图书与情报,1998(1):48
③ 朱恩渝. 网络超文本阅读研究——基于大学生网络阅读行为的调查分析[J].图书馆工作与研究,2011(10):117 - 118

选择主要凭直觉完成,瞬间的扫视就能锁定自己所需要或者感兴趣的栏目或文章。

1)栏目(菜单)直觉

一方面,如上所述,图书馆网站应给各个栏目(菜单)一个表意清晰、指代明确的名称,使读者能一目了然其内容,迅速做出判断和选择;另一方面,应减少主页栏目(菜单)数量,简化栏目分类,突出和强化用户常用栏目和对用户最有吸引力的栏目,淡化那些长期不用更新、用户利用率极低的栏目。此外,应尊重用户,以服务的心态平等、友好面对用户,避免使用"读者教育"或者"规章制度"等字眼。

2)标题效应

醒目的标题,会引起用户注意,可通过技术措施对标题文字进行色彩、活动等处理。有吸引力的标题,能使用户对文章内容产生好的预测和期待①,迅速产生阅读兴趣,因此应尽可能挖掘出文章中对于用户来说最有价值的信息通过标题传达出来。例如,"SCI/SSCI/A&HCI利用讲座"是多数图书馆读者培训的习惯表达,但对于用户来说,他们并不清楚"SCI"是什么、有什么用,就会无兴趣,而中国人民大学图书馆表达为"借助 SCI/SSCI/A&HCI 了解国际顶级期刊,把握课题前沿",利用价值被挖掘并表达出来了,就会唤起用户阅读和了解的欲望。

3)表述直观化

充分考虑用户屏幕阅读的特点,内容的表述应尽可能简短,让用户不必拉动滚动条就能完整阅读全文。人对语言的阅读和把握主要是无意识的直觉感知②,因此,表述语言不仅要易读,要少用复句,少用专业术语,少用晦涩语词,多点生动、形象、活泼的表达,而且除了用文字符号表达外,还应多利用图表、图示、图像等直观化表达语言,既丰

---

① 宫梅娟 . 论阅读心理图式及其作用[J].山东师大学报(社会科学版),1998(4):61

② 王尚文 . 语感论[M].上海:上海教育出版社,2002:35

富了表达方式,又可以减少用户解读的时间。

(4)求新猎奇需要及对策

调查显示,看新闻和娱乐聊天是我国网民上网的主要目的①。网站最大的优势就是信息量大,并且可以快速更新,能很好满足用户求新猎奇心理。当然,如果是看时事新闻,用户是绝不会访问图书馆网站的,因为还有更好的读物(如报纸或新闻媒体网站)可以选择。但是,图书馆作为高校教学与科研服务的学术型机构和文献信息中心,其网站也理应充分发挥网络快速更新的优势和图书馆的学术优势。

首先,图书馆网站应该关注世界的变化、社会的发展、专业与行业发展动态,并及时做出反应,当然这种反应应该更具学术价值,来源更可靠,内容更丰富、系统,更加有序,可以让用户获得更加全面深入的了解;其次,应处理好主题与链接文献的关系,遵循适度、精粹、集中的原则,做好相关主题文献的链接,扩展用户的阅读视野,避免由于"跟着感觉走"而产生离散化阅读倾向②;再次,应充分挖掘馆藏文献的利用价值,通过图书馆网站加以报道和推介;此外,应将"图书馆概况""服务指南"等用户少用的栏目(菜单)所占用的大部分空间都腾出来用作资讯报道。总之,应充分发挥网络的优势,让用户每次访问图书馆网站,都会有新的发现。

(5)互动审美需要及对策

用户访问图书馆网站作为一种阅读行为,形成了用户与网页之间的互动关系。一方面,由于网站信息的丰富性,特别是大量文艺作品、图片、娱乐和消遣性内容,使网络阅读不可避免带有一定欣赏、娱乐和休闲性质,从而使审美也成为用户阅读动机的一部分。另一方面,由于网页能提供用户所不知道而又感兴趣的信息,这种距离既能使用户产生阅读的需要,使用户的阅读行为带着某种功利目的,同时由于网

① 吴娜.国人阅读有何新变化[N].光明日报,2011-04-22(05)
② 向淑君.网络新闻受众的阅读心理[J].新闻爱好者,2003(2):41

页表层信息和深层意蕴的丰富性,又能使用户自觉不自觉与之形成一种超越功利目的的审美关系,并从阅读过程中获得种种审美体验。

　　高校图书馆网站应改变千馆一面、简单模仿、栏目雷同、呆板程式化等传统,无论是内容风格,还是版式设计,都应被赋予更多的审美意蕴,并从本馆读者的主流需要出发,设置网页栏目,设计独具个性的网页风格,让每个网页的每行文字都处于合适的位置,并与富有情感意味的色彩、线条和图形有机融为一体,从而形成值得驻足欣赏的艺术品;网络媒体的互动性特点,决定了用户网络阅读有更多的参与性①,图书馆网站应强化与用户的互动,让用户通过网络在方便咨询求助的同时,还能通过阅读网页文本的同时随时留言倾吐心声,与人交流,分享思想和情感体验;应充分发挥汉语独特的审美特性,用悦耳响亮、乐感很强的语词表达,用押韵、叠音、双声、叠韵等手法使表达体现出汉语的均齐美和韵律美,从而更具可读性,更值得用户品味,让用户一读便能产生审美愉悦感。

4.3　高校图书馆网站:从独白走向对话

4.3.1　在独白语境中徘徊的高校图书馆网站

　　(1)对话及对话的展开

　　什么是对话? 顾名思义,对,即两者相对;话,即谈话。所谓对话就是两个(或两个以上)主体之间通过语言而进行的话语交流。对话是跟"独白"相对应的语言形态。所谓独白,就是独自表达,自言自语,没有听众,没有交流对象。教师兴致勃勃讲得唾沫飞溅,不尊重学生的需要、兴趣和感受,学生不愿意聆听和参与,在下面恹恹欲睡,就是典型的教学独白。图书馆网站无论自我介绍有多全面,栏目设置有多丰富,自以为做得有多精美,如果用户不愿访问阅读,也就变成了独

---

① 　陈琳. 有效网络阅读资源建设研究[J]. 情报杂志,2011(1):181

白。通过 QQ、电子邮件、留言版跟图书馆员交流,是显性对话;用户访问浏览图书馆网页,跟网页栏目及内容进行思想与感情上的交流,是隐性对话。对于高校图书馆网站来说,需要通过显性对话直接获得用户的需求信息和意见反馈,更需要通过用户访问和浏览图书馆网站的隐性对话来实现其功能与价值,因而是否适应用户网络阅读特点和需要,是否拥有对话性格,具有十分重要的意义。

任何积极有效的对话都必须以平等、民主、尊重和信任为前提①。由于网络读物的数字化和超文本性,网络信息的丰富性,网络空间的开放性,网络阅读方式的虚拟性,使得用户的网络阅读更具选择性和随意性,因而图书馆网站作为对话主体的一方,可以吸引用户、指导用户、帮助用户,赢得用户信任,但却无法去要求用户。

常言道,"话不投机半句多"。是否拥有共同的话题,是否能满足彼此的需要,直接决定引起和展开对话的可能性。用户是否会访问高校图书馆网站,关键在于其是否能为用户提供他们所需要的信息。不同用户有不同需要,因此网站信息量的大小、功能的多寡、能满足不同用户需要的程度,对于他们的访问和阅读活动具决定性影响。如果信息量小、功能单一、能为用户提供新信息的栏目少,必然影响用户访问的积极性。

高校图书馆网站是否能召唤用户访问和促进阅读对话,可通过用户访问量做出评价和判断。北京师范大学珠海分校图书馆网站无论是栏目设置、表达方式还是网页风格跟我国大多数高校图书馆网站基本一致,因而其用户访问量统计对于了解我国高校图书馆网站的对话性无疑具有参考价值。笔者曾于 2009 年 5 月 5 日统计了该馆网站用户访问情况,该馆新版主页发布了 427 天,总访问量为 152 097 次,日均访问量为 356.2 次。

---

① 靳玉乐. 对话教学[M]. 成都:四川教育出版社,2006:4 − 5

表 4 – 1　北京师范大学珠海分校图书馆主要栏目用户访问情况

栏 目 数量	常用数据库	本馆概况	规章制度	借阅服务	咨询服务	学科服务	用户教育	荐购图书	五一放假通知	用户培训通知	东方英语试用	电子图书试用
访问量 （次）	52 060	1552	2001	11 011	3307	3314	2342	2406	289	99	494	259
日均 （次）	155.9	3.9	5.1	43.4	8.7	22.1	6.5	6.1	41.3	16.5	38	23.5

　　注:各栏目网页日均访问量 = 各栏目网页访问量÷该栏目网页自发布之日到统计之日的总天数

　　表 4 – 1 显示,"常用数据库"网页访问量为 52 066 次,日均访问 155.9 次,占整个网站日均访问量的 43.8% ,如果再加上该馆主页提供的无法统计的"数据库快速通道"和数据库分类导航读者访问量,可以肯定资源利用类栏目占据了图书馆网站大部分访问量,可见利用图书馆数据库资源为自己的学习、研究和工作服务是用户访问图书馆网站的主要目的,对用户有用是此类栏目高访问量的主要原因。馆情介绍和用户服务类栏目用户访问量较少,这是因为这些栏目信息量极小,且内容长期不更新,只对新用户或有特定需要的用户(如外借图书超期读者需查询相关处罚规定)才有价值,对于多数用户来说,没有什么意义,这类栏目属于典型的独白式栏目。值得注意的是其中的"借阅服务"和"学科服务"两栏目访问量相对较高,这是因为借阅服务是用户利用最多的服务,他们需要访问有关栏目获得利用此项服务中的相关规则,而"学科服务"这一栏目对用户有较强针对性,能召唤学科用户通过此栏目获得比较专业的深层次服务信息。资讯报道类栏目访问量较高,表明用户对新信息新资讯有兴趣,特别是图书馆新资源报道和新实用信息(如五一放假通知)更受用户关注。

　　任何阅读对话都以语言为中介,语言是否可理解、可接受也直接影响阅读对话的展开。表 4 – 1 显示,专为用户提供借阅规则的"借阅服务"一栏访问量较高,而同样可为用户提供借阅规则的"规章制度"一栏访问量却很低,这是因为"借阅服务"栏目名称含义明确,内容指代清晰,并可一目了然,符合用户网络阅读特点,且是从服务的角度介绍,跟用户之间无心理距离,而"规章制度"一词含义不够清晰、易产生歧义。是谁的规章制度?是用户的,还是图书馆自己的?显然缺乏明确的针对性。

(2)在独白语境中徘徊的高校图书馆网站

无论赋予高校图书馆网站什么职能,只有通过用户访问和利用才能实现。用户访问和利用图书馆网站的活动,是一种积极的阅读活动。现代阅读理论认为,阅读是读者与读物之间所展开的跨越时空的互动对话①。这就要求高校图书馆网站必须适合于用户对话,必须拥有对话性格。

为准确了解我国高校图书馆网站是否拥有对话性格,笔者曾于2009年5月对我国20所重点大学图书馆主页栏目设置情况做了调查,并将各馆主页栏目(菜单)进行大致的分类统计,见表4-2。

表4-2　20所高校图书馆主页栏目(菜单)数量统计

栏目类别 数量类别	资源 利用	用户 服务	用户 信息	联系 交流	馆情 介绍	帮助 指南	资讯 报道	各种 链接	合计
栏目(菜单)数	530	296	52	86	172	86	74	234	1530
平均	26.50	14.80	2.60	4.30	8.60	4.30	3.70	11.70	76.50
所占比例(%)	34.64	19.35	3.40	5.62	11.24	5.62	4.84	15.29	100%

表4-2显示,各馆主页栏目菜单量较多,平均达76.50个,使得页面普遍拥挤,影响了用户访问时选择利用的便捷性;能不断为用户提供新信息、保持更新状态的资讯报道类栏目非常少(平均3.70个),严重制约了图书馆网站信息量,影响用户访问的积极性;各馆都提供了用户个人信息查询途径、设置了为用户利用图书馆资源提供帮助的

---

① 　曾祥芹.阅读学新论[M].北京:语文出版社,2000:185-189

栏目,表明服务意识正在普遍加强。

1)资源利用类栏目设置情况

我国高校图书馆网站资源利用类栏目菜单量最多,约占全部栏目菜单的34.64%,主要是各种导航目录,20所高校图书馆都提供了多种方式的资源利用导航,还有11所提供了"站点地图",14所设置了"帮助"或"指南"专栏或相关栏目,12所提供了"常见问题"解答或查询,表明各馆都在试图改变长期以来"重藏轻用"的传统,努力从方便用户"用"的角度来揭示和引导用户利用图书馆资源。但过多的分类导航是否有利于用户利用,是个需要商榷的问题。山东大学图书馆网站提供的"读者调查"显示,读者对于"按照多种方式对电子资源进行分类编排感觉如何",回答"很方便"的占44.07%,回答"感觉一般"和"不方便"的却达到了55.92%,可见跟图书馆员的期望存在较大差距。

2)馆情介绍类栏目设置情况

表4-3显示,各馆都很重视馆情介绍,有16所馆在主页设置了专栏,占60%,其中12所是"本馆概况""馆情介绍""图书馆概况"的自我独白介绍,只有北京师范大学图书馆、南开大学图书馆和厦门大学图书馆三所是从帮助和指导用户利用图书馆的角度来设置此类栏目。可见,多数图书馆都把自我介绍、自我展示放在了十分重要的地位,仿佛自我介绍得越多、越丰富,越能显示自己办馆的水平,很少从帮助和服务用户的角度来考虑图书馆的网站建设问题。

表4-3 20所高校图书馆主页馆情介绍类栏目菜单设置情况

图书馆名称	专栏名称	总体介绍	部门设置	规章制度
北京大学图书馆		本馆概况		规章制度
清华大学图书馆	本馆概况		组织机构	规章制度
中国人大图书馆		本馆简介		读者须知
北京师大图书馆	帮助	关于图书馆		
南开大学图书馆	入馆指南			

续表

图书馆名称	专栏名称	总体介绍	部门设置	规章制度
天津大学图书馆	本馆概况		组织机构	规章制度
复旦大学图书馆	本馆概况	本馆简介		图书馆规则
上海交大图书馆	关于图书馆	本馆概况		规章制度
西安交大图书馆	图书馆概况	图书馆介绍	组织结构	规章制度
武汉大学图书馆	图书馆概况			
华中科大图书馆	读者指南	总体介绍	机构设置	规章制度
山东大学图书馆	本馆概况	馆情介绍	机构设置	管理规章
中国科大图书馆	本馆概况	本馆简介	组织结构	
南京大学图书馆		本馆概况	机构设置	
东南大学图书馆	本馆概况	本馆介绍	部门介绍	规章制度
浙江大学图书馆	本馆介绍	图书馆概况		规章守则
四川大学图书馆	馆情介绍			
中山大学图书馆		本馆概况		规章制度
厦门大学图书馆	指南			
吉林大学图书馆	图书馆概况	图书馆介绍	机构设置	规章制度
总　　计	16	14	9	13

3)用户服务类栏目设置情况

表4-4显示,19所馆在主页设置了用户服务专栏,但主要是介绍服务项目。其中18所设了"借阅服务"或"借阅规则"栏目,表明借阅服务依然是各馆最受重视的服务;18所设置了用户教育专栏,表明通过培养用户信息意识和信息能力来提高图书馆资源利用率成为各馆的共识;只有6所高校设置了针对新生、本科生、研究生和教师等特定用户对象的个性服务栏目,表明多数馆都不同程度存在缺乏针对特定用户开展服务的意识;8所馆设了"学科服务"专栏,但主要是介绍学科馆员的职责和联系方式,只有上海交通大学图书馆(学科博客)、中

国人民大学图书馆(学科专题综述)和南开大学图书馆(信息窗),开
展了学科信息报道服务。特别需要指出的是,我国高校图书馆网站普
遍推出了文献检索与利用培训服务,但很少能看到学科文献信息的报
道及其服务,所以图书馆网站的大部分栏目和内容都不需要更新,从
而导致网站信息量小的弊病。高校图书馆被称为高校文献信息中心,
但是文献信息却很少在图书馆网站反映出来,就是说图书馆网站还没
有体现出这个"中心"。

表4-4 20所高校图书馆主页用户服务类栏目菜单设置情况

图书馆名称	专栏名称	借阅服务	用户教育	个性服务	学科服务
北京大学图书馆		借阅规则	一小时讲座		
清华大学图书馆	服务指南	借还书	教学与培训	特别帮助	学科服务
中国人大图书馆	用户服务	读者须知	读者培训		学科联系人
北京师大图书馆	服务	借阅服务	用户教育		
南开大学图书馆	图书馆服务	图书借阅	用户教育		学科馆员
天津大学图书馆	服务项目	借阅规则	教学培训	个性入口	
复旦大学图书馆	读者服务	图书借还	读者培训		学科服务
上海交大图书馆	读者服务	外借服务	讲座与培训	服务指引	学科服务
西安交大图书馆	服务导航	借阅规则	教学与培训		
武汉大学图书馆	读者服务				
华中科大图书馆	读者指南	服务项目	用户教育	新生办证	
山东大学图书馆	读者服务	借还书服务	教学与讲座		学科馆员
中国科大图书馆	服务指南	借阅规则	用户培训		
南京大学图书馆	读者服务	借阅规则			
东南大学图书馆	服务指南	规章制度	用户培训	用户服务	学科服务
浙江大学图书馆	读者服务	规章守则	用户教育		
四川大学图书馆	读者指南		教学园地		学科馆员
中山大学图书馆	服务指南	外借阅览	读者培训		

续表

图书馆名称	专栏名称	借阅服务	用户教育	个性服务	学科服务
厦门大学图书馆	服务与指南	借阅提示	讲座信息		
吉林大学图书馆	服务指南	办理借书证	教学与培训	新生入馆	
总　计	19	18	18	6	8

4) 互动交流类栏目设置情况

表 4-5 显示,各馆都在主页提供了用户联系与咨询的途径或平台,其中设置"咨询台"或咨询服务栏目的 16 所,提供电子邮件和表单咨询服务的 10 所,但提供实时咨询实现用户与图书馆直接对话的只有 6 所,提供用户留言或 BBS 的只有 9 所,可见各馆虽重视与用户之间的联系与沟通,但多数馆只提供延时联系,被经验所证明的更方便用户、更为用户所需要的即时联系不被重视,通过网络留言实现用户之间的交流与共享也不受重视;10 所馆通过"联系我们"这一具有对话性和召唤力的栏目提供了联系方式,但"我们"是谁? 没有一所馆有相应栏目(如"关于我们")与此对应。值得注意的是,有 15 所高校图书馆设置了召唤用户的"书刊荐购"专栏,表明在资源建设上直接跟用户沟通,反映用户需求,已为多数馆所认同。

表 4-5　20 所高校图书馆主页互动交流类栏目菜单设置情况

图书馆名称	咨询台	在线咨询	邮件表单	留言簿	联系我们
北京大学图书馆	咨询台	即时问答	邮件咨询	留言簿	联系我们
清华大学图书馆	咨询台				联系我们
中国人大图书馆		实时咨询	Email 咨询	意见与建议	
北京师大图书馆		网上咨询			联系我们
南开大学图书馆	咨询服务				联系我们
天津大学图书馆					联系我们
复旦大学图书馆	咨询台			留言簿 BBS	联系我们
上海交大图书馆	咨询服务		馆长信箱	读者留言簿	图书馆黄页

图书馆名称	咨询台	在线咨询	邮件表单	留言簿	联系我们
西安交大图书馆	咨询台	实时咨询	Email	意见与建议	联系我们
武汉大学图书馆	参考咨询				
华中科大图书馆	虚拟参考咨询	实时咨询	电子邮件咨询	读者信箱	
山东大学图书馆	咨询员在线		电子邮件咨询		
中国科大图书馆	问图书馆员				联系我们
南京大学图书馆	网上参考咨询		馆长信箱		联系我们
东南大学图书馆	咨询与反馈	即时问答	虚拟咨询	读者留言	本馆电话
浙江大学图书馆				请你留言	图书馆黄页
四川大学图书馆	咨询台				
中山大学图书馆	咨询台		馆长信箱		
厦门大学图书馆	提交	在线咨询			
吉林大学图书馆	咨询台留言			意见与建议	联系人
总　计	16	6	10	9	13

5）栏目名称的观察

用户访问图书馆主页首先看到的是栏目名称,而不是内容,用户是否会访问某个栏目,首先取决于该栏目名称所意指的内容是否能引起他们的兴趣、满足他们的需要,从而产生积极的阅读期待,因此栏目名称很重要。统计显示,17 所馆用"本馆概况""馆情介绍""图书馆概况"等名称来介绍馆情纯属自言自语,只有 3 所馆是从帮助和指导用户利用图书馆的角度来设置此类栏目。"机构设置""组织结构"等机关、团体常用的名称被 9 所高校图书馆采用;13 所馆设立"规章制度"一栏,查《现代汉语词典》便知,"规章制度"往往是上级行政机关规定必须遵守的规程和准则,其颁布者跟其所要求的对象不具有对等性,显然用这个词作为栏目名称就不利于对话,因为用户只要一看到这个词,在心理上就会产生距离感和被动压抑感,可见试图高高在上要求用户的意识普遍存在;18 所馆设了用户教育专栏,但"教学与培训"是指图书馆自己开展的教学与培训活动还是面向用户推出的教学与培训活动指代不清,"用户教育"很容易被理解为对用户进行规章制度方面的思想教育,不利于用户接受;"常见问题""咨询台"通俗易懂,"FAQ""参考咨询"则让用户费解,图书馆网站主要是给用户访问和浏览,而不是图书馆员自己享用,采用图书馆专业术语作为栏目名称值得商榷。

结论

我国高校图书馆网站栏目设置与内容建设大都在独白语境中徘徊,普遍缺乏对话性格,但有走向对话的趋势。主要表现在:总是以展示图书馆资源与服务的丰富程度为目的来设置各类栏目,总是站在图书馆员自我欣赏的角度来理解栏目名称、阐释栏目内容,而不关心用户的需要、访问阅读习惯和接受心理,导致栏目数量多,主次不分,栏目分类不清、排列混乱,用户常用的重点栏目不突出、不醒目,信息含量小、实用内容少,访问利用不方便[①];热衷于资源利用导航,而不管这种导航是否有助于帮助用户利用,重藏轻用的观念依然根深蒂固;热衷于馆情介绍,而不管这种介绍是否是用户所需要的;图书馆本位理念依然普遍,只管为用户提供了哪些服务,而不管用户从这些服务中得到了什么[②],更不关心各类用户的个性化需要;虽然各馆都提供了各种与用户沟通交流的途径,但主要是延时联系,而更方便用户的实时联系较少关注;普遍采用一些图书情报专业术语作为栏目名称(如FAQ、虚拟咨询等)和内容表达语言,而不管用户是否能理解和接受。

---

① 胡昌斗. 高校图书馆的网页优化与网站建设[J]. 图书馆论坛,2005(3):98
② 马先皇. 对我国 20 所高校图书馆网站内容建设情况的调查与分析[J]. 图书情报工作,2005(1):94

4.3.2 话语错位:图书馆网站难解的言语之结

当图书馆网站所提供的话语跟用户所需不能对接和契合时,就会出现错位。这种错位所产生的直接影响就是与用户之间的对话难以顺利展开甚至中断从而失去用户,导致用户访问量小、利用率低,回到"话"而不"对"的独白言语状态。一项针对 27 个省、直辖市、自治区的高校本科生、研究生的调查结果显示,仅 31.28% 的学生在经常访问图书馆网站①。查看上海交通大学网站的最新统计,在校师生 41 893人,但统计其图书馆网上预约 2013 年 3—4 月 29 场有关资源利用与科研支持的讲座总人数为 558,平均每场讲座仅 19.24 人参与,多场讲座由于参与者太少而被迫取消。笔者曾于 2009 年调查过武书连大学排行榜排名前 20 的我国重点大学图书馆网站,结果显示大都处于自言自语的独白状态。今天当我们再次访问调查这些网站时会看到这种状态并没有得到多少改善,可见话语错位是我国高校馆网站难解的言语之结。

(1)话语意图的错位

我国高校图书馆界普遍都承认图书馆网站是为用户而存在的,认为满足用户需要是图书馆网站建设的根本出发点,但他们又难以调整自己的感情,常习惯性把自我展示功能摆在了第一位,服务功能摆在了第二位②。他们总是试图展示自己的资源有多丰富、服务有多周全、自身条件有多优越,所以他们的主页大都以"图书馆概况""服务指南"和"资源导航"为主题,每个主题下都排列着一长串子栏目或菜单,恨不能倾己所有。然用户却并不关心资源的丰富程度、服务项目的多寡、环境的优越程度,他们关心的是自己的文献信息需要能不能

---

① 尚新丽,杨柳. 我国高校图书馆网站建设现状研究——基于对学生用户使用评价的调查[J]. 图书情报工作,2012(13):96

② 范爱红,邵敏,赵阳. 大学图书馆网站设计理念的探析与实践——清华大学图书馆网站改版案例研究[J]. 大学图书馆学报,2006(3):38-39

得到满足,再多的资源与服务如果不方便用、不能有效用、不能满足需要也是枉然。例如,中山大学图书馆的调查显示,用户访问图书馆网站的目的非常集中,75.4%是为了利用数据库,68.1%是为了查询书目,27.5%是为了查询个人借阅情况,其他目的均不到8%[①],这就导致用户的需要只集中在少数几个栏目上。笔者也查看了北京师范大学珠海分校图书馆网站,发现用户访问量最大的栏目是"常用数据库",其次是"借阅服务""公告通知",其他服务类栏目和馆情介绍类栏目访问量都很低。另一份来自武汉大学的调查也显示,用户用得最多的数据库主要是 CNKI,其他中外文数据库利用率都不高,并且用户常用的服务也集中在查收查引、文献传递等少数几个服务项目上[②]。由此可见一斑。

(2)话语对象的错位

图书馆网站是对自己言说,还是对用户表达?毋庸置疑,它是为用户服务,是为用户而建的,必须对用户说。由于不同专业的用户有不同的话语系统,所以"对什么人"就该"说什么话",如果是对用户说,就应该说用户所熟悉的话。然而,我国高校馆网站却充斥着大量用户陌生的图书情报专业术语和英文缩略词,说着只有自己能听懂的话。例如,用户熟知商品、货币"流通",却不知图书馆"流通"服务之所指;用户知道有疑难就咨询,但"咨询"与"参考咨询""虚拟参考咨询"有何区别,让他们困惑不解;"FAQ""OPAC"对于图书馆来说习以为常,但对于用户来说却莫名其妙。国外早有针对高校用户的研究证明,用户对图书馆网站栏目或标题中专业术语的意义理解跟图书馆所赋予所预期的理解存在较大的差距[③]。例如"个性服务""中文发现"

---

① 曹树金,司徒俊峰. 高校图书馆的信息技术变革需求——基于中山大学图书馆用户的调查[J]. 图书馆论坛,2011(6):142-143

② 涂文波. 大学图书馆数字资源需求与服务的读者调查及分析[J]. 大学图书馆学报,2008(5):86-88

③ 祝力. 行话和术语对图书馆网站可用性的影响[J]. 图书馆杂志,2005(6):30

多么简单的词,但过于抽象就会表义模糊,让用户如在雾中、望而却步。

（3）话语内容的错位

据统计,我国20所重点大学图书馆主页平均76.5个栏目,其中资源导航类栏目占所有栏目总量的34.6%、服务介绍类栏目占19.3%、馆情介绍类栏目占11.2%、资讯报道栏目占4.8%[①],可见我国高校馆网站就如同传统的阅览室书架,分类陈列和摆放着图书馆种类繁多的文献信息资源与服务。然而是否能满足用户需要呢? OCLC发布针对高校用户的报告指出,有84%的用户使用搜索引擎开始搜索信息,仅有1%的用户会从图书馆网页开始搜索,且90%的用户对搜索引擎获得的信息表示满意[②]。任何用户都希望一检即得自己所提问题的答案,利用百度检索,他们常可立刻通过"百度百科""百度知道"等检索结果基本如愿,而来到图书馆网站还得在众多的资源分类导航目录里去选择自己并不了解的各种检索工具才能检索,并且检索方法各异,检索结果还只能是相关文献,要打开还得安装相应的阅读器,打开后还得花大量时间仔细辨识、寻找才能获得答案。有的图书馆网站虽然一打开就能如百度一般检索,但却只能检索馆藏书刊目录、数据库目录等,可见所提供的文献信息服务跟用户需求还有很远的距离。图书馆网站虽然不厌其烦介绍了很多服务项目,但大都还得通过其他各种途径或者烦琐的手续才能加以利用,能直接通过访问网站就能实际享受的服务寥寥无几。

高校图书馆用户有很强的专业性,且主要从事教学与科研工作,如果各个专业的最新文献和最前沿的成果,都能通过图书馆网站得以报道和反映,那一定是用户所欢迎的,然而我国高校馆网站普遍除了发布馆情与资源动态的"通知公告"一栏在经常更新外,其他绝大部分

---

① 郑勇. 在独白语境中徘徊的高校图书馆网站——对我国20所重点高校图书馆网站栏目设置的调查[J]. 情报探索,2010(2):88

② 于静,杨雪晶. 高校图书馆读者服务创新研究[J]. 图书馆论坛,2007(2):35

栏目长期不更新,也无须更新,报道功能严重不足。

（4）话语方式的错位

用户的网络阅读主要是浅阅读,是快速浏览。一项针对大学生网络阅读方式的调查显示,58%的学生选择快速浏览式阅读,32%的学生选择跳跃式阅读,仅阅读自己感兴趣的部分,选择仔细阅读的极少[①]。由于网络信息海量,除非是用户所需而又别无选择,否则他们很难在网上花更多时间、付出更多努力去琢磨那些陌生费解的语词,他们能做的选择就是放弃。例如,"网上在线咨询"表意清楚,有些馆同时罗列"QQ咨询""CVRS在线咨询""学科咨询""虚拟咨询台"等,反而让用户难以区分和不知所措。处于对话中的话语一般应简洁、易懂,用户希望复杂问题表述简单化,然我国高校馆网站却常把简单问题复杂化,他们习惯用冗长的文字和对于用户来说冷漠、抽象的语词来表达,这就要求用户必须花更多时间细细辨识,对其利用热情和效果无疑会产生消极影响。

我国高校馆网站总希望通过明确的"规章制度"来规范用户行为、通过"读者教育"来提高用户利用意识和能力,然用户却常常对此视而不见,他们咨询最多的问题还是规章制度里的借阅规则[②]。调查20所重点大学图书馆网站会发现,提供用户总访问量统计的只有8所,提供"通知公告"网页访问量统计的仅4所,提供其他网页访问量统计的是0所,各个网页给用户提供留言窗口和反馈评价工具的是0所,可见我国高校馆网站普遍不关心用户是否访问、是否聆听、是否参与,他们的话语方式大都跟传统的满堂灌讲授教学一样,主要是单向表达,是封闭言说,只允许自己对用户滔滔不绝,不允许用户发言发声。

---

① 朱怨渝. 网络超文本阅读研究——基于大学生网络阅读行为的调查分析[J]. 图书馆工作与研究,2011(10):117 – 118

② 张勤. 设总咨询台是重塑图书馆形象的良策[J]. 大学图书情报学刊,2007(4):52

4.3.3 拥有对话性格应遵循的原则

现代阅读理论认为,阅读是读者与读物之间展开的跨越时空的对话,读者与读物之间是一种互为主体、互相选择、互相理解、互相沟通的关系①。用户访问浏览图书馆网页,也是一种阅读活动,因而也是一种用户与网页之间互为主体的对话活动。既然高校图书馆网站是为用户服务的,这种服务需通过用户的访问和阅读来实现,因而赋予其召唤力和对话性格,使用户乐于访问、乐于阅读,并易于对话,保持对话的持续性,是个需要重视的问题。根据阅读学和对话理论以及读者网络阅读的特点和接受心理,高校图书馆网站栏目设置与内容建设遵循以下原则是必要的。

（1）感受性原则

语言学认为人对语言的阅读和把握主要是无意识的不假思索的直觉活动,思维并不直接参与②。网络阅读不同于纸本文献的阅读,主要是快速浏览式阅读。快速阅读的主要特点是眼停时间短,注视点少③。就是说用户停留在网页栏目和文章标题的时间极短,因而栏目菜单名称应具可感性和可接受性,即用户瞬间的扫视就能理解和把握,通俗易懂,没有歧义,所指代的含义和内容无须辨识、一目了然。例如,"参考咨询""虚拟咨询"显然都不如"向馆员提问"一词更易为用户的直觉所理解。

栏目数量多,主次不分,栏目分类不清、排列混乱,用户常用的重点栏目不突出、不醒目,信息含量小、实用内容少,访问利用不方便,一直是高校图书馆网站的痼疾④。因此,减少主页栏目数量,明晰栏目分类、有序排列栏目菜单,方便用户最方便、最快捷找到自己所需要的栏

① 曾祥芹. 阅读学新论[M]. 北京:语文出版社,2000:185－189

② 王尚文. 语感论[M]. 上海:上海教育出版社,2002:35

③ 彭聃龄. 语言心理学[M]. 北京:北京师范大学出版社,1991:31

④ 胡昌斗. 高校图书馆的网页优化与网站建设[J]. 图书馆论坛,2005(3):98

目,也是促进用户访问和阅读的有效措施。此外,还要充分考虑用户网络随意浏览的特性,以精炼、活泼的文字和多样化表达方式传达给用户,改变传统那种页面单调死板、语句冗长、文字细密、语言冷漠规则化的表达方式。

(2)对象性原则

对话是在不同主体之间进行的,有很强的对象针对性。图书馆网站无论是栏目设置、内容建设还是表达方式都要有用户对象意识,始终明确是让用户访问和阅读的,要尊重不同用户对象的需要、阅读习惯和接受心理。这就要求栏目名称所指示的内容对象要明确,如"网站地图"显然不如"本站地图"指示明确,"学科馆员"似乎是要介绍图书馆不同学科馆员的情况,难以看出跟用户有什么关系,而"学科服务"跟学科用户的联系则一目了然;栏目名称所针对的用户对象也要明确,如"留言板""意见与建议"显然不如"请你留言"指代清晰;内容表达语言也要有对象针对性,面向所有用户的栏目,可采用大众化表达语言,面向专业用户栏目,则可适当采用专业表达语言,香港中文大学图书馆网站不仅考虑了用户学习、研究的需要,还满足了各年龄段和不同身份用户的需要,且不乏知识性和趣味性[1],颇有借鉴意义。

(3)服务性原则

高校图书馆网站不同于企业网站需要对外展示自己的形象,也不同于行政机关和政府网站需要对公众宣传政策规章,它的主要职能是为用户提供服务,具有很强的服务性。但我国高校图书馆网站的服务性一直没有得到充分体现,热衷于服务项目的介绍,只管为用户提供了哪些服务,而不管读者从这些服务中得到了什么[2]。高校图书馆网站栏目设置、内容与表达方式的选择、主次的分配以及页面的设计都

① 邱永萍,徐澎,何程. 我国高校图书馆网站建设的评价——以北京大学和香港中文大学图书馆网站建设为例[J]. 图书馆理论与实践,2004(4):78
② 马先皇. 对我国20所高校图书馆网站内容建设情况的调查与分析[J]. 图书情报工作,2005(1):94

要以用户需求为根据。同样是介绍馆情,自言自语的独白和从帮助、指导、服务用户的角度来介绍,其性质和效果是不一样的。服务用户、满足用户需要,应成为高校图书馆网站栏目设置与内容建设的出发点和归宿。根据用户需要与利用情况,如前所述,可将图书馆主页的栏目分成三类,一类是用户利用率最高的栏目(如资源利用类栏目和沟通交流类栏目),应放在最醒目、用户利用最方便的位置;第二类是信息量大并经常更新、对用户有吸引力的栏目(如反映学科动态信息、行业信息的"学科信息之窗"、时事动态及图书馆"公告通知"等),应占据主页中心区域;第三类是长期不更新、用户利用率最低的"馆情介绍"和服务项目介绍栏目,只需提供一个相应栏目入口即可。

(4)互动性原则

通过网络互动交流与共享已成为时尚,这也是高校图书馆网站的优势所在。众多网络媒体为用户提供了留言窗口,博客在迅速兴起,QQ在线交流更是越来越受用户欢迎。高校图书馆网站也大都设置了诸如"咨询台""留言簿""BBS"之类与用户交流互动的栏目,这当然很重要,但还很不够。图书馆网站本身就是在与用户互动对话中不断走向成熟的,因而赋予图书馆网站本身的互动对话功能,召唤用户参与对话至关重要。如果说"馆情介绍""本馆介绍"是自我独白介绍,那么"关于我们"虽也在自我介绍,但"我们"却意味着正在面对着的"你们"。同样是提供用户咨询途径,"咨询台"和"参考咨询"远不如"我要提问"和"向馆员提问"具有对话性。特别需要指出的是,用户在访问和阅读各个页面时,都可能会有自己的看法和感想随时需要表达,随时需要跟图书馆和其他用户交流与分享,图书馆网站各个页面都应为用户提供互动交流的窗口。

(5)开放性原则

现代阅读理论认为,读物永远是一个开放性的没有完成的召唤式结构,是一种吁求,读物的现实意义需要通过读者的阅读对话生成、建构来实现①。毫无疑问,同样作为读物的高校图书馆网站也不能例外。高校图书馆网站应拥有快速信息反映与更新能力,能够对人类社会发展的风云变幻、对学科发展的最新动态与成果进行及时反映,让每位用户每天访问图书馆网页都能找到自己所需要的信息,都有所收获。网站建设始终处于未完成状态,需要通过用户的访问参与来不断生成、创造、丰富和完善,完全可大胆开放图书馆各个栏目,留出窗口或提供平台,让用户发表看法,甚至添加补充,实现共建与共享,北京师范大学图书馆"网络资源导航"就附设了"我要推荐"一栏,召唤用户进一步补充有价值的学科网络资源,无疑是个不错的尝试。图书馆网站始终处于没有时空限制的自由开放状态,它在不断选择用户,同时也在不断接受用户的选择,被用户所淘汰,因此应拥有宽广的胸怀,广纳用户参与网站资源建设与服务中来,同时接受用户的选择与淘汰,不断自我更新、自我完善,不断提高自身建设与服务水平。

4.3.4 赋予图书馆网站以对话性格的策略

如前所述,对于图书馆网站来说,只有用户访问、利用,才有存在的价值。对于用户来说,图书馆网站不过是一种独立于自己之外的读物而已,它所提供的资源与服务无论有多丰富,如果用户不访问、不利用,就没有任何意义。因此,既然我们认定图书馆网站是为用户服务的,就必须从用户需要出发来规划和建设,并以用户需要为依归,努力解决与用户需要之间的错位问题,实现与用户话语的对接,让图书馆网站的言语成为话语,从而拥有对话的性格,促进对话的顺利展开。

(1)语词对接,说用户能理解的话

图书馆主页的栏目名称或文章标题要面向所有用户,就应剔除图书情报专业语词,采用大众化语词来表达,即使面向专业用户的学科专页,也只能采用相应专业的语词来表达。例如用户不理解"FAQ"

---

① 曹明海,宫梅娟.理解与建构——语文阅读活动论[M].青岛:青岛海洋大学出版社,2000:16-17

"OPAC"等缩略符号,就直接文字表达为"常见问题"和"馆藏书刊查询";用户费解"流通服务""通借通还"和"检索字段""参考咨询"等术语,就通俗表达为"书刊借阅服务"和"检索项""读者咨询"等。对于用户完全陌生的语词,要么剔除,要么给予简明的解释,例如,半文半符的"CVRS 咨询""wos 收录""PQDT 荐购"栏目名称,可让用户鼠标置于其上时,能立刻看到其功用的文字说明。

图书馆网站应避免使用歧义词或可能造成歧义理解的抽象语词,以免用户阅读时产生出跟图书馆实际所赋予完全不一样的意义,造成误解。例如,"信息共享空间"一词散见于图书情报专业学术论著中,还没有为普通大众所周知,但却出现在一些图书馆网站中,用户完全可从这一抽象术语的汉语意义做多方面理解,例如,网站、博客、论坛或电子阅览室等都可视为其所指,因此最好不用这类词,如果一定要用,就要说明"有什么",用户能"做什么"。又如"中文发现""学术发现"是什么意思? 西安交通大学图书馆的解释是"轻松发现馆藏中文资源包括中文馆藏书目信息、中文书刊、会议、标准、专利等篇名、文章级检索",通过"超星中文发现"的解释和检索可知,其实就是将异构数据库群整合成统一的学术资源搜索工具,然后为用户提供一些分类筛选条件和关联工具帮助用户获得所需相关文献,然从用户角度看,见自己以前所未见或别人所未见即为"发现",是否是"发现",完全是基于个体经验的主观判断。为什么不能用"中文资料查寻"这样明白如话的语词,而要用"发现"这类词故作高深、还得让用户去伤脑筋琢磨呢? 用户见此可能因产生很远的距离感而将视线移走,未必会有打开了解其功用的耐心。

(2)可感可受,说用户能接受的话

心理学认为,话语"只有在为人所感知、所接受的条件下才有实际意义"①。所谓可感,就是强调话语信息的易于理解、易于识别和易于选择;所谓可受,就是用户能接受。由于网络信息海量,而用户在快速

---

① 曹日昌. 普通心理学(下册)[M].北京:人民教育出版社,1980:4

浏览网页过程中注视点少、眼停时间短,几乎在直觉中就完成了对所需内容的理解和选择,故追求网页呈现方式的直观化有利于用户的阅读与利用。

既然用户利用图书馆网站的资源与服务比较集中,那么就尽可能减少主页栏目数量,简化栏目分类,改变传统那种多重分类、平面罗列的习惯,突出和强化那些用户常用的栏目(如常用数据库)及对用户有吸引力的栏目(如资讯报道),将它们置于主页最醒目、最核心的区域,让用户一打开便能立即捕捉到,对于那些长期不更新、用户利用率极低的栏目(如"图书馆概况""服务指南"等),则只需提供相应栏目入口,让有需要的用户也能很快通过二级菜单找到即可。例如,当其他馆充斥主页的都是密密麻麻的栏目名称时,中国科学技术大学图书馆的主页却很简洁,文献检索、新闻公告、读者咨询三大块占据主页大部分空间,十分突出和醒目,用户打开无须寻找就能立刻开始检索和获得咨询路径,虽然提供的文献检索工具和咨询方式未必符合用户所需,但这种基于用户可用的服务理念值得肯定。

由于网页文章的标题与具体内容完全分离,标题就成为引导用户阅读选择最重要的因素。醒目的标题,会引起用户瞬时注意,可通过技术手段让其放大、增色、闪烁,或在其上贴"New""特别推荐"等标签达此效果。为了便于识别,也可采用普通用户所熟知的一些符号标志,例如,看到一个"?",用户便知提问,可大大节省寻找咨询路径的时间。鉴于人对语言的阅读和把握也主要是无意识的直觉感知①,故栏目名称或标题指代要清楚,让用户能一目了然。如果说"教学与培训"所指的内容和所针对的对象模糊,那么"数据库利用培训"所指则很明确;"银符考试题库 B12 开通试用",用户不明此库适用范围,可在前面加个"各类等级、职业资格考试在线自测系统"的主标题加以突出。

无论是标题还是正文,都应少用复句,多些生动、形象、活泼的表达,文字尽可能简短,以免给用户造成喋喋不休的感觉,见而生厌。且

---

① 王尚文．语感论[M].上海:上海教育出版社,2002:35

看中国人民大学图书馆网站"读者培训"的标题,"览他馆之书,拓阅读视野——馆际互借服务的利用""淘沙取金,剖石采玉——网上'Free'学术信息资源的获取与利用""鼠标在手,畅游图书知识海洋——中、外文电子图书的检索与阅读",可谓深谙用户接受心理。但其首页"馆藏目录"查询的文字说明很难让用户读下去,"通过馆藏目录系统可查询中国人民大学图书馆收藏的中西文图书、中西文期刊、多媒体资源、大部分外文电子期刊、学位论文和外文电子图书,以及各分馆及部分院系图书馆的馆藏。系统支持快速检索、高级检索、浏览检索、索书号检索,检索字段包括:所有字段、著者、题名、主题、丛书、期刊名、出版社、ISBN、ISSN 等",从用户角度看,主馆、分馆都是"馆",并无加以区分的必要,只要检索结果记录有详细馆藏地址即可,多样检索方式和检索字段,打开检索界面一见便知,专业性说明反而造成复杂化和拖沓的感觉,缺乏可读性,如果表述为"键入检索词,选择您想要的检索项'检索'吧,相关书刊、论文等资源的馆藏信息瞬间为您呈现",表达既简洁、生动、明了,又具对话意味。

有研究表明,网页上的图片相对于文字来说更容易吸引用户,用户在浏览网页时会首先注视图形、图像,且对图片的注视时间远高于对文字的注视时间[①]。因此,除了用静态文字符号表达外,还可适当利用图表、图示、动漫、视频等直观化、动态化表达语言,既可丰富表达方式,又可减少用户识别的时间。查看我国 20 所重点大学图书馆主页,几乎所有馆除了主题背景图片外,都配有若干小图片,但遗憾的是主要用于装饰和强调,极少有表意功能。清华大学图书馆尝试用短剧视频的方式介绍图书馆规则,有声像、有情节,颇具创意和情趣,但节奏太慢也可能让用户失去耐心。要表达那些具流程性的规则(如借阅手续的办理),不如用图形说话、用图示指引更加直观有效。

需要指出的是,图书馆与用户之间不是上下级关系、师生关系,而

---

① 叶新东,黄云龙,杨清泉. 不同人格结构学生群体课程网页浏览轨迹的眼动研究[J]. 现代教育技术,2012(1):38-43

是互相平等的选择关系,因此不应摆出颐指气使要求下级、居高临下教育学生那种架势试图去管理用户。例如,大部分图书馆网站都有"规章制度"和"用户教育",从名称的汉语意义看,前者常指上级要求下级必须遵守的规范,表情冷峻、坚硬,用户见之唯恐避之不及,如用"借阅向导(或指南)"不仅表意更具体,语气更平和,且具服务性;而"教育"一词在日常生活中常被理解为思想政治教育,与"规章制度"相对应所形成的语境可能使用户误解为管理制度方面的说教,这个词在汉语中是指"用道理说服人使照着做"或对儿童少年的培养过程,易让用户感觉处于被动和弱势地位,进而抑制其阅读兴致,如用"培训"一词则更符合生活对话语境。总之,当用户访问和利用图书馆网站的服务时,如果看到的不是被要求和训诫,而是被尊重,常看到"请您""欢迎您""谢谢您""对不起"之类的温馨用语,界面、语气和态度友好与亲切,无疑更易被接受。

(3)话题契合,说用户有兴趣的话

图书馆网站预设的话题是否与用户需要相适应、相契合,是用户是否有兴趣访问、利用的关键。这就要求栏目名称不仅要表意清晰,而且还能体现与用户需要相对接的特性,文章标题也能传达出正文所要报道的内容中对于用户来说最有价值的信息,让用户打开主页便一见倾心,迅速唤起阅读欲。例如,用户看不出"学科馆员"跟他们有什么关系,"学科服务"则与其需要有了关联;用户不知"PressDisplay 数据库"是什么、有什么用,那么"全球最大的数字报纸服务平台 PressDisplay"则可能唤起倾向用户的了解欲;中国人民大学图书馆一改传统"Web of Science 引文数据库利用讲座"的表述习惯,而通过"借助 SCI/SSCI/A&HCI 了解国际顶级期刊,把握课题前沿",把该库的利用价值挖掘出来以广告式话语发布,则有助于吸引用户关注。当然更重要的是,图书馆网站是为用户服务的,其话语本身应具很强的服务性,能实实在在满足用户需要。就是说,重要的不是图书馆网站给用户介绍了些什么,而是用户访问利用图书馆网站能做什么,能得到什么。

　　获取所需文献信息,无疑是用户访问利用图书馆网站的主要目的①。但用户这一需要也是分层次的,深层次学术需要倾向于获得丰富、可靠、系统的相关文献,而大多数用户则满足于对问题的简单了解,倾向于获得确定的但未必全面、深刻的答案,属于浅层次一般需要。只有当图书馆网站能够满足不同层次用户通过别的途径难以满足的文献信息需要,才能为他们访问图书馆网站找到一个最重要的理由。我国高校图书馆普遍拥有大量各种类型的文献资源,且来源可靠、质量高、组织有序,这是其优势所在。但拥有不等于能有效驾驭,图书馆必须在文献信息的检索获取技术上实现突破,使自己无论在文献来源还是获取难度上都拥有百度等搜索引擎难以比拟的独特价值,才能赢得用户信任。让用户一打开主页,立刻就能找到检索平台或路径,并迅速获得自己所提问题的确定性答案,他们不需要去辨识各类数据库名称,不需要在复杂的资源类别中去选择,图书馆网站能直接提供各种筛选条件,让他们直接有效选择,也不需要查阅原文,检索工具已经为他们挖掘出来供他们直接利用。如他们要查概念,就能直接通过概念检索平台获得各种数据库所提供的按照被引量和下载量排序的答案,他们要查数据、事实或确定性语句,也能一检即得。

　　图书馆网站应提升服务功能,无须烦琐的手续,无须另找途径,无须转弯抹角,让用户能直接享受图书馆各项服务。例如查收查引服务,用户可直接在网上输入问题请求,在一定时间内迅速能得到服务反馈;咨询服务,用户在网上可直接提出问题,很快就能得到回答;用户培训,用户可直接网上报名,立刻得到一个正式的培训通知,培训时间、地点、座位,都有简明、直观的指引。又如用户通过图书馆检索系统查得自己所需的某种书,不仅能获得详细馆藏信息,还能获得该书的读者借阅次数、相关评论、好评度、推荐指数以及最新版本、电子版

---

① 曹树金,司徒俊峰.高校图书馆的信息技术变革需求——基于中山大学图书馆用户的调查[J].图书馆论坛,2011(6):142-143

本等相关信息,帮助用户有效选择,如果没有查到所需图书,还能通过网页所提供的其他路径查到他馆馆藏信息并获得相关服务(馆际互借或文献传递服务等)来满足其需要,超星和当当网在这方面已取得了一些值得参考的经验。

图书馆有很多资源没有被用户关注和利用,并非他们不需要,而是他们不知道。图书馆网站应强化报道功能,因为这是用户了解图书馆资源的主要途径[①]。如可开辟"馆藏推介""每周关注"或"学科信息参考"等栏目,将主页用户少用的馆情介绍等栏目所占用的大部分空间腾出来用作馆藏资源或文献信息报道,让用户每次访问,都会有新的发现、新的收获。也可以捆绑推送,当用户在图书馆检索系统查得自己所需的某种文献时,还能获得根据用户借阅(或下载)次数和推荐指数排名显示的"相关推荐""读者推荐",如网易绑在每篇新闻后的"关键词阅读"和"48 小时评论排行"就可资借鉴。图书馆虽不可能对各种专业文献都做较深入报道,但完全可根据学校办学特色,引进部分高素质学科馆员,深入文献信息的知识内容,开展专业化服务,不求全、多、浅,但求深入、可靠、系统,在某些专业上、专题上、领域里,能发挥图书馆网站的独特优势。

图书馆作为高校文献信息中心应能对世界风云变幻、社会发展起伏、学科发展前沿、行业最新动态做出及时有效的反映,以满足用户需要。它可能也每天关注时事、捕捉热点,但它所提供是经过学科馆员精心筛选、提炼和组织的报道,更具学术价值,更加全面、系统和有深度。例如,关于钓鱼岛问题,可选择媒体较有影响的报道作为主题文献,再通过相关链接文献,遵循适度、精粹的原则,把相关历史背景文献、国内外有代表性的不同报道和相关评论、研究论著推荐给用户,让用户全面、客观、深刻了解这一问题的历史渊源、来龙去脉和发展趋势,避免浅尝辄止和产生"跟着感觉走"的离散化阅读倾向。

---

① 涂文波. 大学图书馆数字资源需求与服务的读者调查及分析[J]. 大学图书馆学报,2008(5):86 - 88

（4）赏心悦目，说用户开心的话

从用户角度看，打开图书馆主页能感受到页面的美观、简洁、协调，界面友好，语言通俗，重点突出，分类简明，能迅速获得他们所需要的信息，找到他们通过别的途径难以得到的文献，就会产生欣喜不已的成就感，进而产生对图书馆网站的信任感，继续利用的热情与信心就会油然而生并沉淀在心。

可持续的对话不仅能满足彼此需要，而且是轻松、惬意和充满情趣的。我国高校馆网站的表述用语不仅主要是文字，而且普遍单调、死板和枯燥乏味，实在是莫大的憾事。据媒体报道，2013 年 6 月 23 日下午，用户打开中国人民大学首页，眼前一亮，呈现在眼前的不再是传统高校主页那种文字为主严肃、沉闷、刻板的版式，而是一位身披黑红搭色学士服的毕业女生那笑靥如花、美丽动人的回眸图，立刻引发网友疯狂点击，并很快导致网络瘫痪。话语方式的改变，立刻产生了完全不同的对话效果。官方回应说，这体现了学校以人为本的理念，展示了学子风貌。这的确是很符合高校性质的回答。图书馆网站是为用户而建，也应以人为本，但绝大多数主页的主题背景图片都是图书馆僵硬、冰冷的建筑，20 所重点大学图书馆主页只有北京大学图书馆和中南大学图书馆能在某个角落依稀看到小得微不足道的人的身影，虽不能明显表意，但还是让整个页面产生了灵动感和生活气息，且能迅速拉近与用户的距离，可见中国人民大学主页所体现的美的理念对于提升图书馆网站的对话性格具启示意义。

人的审美活动主要是一种感性直观活动①，这与用户网络阅读的直觉把握正好一致。由于网页内容的表层信息与深层意蕴的丰富性，能使用户与网页之间形成一种超越功利目的的审美关系，积极投入自己的情感，并从阅读过程中获得种种审美体验。例如，用户对网页的版式设计与色彩、线条配置的喜好，与文章思想情感共鸣的欢欣，与网民分享思想感情的兴奋，通过阅读获得意外发现的惊喜，视野得到拓

---

① 朱立元．美学[M]．北京：高等教育出版社，2001：243

展而产生的内心敞亮等。可以说,用户访问利用图书馆网站的过程也是一个审美体验的过程,图书馆理应赋予其更多审美特性。

个性与情感就是美①。图书馆可从本馆用户主流需要出发,设置能体现服务特色的栏目;设计独具个性的网页风格,让每个网页的每行文字都能与富有情感意味的色彩、线条和图形有机融为一体,体现出符合整齐一律、均衡对称、松弛有度、对比调和等规律的审美组合,让用户每每打开都会感到清新和优美,从而萌生驻足欣赏的愿望。

我国汉字是点线结合的方块字,且有大量象形字,具有独特的造型美;汉语读音悦耳响亮且抑扬顿挫,具有独特的音乐美;汉语语词极其丰富,同义、近义、多义、双声、叠音、叠韵,极富表现力和诗意美。例如,参考咨询就可表达为"读者咨询""读者提问""向馆员提问""问馆员"等,图书馆可选择最适合用户的表达;又如浙江大学图书馆读者服务中的"科技查新""读者培训""查收查引""书刊捐赠""远程访问",不仅整齐而且押韵,可惜一个"情报信息服务"破坏了这种美感。总之,如果图书馆网站能充分发挥汉语独特的审美特性来表达,并多些温馨,一定会更具可读性,能更好吸引用户细细品读,且一读便能产生审美愉悦感。

(5)开放互动,让用户也说话

从现代阅读理论看,图书馆网站作为一种读物,其现实意义需要通过与用户的对话才能实现,本身是一个开放的没有完成的召唤式结构②,召唤着用户的访问、阅读和利用,期待着用户参与生成和建构意义。因此,图书馆网站不应该是封闭的,它要打开大门让用户来留下他们的足迹,必须关注每个网页的用户访问量、每项服务的利用率。

---

① 胡辛,邓煜.心在电影之梦中飞翔——张艺谋与斯皮尔伯格的美学追求比较[J].南昌大学学报(人文社会科学版),2005(2):118

② 曹明海,宫梅娟.理解与建构——语文阅读活动论[M].青岛:青岛海洋大学出版社,2000:16-17

对话须"对"，须面对用户说。例如，"本馆概况""图书馆概况""参考咨询""留言板""图书馆规则"明显是以馆为中心的言语表达，而"关于我们""联系我们""向我们提问""请您留言""读者指南"，则意味着面对"你们"，是对"您"、对读者说，具有明显的对话意味。

对话须"对"，须让用户也说话，也尽情表达。用户访问图书馆各个网页、利用各项服务，都有跟网页、跟图书馆直接沟通交流的需要，他们的感受、他们的看法随时都需要表达，需要与人分享，他们期待着自己的经验能得到其他用户的认同和共鸣，自己的意见能得到图书馆的尊重和响应，图书馆也需要得到用户的反馈，了解他们用与不用的理由，以便改进自己的服务，所以图书馆每个网页、每项服务都应赋予用户发言的机会和权利，提供方便的咨询路径供他们及时咨询。例如，新浪网的"我有话说"、凤凰网的"网友评论"，一般留出窗口让他们留言、评论、讨论，甚至还可通过"欢迎留言！""您的看法？"等方式邀请用户发声。还可借鉴一些媒体网站的经验，对于图书馆每个网页正文后都提供可用的工具让用户表达满意与不满的表情、支持与反对的评价，例如，环球网的"选择阅读此新闻时的心情"，凤凰网给一些有影响的新闻报道附上网友态度的在线调查，都有参考价值。此外，还可提供"读者推荐"等相应平台让用户分享和推荐他们认为有价值的相关文献，从而让用户直接参与到网站建设中来。

对话须"对"，图书馆应积极、平等参与到用户的对话之中去，并及时回应用户的诉求。可以服务者的名义及时解答用户的问题，认真反馈用户提出的意见建议；也可以用普通网友的身份跟用户交流和展开讨论；还可以意见领袖的角色传播文献信息检索与利用的基础性知识，积极引导用户舆论的走向。

总之，如果图书馆网站能够让用户体验到被尊重、被接纳，那么用户也会信任和接纳图书馆网站。

结语

赋予高校图书馆网站对话性格，就是要改变其长期自我封闭、自我满足的独白言语状态，使其适合与用户对话，适合用户搭讪，让用户不仅有兴趣关注、愿意聆听、能够理解和乐于接受,而且还有话可说,也有机会能够没有任何约束的尽情说,从而成为用户积极参与对话的话语作品。一句话,就是要进一步提升高校图书馆网站的服务能力,使其更适合用户访问、阅读和利用,更好满足用户文献信息需要,以提高其资源与服务的利用率。

5 让参考咨询服务更具参考意义

5.1 对参考咨询服务内涵的重新审视

5.1.1 对于参考咨询服务的一般理解

（1）参考咨询服务的内涵

参考咨询一词最早来源于英语的"reference service"或"reference work"。随着科学技术尤其是信息技术的发展与进步，参考咨询中信息服务的比重日益增加，随之出现了"information service"或"reference and information service"。有的高校图书馆也把参考咨询服务部门称为信息咨询部。参考咨询是图书馆员对用户在利用文献和寻求知识、情报方面提供帮助的活动，它以协助检索、解答咨询、专题文献报道、情报检索服务等方式向用户提供事实、数据和文献线索[①]。参考咨询工作被认为是信息时代的产物，是伴随信息技术的发展与社会信息量的激增、社会对情报信息需求越来越多样化和个性化、越来越注重情报信息的及时性、针对性、有效性和完整性而逐步提升其价值的。

如果说图书馆是高校文献信息中心和情报中心，其价值就应该体现在文献信息服务与情报服务上，那么参考咨询服务的价值就在于能充分发挥图书馆的文献信息情报功能和实现图书馆的文献信息情报价值，至少可以帮助读者或用户扩大文献信息利用视野，提高文献信息利用效率，减少或避免文献信息搜集和利用过程中所走的弯路。这就要求参考咨询服务者能主动走近用户、联系用户，积极开展用户需

---

① 马远良. 参考咨询工作［M］. 北京：北京图书馆出版社（今国家图书馆出版社），2000：2

求调查,与用户直接进行交流与对话,了解其需求,倾听其意见与呼声,甚至与其互相切磋、互相启示、互相合作,以促进图书馆的馆藏资源建设、不断提高图书馆各项服务工作的质量和水平。

参考咨询服务不同于流通服务,它主要不是将各种馆藏原始文献直接陈列出来让用户自由选择,各取所需,而是要针对用户个性化需求提供深层次的文献信息服务。这种深层次服务主要体现在能根据读者或用户需求,充分发挥丰富的馆藏文献信息资源优势,对文献信息进行分析、研究、使文献信息价值得到深层次的发掘和升华,对无序、无限的文献信息进行筛选、组织并进行深层次加工与整理,通过挖掘信息、转化信息、提供知识,开发出有利用价值的知识信息产品,为教学、科研和经济建设服务,体现出图书馆用户服务水平的高度与深度,同时也能促进馆藏文献信息资源的流动,使之成为可用的源源活水。

参考咨询服务是为用户提供的深层次文献信息服务,因而是图书馆深化服务内容、提高服务层次的前沿阵地,成为体现图书馆服务功能的窗口。参考咨询工作开展得如何,是衡量图书馆读者服务能力和服务质量的重要标志,是衡量图书馆为教学科研服务水平的重要标志,也是衡量图书馆社会地位和影响作用的重要标志,所以这项服务工作一直被认为是图书馆服务工作的"精髓"和"心脏"[1]。

(2)高校图书馆参考咨询服务的特点与趋势

总体而言,高校图书馆参考咨询服务具有如下特点:

1)服务对象的广泛性

参考咨询服务的对象不限于校内用户,也面向社会不同地域和领域的各个层次的用户,不仅可以服务于学校教学、科研与管理,还可以为当地党政领导机关提供决策情报服务,为高新技术和重点科技项目提供情报服务,为市场经济和社会生活提供信息服务。就是说,无论是校内还是校外的用户,无论他来自哪里,无论他从事何种职业,只要有文献信息需求都可以寻求和接受图书馆的参考咨询服务。例如,近

---

① 李惠珍. 高校图书馆的参考咨询工作[J]. 图书馆论坛,1991(2):49

年来,北京师范大学珠海分校图书馆参考咨询部不仅为学校领导决策和管理制度制定提供了不少参考资讯服务,而且还面向珠海市的基础教育推出了"基础教育信息服务"项目,虽然只是一些简单尝试,但具有积极的意义。

2)服务方式的主动灵活性

参考咨询工作被看作是图书馆最具活力的一项用户服务工作,它不能只是像阅览室那样等待读者来各取所需,而是要主动走向用户,走近读者:经常主动开展各种用户需求情况的调研,它对用户的需求不仅有十分敏感的反应,而且能适时伸展出自己的服务触角,为读者或用户提供灵活多样的服务①;经常主动向用户提供各种文献信息资源的参考资讯,引导他们正确、充分利用各种文献信息资源,不断提高他们对文献信息资源的利用意识、能力和效率;经常主动了解并随时关注学校教学与科研动态,适时为有关部门的教学与科研活动提供有针对性的专题情报与咨询服务。在服务方式上,除了通过咨询台向读者现场解答各种疑问和满足用户各种需求外,还可以通过电话、网络、报纸、橱窗、邮件等各种方式为读者或用户服务。

3)服务内容的针对性和服务功能的指导性

参考咨询服务要实现与用户的直接联系、沟通与对话,满足各类用户的特定需求,其服务的全过程都具有很强的针对性。面对浩如烟海的文献信息,用户常常不知所措,图书馆就要通过参考咨询服务为用户提供包括专题检索、定题跟踪服务、科技成果查新、情报调研、网络导航、编制专题数据库、宣传服务、读者培训等内容的综合性信息服务②。参考咨询服务经常要给用户提供各种文献信息资源的参考资讯,要指导用户利用图书馆各类资源的方法与途径,要解答用户利用图书馆各种资源所遇到的问题。无论是解答用户咨询,还是组织各种形式的文献信息资源利用的指导与培训,还是为用户提供文献检索、

---

① 夏侯炳.参考咨询功能论[J].中国图书馆学报,1997(1):14
② 吕佳.新时期的参考咨询服务[J].图书馆建设,2001(3):71－72

专题文献报道以及提供事实、数据及文献线索等服务,都是针对特定用户的特定需要而展开的,具有很强的个性化特征,从而使这项工作成为发挥图书馆情报功能、开发文献资源、提高文献利用率的重要手段。

4)服务水平的高层次性

参考咨询人员要做好参考咨询服务工作,就必须非常熟悉馆藏情况,能采集资料并进行学术研究,能从事包括采访、编目、推荐、导读以及研究等各个环节上的咨询服务。这是一个全方位参与和协作的工作过程,其业务范围几乎涉及图书馆的各个业务部门。如果说现代图书馆的服务工作已经不再仅仅是停留于书刊的借阅服务层面上,它已经实现了从馆藏借阅型到信息服务型的功能性转变,那么参考咨询服务的重要意义就在于将馆藏静态的文献信息进行高水平的开发、加工并输送出去,同时接收各种动态的信息,进行再加工、再输送,以此来促进文献信息的流动,这就使参考咨询服务给读者或用户提供的服务带有很强的知识性、智能性和学术性[①]。它要努力提高文献信息资源开发利用的广度、深度和难度,要满足广大用户各个层次的文献信息需求,以取得最佳的社会服务效益。它为用户所提供的文献对象,已经突破了文献、文献知识和文献检索范畴而扩展到文献研究成果、决策参考方案、研究报告等信息产品以及信息技术服务。为了满足各类用户的不同需求,它不仅要给用户提供各种原始文献,还要根据特定用户的需求,对纷繁无序的文献信息加以鉴别、筛选,进行深层次加工与整理,为用户提供二次、三次文献。参考咨询服务不仅要积极服务于学校的教学与科研,而且自己还要积极参与各种教学与科研活动。例如,要给学生开展文献检索课教学,要参与校内外的各种学术研究与交流活动;要为学校有关决策部门提供决策依据,围绕学校的发展规划、有关学科的教学与科研、课题与专业课程的建设与设置等方面提供参考信息,也要为某个课题、某门课程提供参考资料;此外,还要

① 林华.世纪之交的参考咨询工作[J].四川图书馆学报,1998(5):54

开展各种针对读者或用户的文化活动,担负起提升图书馆的文化品位、扩大图书馆社会影响力的重要使命。

咨询台无疑是图书馆开展参考咨询服务工作的主要平台,承担着资源宣传与推广、解答用户各种资源利用问题、对用户进行辅导教育、为用户代查代检文献等任务。用户教育是提高图书馆利用率最有效的途径,主要包括新生入馆教育、各种数据库利用培训、与课程相结合的嵌入式辅助教学、个别或小组辅导以及图书馆独立开设的文献信息检索课教学等。其中课程辅助教学与文献检索课均属于学分课程,以选修为主,但也有部分高校将其列为必修课。

参考咨询工作归根到底就是要努力实现图书馆馆藏文献资源特别是数字资源的利用率。以美国为代表的西方国家图书馆参考咨询工作就主要是由以参考咨询台为主的情报服务、以与课程相结合为特色的用户教育和以数字图书馆为核心内容的研究工作三部分组成①。我国香港地区也采取的是这种服务内容与方式。我国高校图书馆参考咨询工作也不同程度承担着西方国家高校图书馆的服务职能,但服务内容更加广泛和多样化。虽然不同高校图书馆根据自己学校读者的特殊性有着自己不同的服务内容,但都不同程度把为学校教学与科研提供参考信息服务作为自己服务的一项重要职能,因而代查代检、定题服务、科技查新等服务是参考咨询服务必不可少的重要内容,有的高校图书馆还努力为校内外决策部门提供信息支持,使信息服务成为管理决策的参谋和智囊作用。

值得注意的是,我国高校图书馆参考咨询服务正呈现出以下发展趋势②:

参考咨询知识化、个性化、专业化趋势。用户已经不再满足于信

---

① 蒋永新. 当前美国高校图书馆参考咨询工作述略[J]. 图书情报知识,2002(1):73

② 黄智武. 高校图书馆参考咨询服务现状与发展的再思考[J]. 晋图学刊,2005(4):58

息利用一般问题的咨询,而是越来越多提出比较专业的富于个性化的需求,因此图书馆不能满足于过去帮助查找到所需文献然后直接传递给用户的服务,而是需要根据用户提交的问题进行检索后对检索的文献进行加工、提炼形成新信息产品后再传递给用户,给予用户的是比较专业的知识和知识的理解,这个过程更加体现出用户需求的个性化并融入了参考咨询员的专业知识和创造性智力劳动,体现出很强的专业性。这就使参考咨询员的学科背景成为必然要求,学科馆员制度也就成为必然的趋势。

参考咨询的数字化、网络化趋势。这种建立在网络基础上的将用户与专家以及专业知识联系起来的问答式服务,突破了传统咨询服务的时空限制,使服务方式更加更灵活。

参考咨询服务的社会化趋势。目前,许多高校图书馆都已经面向当地社会用户开放,这就使参考咨询服务对象不再只是本校师生读者,也包括来自企业、事业单位、机关、学校等的读者和用户。不仅如此,完成参考咨询服务的也不仅仅是本馆专业咨询员,学校的学科专家、其他高校的专家乃至社会单位的专家都可能参与到整个参考咨询服务系统里来。

参考咨询服务的主动性趋势。现代社会由于互联网的普及,信息技术的飞速发展,读者或用户获得文献信息的途径已经多样化,如果图书馆员继续等待,那就只会无所事事。因此,图书馆参考咨询服务必须从被动等待,向主动推介、主动帮助发展,服务局面要靠主动开拓才能打开,资源价值要靠主动推介才能得到理解和认可。

5.1.2　从用户角度审视参考咨询服务内涵

图书馆丰富的馆藏资源只有被用户充分利用才有意义。经验表明,用户没有利用图书馆资源与服务,往往并不是他们不需要,而是他们不知道、不了解。如何帮助用户尽可能知道、了解并有效利用图书馆资源与服务,提高馆藏资源利用率,是任何高校图书馆都必须面对的重要问题。参考咨询服务就是发挥图书馆信息服务职能、提高馆藏资源利用率的重要手段①。

"参考（reference）"一词在《现代汉语词典》里是指"为了学习或研究而查看有关资料"，属于人们学习研究过程中的文献利用活动。英语的"reference"在各种英语词典里除了"参考""查阅"等意外，还有"推荐人""出处""揭示""指引"等意，故揭示文献利用价值，为用户的学习与研究推介相关文献、提供获得相关文献的路径与方法也是参考咨询服务的应有之义。所以参考咨询实质是以文献为基础，通过个别解答的方式，有针对性地向读者提供具体的文献、文献知识或文献途径的一项服务工作②。

新版《中国大百科全书》对这一服务做了全面而经典的界定：参考咨询服务是图书馆员对用户在利用文献和寻求知识、信息方面提供帮助的活动，它以协助检索、解答咨询和专题文献报道等方式向读者提供事实、数据和文献线索。可见，参考咨询不同于一般的问题咨询，它以知识和文献为根据，以协助检索、解答咨询和专题文献报道为手段，以提供事实、数据和文献线索为内容，是介入用户学习、研究过程的较深层次的具有"参考"意义的帮助活动。

目前，参考咨询虽有多种不同界定和阐释，但大都认同这一服务应具参考性：即主要满足的是用户个体需求；问题来自用户学习与研究过程中；答案需要以文献或文献利用为依据；内容是能满足用户需要的事实、数据或文献利用线索；需要专业咨询馆员回答。如果咨询问题与用户学习与研究无关，与文献或文献利用无关，就属于非参考咨询了；如果咨询问题任何馆员都能回答，那么参考咨询服务就失去了独立存在的意义。图书馆是高校文献信息中心，咨询馆员相对于用户来说，最大的优势就是文献信息优势，完全可能满足用户学习与研

---

① 马远良．参考咨询工作［M］.北京：北京图书馆出版社（今国家图书馆出版社），2000:7

② 北京大学图书馆学系，武汉大学图书馆学系．图书馆学基础［M］.北京：商务印书馆，1981:197

究工作中的深层次文献信息需求。

如果从用户角度看,"参考咨询"这一术语普遍被各高校图书馆网站所采用,是一件令人费解的事。用户在利用图书馆资源与服务过程中确实有很多问题需要咨询图书馆员,但咨询就是咨询,何为"参考咨询"?用户咨询所得的答案,毫无疑问都是他们利用文献资源学习、研究过程中的参考信息,无须特别强调,图书馆为何要强调咨询的"参考"性?这种强调无疑会让用户产生歧义的理解:参考咨询是不是对所咨询的问题有特殊要求?什么样的咨询才属于参考咨询?于是他们对"参考咨询"采取了敬而远之的态度。至于有的图书馆网站叫"网上虚拟咨询"就更让人莫名其妙了,网上咨询已经表意很清楚了,网上"虚拟"咨询有什么特殊意义呢?如果图书馆员告诉用户说,参考咨询就是用户利用图书馆资源与服务有什么问题需要帮助,可以问图书馆咨询员。那么用户就会认为,何不说"咨询台""读者咨询""用户咨询"或者"问图书馆员",意义不是更清楚明白,而且可一目了然嘛!为什么一定要说参考咨询故弄玄虚呢?

毫无疑问,无论从参考咨询字面的汉语意义还是从图书情报专业意义看,参考咨询之所以叫参考咨询,显然有区分这种咨询不同于一般问题的咨询,有强调咨询内容与服务结果给予用户具有"参考"意义的意图,它确实是一种有一定特殊性的咨询服务。就是说,这种咨询服务为用户所提供的答案,是有参考意义的答案,或者说能够为用户的学习与研究工作提供有参考意义的信息。但是从用户角度看,如果这种服务有自己的特殊性,那么就应该把这种特殊性给予明确说明,即当用户在图书馆或图书馆网站看到"参考咨询"服务这一服务标识时,能迅速了解其服务什么,是否适合自己的咨询需要。就是说,图书馆要么将用户咨询分层次或分类处理,即一般问题如何咨询,参考性问题如何咨询,用户均有清楚的、便捷的路径;要么就不要用参考咨询、虚拟参考咨询之类的专业术语来"吓唬"用户。

基于以上理解,参考咨询服务可以认为是"参考咨询"服务,也可拆分成"参考服务"和"咨询服务"。参考服务是图书馆参考馆员根据用户需要主动提供的有参考意义的服务,如参考资讯服务、情报服务等,而咨询服务则是咨询馆员接受用户提问而提供的服务,只有用户提问,服务才有了可能,如果用户不提问,则没有服务的机会;前者是主动的服务,后者是被动的服务。

参考咨询所服务的内容必须是为用户学习、研究过程中所需要的文献信息或知识信息,因为只有用户有需要,才会有参考的必要;参考咨询服务为用户所提供的文献、信息或答案是有参考价值的,而要有参考价值,就得保证答案内容是可靠的,所谓答案可靠当然不是指服务馆员的想当然或者主观认为可靠就可靠了。在用户看来,这里所谓可靠,主要是指图书馆所提供的答案是有可靠文献依据的,即使服务馆员没有找到第一手资料,只能通过工具书或者二次文献提供答案,也应当将文献来源提供给用户,让用户自己阅读、判断,这一方面是尊重用户对知识的理解和选择权,另一方面也是让用户确信所提供的答案是有根据的,确实是有参考价值的[①]。至于服务馆员所提供的服务到底是否有参考价值,最终还得由用户自己来判断,而不是图书馆员自己认为,事实上图书馆员也无法代替用户的判断和选择。尽管如此,只要保证答案有可靠依据,就是保证服务参考意义的关键,也是保证服务利用价值的关键。

5.2 高校图书馆参考咨询服务现状与思考

5.2.1 高校图书馆参考咨询服务现状

我国高校图书馆参考咨询服务现状并不理想。有论者认为,我国高校图书馆参考咨询服务的组织与实施,大都采用以馆藏文献资源为基础的问题咨询和坐等用户上门的"阵地式"服务模式,过分强调馆藏

---

① 马远良.参考咨询工作[M].北京:北京图书馆出版社(今国家图书馆出版社),2000:16

文献系统,忽视个人信息需求的多维性和层次性,造成"馆员热情服务,用户淡泊需求"问题①。加利福尼亚州立大学的美籍学者卢惠馨教授也曾指出:"参考咨询服务的观念在中国图书馆界还没有真正建立起来;高质量的、有特色的交流与对话还很欠缺。"②我国高校图书馆虽然都广泛开展了参考咨询服务工作,但依然还是一个比较薄弱的服务环节,深层次的规范化的咨询服务体系还没有真正确立,参考咨询的情报职能也没有得到很好的重视和发挥。

以北京师范大学珠海分校图书馆为例,参考咨询服务从 2003 年建馆之初就开始了,十多年来,参考咨询部一直试图从以下几方面拓展和深化参考咨询服务:第一,为了努力提高馆藏文献资源利用率,联合馆内有关部门建立了文献信息资源报道体系,通过选编信息快报、提供专题书目、索引、文摘、综述等形式,为用户报道、宣传、推荐各种新书和数据库,并通过网站、制作活页和报纸、设计海报、举办专栏等向用户发布,甚至通过校内通信系统向用户推送;建立了文献信息资源利用服务体系,通过咨询台与咨询办公室解答用户咨询与指导、办了网上读者园地,开展网上学科资源利用导航服务,定期或不定期举办新生入馆教育、"每周 60 分"的资源利用培训讲座、面向全校本科生开始了信息检索与利用公共选修课;也建立了用户利用情况的反馈机制,通过各种途径主动与用户加强联系,积极开展用户调研活动,了解用户资源需求、服务要求、用户意见,及时反馈给馆内有关部门加以调整和解决。第二,积极了开展深层次文献信息服务,包括代查代检服务、定题服务、学科情报及重点学科跟踪报道服务、专题信息报道与服务、教学参考与管理决策资讯服务(如管理决策资讯、教学参考信息咨询、基础教育信息服务等),每月编辑包括考研资讯、留学资讯等内容

① 马丽华,王丽娟,张桂山等. 高校图书馆参考咨询服务中信息服务超市模式研究[J]. 情报科学,2010(5):670 – 673
② 王忠惠. 高校图书馆咨询服务机制的探源及其运作[J]. 图书馆论坛,1996 (1):36

的《小知鸟》小报以及每学期编辑一期《教育信息参考》等。第三,开展了各种读者文化活动,如读书活动、专题书展、书评、专题征文、学术讲座、知识竞赛、图书漂流活动等。从形式上看,可以说丰富多彩、有声有色。然而服务效果却难尽如人意。有统计说国外先进大学图书馆仅咨询服务量月均就达到 300 以上人次,而北师大珠海分校图书馆2013 年月均接受咨询不到 200 人次,且咨询内容主要是"办公室在哪里""卫生间在哪里""如何上楼"类的非知识甚至非馆藏文献信息问题;代查代检、定题服务的服务量少、层次低,举办的学术讲座和数据库利用培训绝大多数场次都少有读者捧场,还有很大比例的学生直到毕业也不知道图书馆有数据库可用。这一方面是由于用户参考咨询服务的需求量并不大,服务内容不适合用户的胃口;另一方面也由于服务宣传还没有向纵深发展,仅限于浏览量不大的网站和不能引人注意的海报,导致用户不知道、不利用、不参与。尽管图书馆一再要求参考咨询工作必须主动打开服务局面,必须加强与用户的联系,但咨询馆员仍比较缺乏这种意识和能力,只能在办公室消极等待用户的到来,而不能主动跟用户建立联系、跟用户沟通交流,导致工作局面难以打开,甚至无事可做。

当然北京师范大学珠海分校属于独立学院,以应用型人才为培养目标,影响了学术性文献信息的利用率。那么重点大学情况是否是另一种局面呢?为全面了解高校图书馆参考服务现状,笔者调查统计了 2014中国大学排名前 20 的高校图书馆官方网站的参考咨询服务开展情况。

(1)咨询栏目设置情况和咨询方式

表 5 - 1 显示,我国 20 所重点高校图书馆中设置了用户咨询专栏的有 15 所馆,可见多数馆都很重视咨询服务,其中南京大学、华中科技大学、西安交通大学图书馆设置了多个专栏,表明其高度关注用户咨询需要。在咨询方式上,11 所馆提供了 QQ 等在线实时咨询,18 所馆提供了电话咨询,11 所馆提供了 E-mail 咨询,17 所馆提供了 FAQ服务,7 所馆提供了面对面咨询(也许有的馆已提供了面对面咨询,但没有在网上反映出来,这里只是统计各馆官方网站提供的信息),只有

2 所馆提供了表单咨询。由此可见,我国高校图书馆普遍重视在线咨询、电话咨询和 FAQ 服务,对于邮件咨询、BBS、留言咨询方式大都不在意,尤其是表单咨询多数馆都已不再提供服务。值得注意的是,有 4 所馆的栏目名称是参考咨询,9 所馆的常见问题名称是 FAQ,"参考咨询"和"FAQ"是什么意思,对于普通读者或用户来说,是难以理解的。设置这种名称没有考虑用户是否能理解和接受。

表5-1 20所重点高校图书馆参考咨询服务情况

咨询方式／图书馆名称	咨询专栏	咨询方式							
		实时	电话	E-mail	留言	BBS	FAQ*	当面	表单
北京大学图书馆	咨询台	√	√	√		√	√		
浙江大学图书馆	咨询服务		√	√	√		√	√	
清华大学图书馆	咨询	√	√				√	√	√
上海交大图书馆					√	√			
复旦大学图书馆	咨询台	√	√	√					
南京大学图书馆	咨询台参考咨询	√	√	√			√	√	
武汉大学图书馆	咨询服务	√	√	√			√		
四川大学图书馆			√		√		√		
中山大学图书馆	咨询台	√	√	√			√		√
山东大学图书馆			√	√			√		
华中科大图书馆	咨询台虚拟参考咨询咨询馆员		√	√			√	√	
哈工大图书馆	咨询服务	√	√		√		√		
吉林大学图书馆			√						
南开大学图书馆	咨询服务	√	√				√		
中科大图书馆	问图书馆员	√	√		√		√		

续表

咨询方式＼图书馆名称	咨询专栏	咨询方式							
		实时	电话	E-mail	留言	BBS	FAQ*	当面	表单
西安交大图书馆	咨询台参考咨询		√				√		
中南大学图书馆			√	√					
东南大学图书馆	参考咨询		√				√		
中国人大图书馆	咨询台	√	√		√		√		
大连理工图书馆	咨询热线		√				√		
总　　计	15	11	18	11	6	3	17	7	2

*需要说明的是,其中北京大学、复旦大学等7高校馆栏目名称为"常见问题",浙江大学、清华大学等9高校馆栏目名称为"FAQ"。

(2)咨询服务内容

统计20所重点高校图书馆网站相关栏目,只有西安交通大学图书馆明确说明了服务内容(见表5-2),其他馆都没有明确说明服务内容。由于西安交通大学图书馆咨询服务栏目名称是用户费解的"参考咨询",因此明确说明服务内容,无疑是很有必要的。从服务内容上看,该校图书馆基本上全是文献检索、科技查新、文献传递、咨询解答和文献检索培训与教学等参考咨询服务的传统服务项目。

表5-2 西安交通大学图书馆参考咨询服务内容①

为本校教学、科研提供各种信息咨询检索服务; 科技查新服务; 文献传递服务; 各种日常咨询服务,包括虚拟参考咨询、电话咨询、邮件咨询等; 文献检索与利用教学与读者培训服务; 面向社会提供各种信息服务。

———————

① 西安交通大学图书馆—参考咨询[EB/OL].[2014-12-10].http://www.lib.xjtu.edu.cn/custom.do? id=186

　　大多数高校图书馆虽然没有提供明确的服务内容说明,但通过其官方网站所设置的相关栏目可以看出其服务内容的广度与深度。表5-3显示,20所重点高校图书馆开展的参考咨询服务内容普遍较丰富,服务项目最多的北京大学达7项,服务项目最少的也有3项,服务项目为5项及以上的达17所馆,占被调查高校馆的85%。再次显示多数高校图书馆都是比较重视参考咨询服务的。其中服务最普遍的项目是用户培训服务、科技查新服务以及馆际互借与文献传递服务,开展这三项服务的高校图书馆分别达到19所、19所和18所;开展文献检索课教学服务的高校图书馆也较多,达13所;开展查收查引服务的也有10所。尤其值得注意的是,开展学科服务的高校图书馆竟然有15所,可见服务学科化、专业化趋势已经被多数馆所接受。传统那种简单的文献代查代检服务较少,只有3所馆还在坚持此项服务。另外,清华大学、上海交通大学和南开大学图书馆开展了用户调研工作,重视用户需求与反馈,无疑值得肯定,而中国科学技术大学图书馆把"英才论坛"也放在图书馆服务里,颇具创新意味。

表5-3　20所重点高校图书馆参考咨询服务情况

服务项目／图书馆	参考咨询服务项目								合计
	读者培训	科技查新	查收查引	馆际互借文献传递	学科服务	代查代检	文献检索课程教学	读者调研	其他服务	
北京大学图书馆	一小时讲座	√	√	√	√		√		研究咨询	7
浙江大学图书馆	用户培训	√		√	√		√			5
清华大学图书馆	培训讲座	√			√	√	√	√		6

续表

服务项目 \ 图书馆	参考咨询服务项目									合计
	读者培训	科技查新	查收查引	馆际互借文献传递	学科服务	代查代检	文献检索课程教学	读者调研	其他服务	
上海交大图书馆	滚动培训 院系专题培训 嵌入教学 信息素质培训 讲座培训	√			√		√	√		5
复旦大学图书馆	读者培训	√	√	√	√		√			6
南京大学图书馆	读者培训 90分钟讲座	√		√						3
武汉大学图书馆	教学与培训	√	√	√	√		√			6
四川大学图书馆	讲座预约系统	√		√	√	√	√			6
中山大学图书馆	读者培训 信息素养讲座	√	√	√	√					4
山东大学图书馆	教学与培训 （电话预约讲座）	√		√	√		√			5
华中科大图书馆	读者培训 网上培训教室	√	√	√	√		√			6
哈工大图书馆	教学与培训	√		√	√	√	√			6
吉林大学图书馆	教学与培训	√		√	√		√			5
南开大学图书馆	用户教育	√	√	√	√			√		6

续表

服务项目\n图书馆	参考咨询服务项目								合计
	读者培训	科技查新	查收查引	馆际互借文献传递	学科服务	代查代检	文献检索课程教学	读者调研	其他服务	
中科大图书馆		√	√	√	√				英才论坛	5
西安交大图书馆	教学与培训	√	√	√			√			5
中南大学图书馆	培训园地	√								3
东南大学图书馆	本馆讲座	√	√	√						5
中国人大图书馆	教学与培训专题讲座		√	√			√			5
大连理工图书馆	讲座信息	√		√						3
总　计	19	19	10	18	15	3	13	3	2	

（3）用户利用参考咨询服务情况

关于用户是否向图书馆员咨询过问题。2011 年,郑州大学图书馆付立宏等学者针对 15 个省市的 500 多名学生的调查,在回答"是否向图书馆工作人员以任何方式咨询过问题"时,67.3% 的读者选择了"是"。其中 58.1% 的读者反映他们提出的问题得到了解答,14.1% 的读者没有得到解答,27.8% 称有时得不到回答[1]。可见多数读者或

---

[1] 付立宏,邢萌. 高校学生读者享受图书馆咨询服务现状调查与思考[J].图书馆学研究,2011(16):67

用户是有咨询需要的,只是对咨询结果满意度不是很高,导致利用咨询服务的量较低。例如,来自复旦大学图书馆的问卷调查中,关于有的读者为什么不愿意向图书馆咨询的原因,该调查结果显示,36.2%的回答是"往往不能从(图书馆)工作人员那里得到满意的答复,不愿再问",19.1%的回答是"曾经有过或者耳闻目睹过不愉快的咨询经历",还有15.9%的读者选择了"有更好的咨询途径,比如同学、学长、老师等"①,由此可见一斑。再以北京师范大学珠海分校图书馆的统计为例,平均每天咨询量仅为7.66人次。浏览20所高校中部分有留言和BBS服务的图书馆网站,可见其利用率也较低。

关于咨询内容,复旦大学图书馆的问卷调查结果显示,读者用户最常咨询的内容依次为:无法获取所需要的印刷资源的原因(23.6%);图书馆的布局和馆藏分布(16%);印刷资源的查询方法(12%);图书馆资源和设施发生异常情况的原因(9.8%);无法获取所需要的电子资源的原因(9.5%);电子资源的查询方法(9.3%);图书馆的规章制度和使用规则(8.3%);被告知违规时寻求解释(5.3%);对图书馆的有关规章制度和规则表示不理解或者不接受(3.2%);在图书馆受到不公平或者不合理待遇需要申诉(3.2%)。可见主要以馆藏布局、借阅规则和文献检索等内容为主,涉及深层次的专业性的咨询需求较少。

5.2.2 走出参考咨询服务困境的策略

根据调查所显示的我国高校图书馆开展参考咨询服务的现状可见,用户利用参考咨询服务的意愿还是普遍存在的,但是服务利用率低、能够满足用户需要的程度并不高,要走出参考咨询服务困境,关键不在于服务项目的多少,而在于如何满足用户需要。为此,可从以下几方面努力:

---

① 刘绍荣,朱莉.高校图书馆读者咨询服务的现状调查与对策分析——以复旦大学图书馆为例[J].图书情报知识,2005(2):37−38

（1）便捷化服务

利用不方便应该是低利用率主要原因之一。当我们打开各高校图书馆网站,能够一眼看到醒目的咨询服务图标或者迅速能找到咨询路径的极少,多数馆都得通过"服务"或"服务指南"的一级栏目里打开"咨询台""参考咨询"或"咨询服务"或"联系我们"等栏目的二级栏目,才能找到咨询路径,极不方便。而许多图书馆虽然设置了咨询台接受用户面对面咨询,但却是远离阅览室或自习区单独设置,用户如果有问题,还得走很远的路程,方能到达咨询台,在阅览室或自习区打电话又不方便。在用户看来,他们需要咨询的问题,也许主要是些他们自以为小的问题,专门走一趟或打电话,大可不必,于是便放弃了咨询的念头。所以要提高咨询服务利用率首先要解决的问题就是咨询的便捷化,如何方便用户最快捷提问又能快捷获取答案。在笔者看来,图书馆主要服务是三大服务:一是文献服务;二是资源与服务通报;三是问题咨询。无论是图书馆网站,还是图书馆内布局与设施都要突出这三大服务,让用户无须寻找,便能迅速找到和利用,而不必转弯抹角。所以,图书馆网站一定要重点突出咨询服务,图书馆咨询台应设在读者最集中的区域,甚至直接设在各阅览室都距离读者最近的地方。

（2）专业化服务

无论是商品还是服务,都由于其品质的利用价值而受用户欢迎,更由于其稀缺程度而为用户所追捧,使利用价值不断被抬高。图书馆的参考咨询服务要提高服务效益,一个关键问题就在于其服务品质的专业性。换言之,就是这种服务很专业,能满足用户各种层次的文献信息需要,更重要的是,这种服务只有图书馆员能提供,社会其他服务机构虽然也能提供相关服务,但很难保证有图书馆这种服务的专业品质,就是说图书馆的服务也应具有稀缺性。那么这种稀缺性应如何体现呢?毫无疑问,应该具有专业知识和技术含量。当然,图书馆的学科背景决定,他们的知识和技术优势,都只能体现在图书情报专业领域,因此,其服务的专业性也只能体现在这一领域。有人认为图书馆的文献信息优势在信息时代很难再成为优势,笔者不同意这种观点。任何现象都有两面性,一方面用户通过互联网等途径获取文献的途径确实越来越多样化,越来越容易,但另一方面,信息的泛滥,也造成用户文献信息获取的难度加大。一个典型的例子是,当用户在百度检索框输入一个检索词,检索结果几十万条,但大多数都是没有什么价值的垃圾信息,费了很多时间和精力寻找和筛选,也难找到自己所需要的文献信息。在信息泛滥的情况下,在文献信息的海洋里,如何一检即得自己所需的文献;如何就已知或半知的信息能利用检索工具迅速找到其可靠的来源;如何就某个问题所检索出的相关文献能根据用户的个性化需求加以筛选,从而获取目标文献,这不仅是一个方法问题,也是一个技术问题,图书馆有必要利用自己的专业优势和技术优势加以解决。如果图书馆员能达到用户所需,能立刻给予可靠的有文献依据的答案,那么用户就不会再舍图书馆咨询服务而去百度查询了。

(3)服务性服务

所谓服务性服务,不是图书馆员列出服务项目,由用户来选择的服务,而是图书馆员主动根据用户学习和研究过程中的文献信息需要而开展的服务。就是说,图书馆员主动调查和研究用户在学习和研究过程中有些什么文献信息需要,及时为用户提供相关参考文献或文献信息报道,供用户选择利用或者直接帮助用户解决问题。这种服务有很强的针对性,是完全能满足用户需要的服务活动,因而有很高的利用价值。传统图书馆开展的课题跟踪服务,就属于这类服务。要实现这种服务,一方面需要图书馆员跟目标用户建立牢固的交往关系和信任关系;另一方面需要图书馆员与目标用户有密切的联系与沟通,用户学习与研究的任何动态都在自己的掌握中;另外,还需要图书馆员随时观察目标用户学习与研究过程中的文献信息倾向,或者说,图书馆员应经常开展用户文献信息需求调研,根据需求展开服务。只有及时了解用户需要什么,才能适应用户需要,提供有服务价值的服务,并为用户所重视和接受。

(4)感受性服务

所谓感,就是能感知、能理解;所谓受,就是能接受。就是说,图书馆提供的任何参考咨询服务内容与方式,都应该是用户能关注、理解和接受的服务。例如,许多高校图书馆网站上的"参考咨询"栏目名称,就让用户难以理解,他们不知道这是什么咨询,对自己有什么用,这种陌生化意识无疑会严重削弱他们利用的兴趣和意愿。又如"用户教育"这个概念也让用户望而生畏,难道用户还需要图书馆员来说教吗?用户每次利用参考咨询服务,都是对这种服务利用价值的一次切身体验,咨询馆员服务态度好,服务很专业,能够很好满足其需要,他们以后有问题有需要,就会继续咨询,甚至还会向周围的亲戚、朋友、同学等所熟悉的用户推荐,良好的服务口碑使用户范围越来越广、数量越来越多;相反,如果咨询馆员服务态度差,所提供的服务不专业,任何其他馆员甚至非图书馆员都能提供的服务,那么就很难满足他们需要,他们用了一次,就不会再有继续用的愿望,不好的口碑会使用户范围和数量越来越窄、越来越少。尤其值得关注的是,图书馆对于馆藏资源与服务的报道虽然做了很多工作,但用户却采取了视而不见、听而不闻的态度,如何让报道的每一个标题、每一句话都为用户所感知、所接受,也需要图书馆员的专业智慧。有的高校图书馆也做出了探索的努力。例如,东南大学图书馆于 2009 年就推出了一本以经典推荐导读、读者之间文化经验的分享为主要内容的电子期刊——《书乐园》,设置的主要栏目有:"读书偶得",以原创书评为主,风格不限,力求有真知灼见;"春秋掌故",以历史人物、历史事件、掌故等为主;"新书速递",以新书、新刊、新影片、新唱片、新闻报道等为主;"文海拾贝",以美文片段、华章警言、引文段落推荐为主;这本电子期刊主要是做书评和读书推荐,每期设立一个"主题",围绕主题组织经典图书、新出版图书的推荐和导读,同时征集并开展广泛的关于读书主题的讨论,吸引学生参与,同时建设相应的网站,让读者除了可以在每篇文章、文摘后进行留言评价以外,还可以到专辟的互动空间留言发帖子。该馆希望通过此刊能够促进大学生养成良好的阅读习惯,形成正确的阅读方向,在阅读中分享体会和感受,并且在目前网络化、动漫化、图解化阅读环境中,探索一种吸引和引导用户进行深层次阅读的导读新途径①。这种探索无疑是很可贵的,但遗憾的是只有图书馆怎样做,而读者接受程度如何,有什么反响,我们却没有看到,这无疑也是很遗憾的事。

5.2.3 独立学院图书馆参考咨询服务策略

独立学院图书馆伴随我国独立学院的发展,已有了十多年的历史,近年已成为业界关注的热点。我曾用 CNKI《中国期刊全文数据库》检索 2003—2013 年我国研究者发表的篇名含有"独立学院图书馆"的论文为 346 篇,其中 327 篇是 2008 年以后发表的。值得注意的是,从论文主题看,大多是讨论建设与发展问题,讨论参考咨询服务的仅 5 篇,且多是泛泛而谈,未能真实反映我国独立学院图书馆参考咨询服务现状,尤其是未能从独立学院用户对参考咨询服务的特殊要求来讨论参考咨询服务问题。

(1)独立学院图书馆参考咨询服务面临的困境

通过调查可见,当前我国独立学院图书馆参考咨询服务还很不理想,存在不少需要引起重视并加以解决的实际问题。

一是普遍不重视参考咨询服务。笔者曾访问并调查统计了 2012 年中国校友会网发布的中国独立学院排名前 10 的学校图书馆网站相关栏目(见表 5 - 4),只有 2 所馆设立了专门从事参考咨询服务的部门,只有 2 所馆提供了较丰富的参考服务项目,多数馆只提供文献传递或新生入馆教育或零星的培训讲座等服务。这一方面是由于我国高校图书馆一直有重藏轻用的传统,缺乏用户服务意识,多数馆习惯于坐等用户上门服务,不关心用户是否利用图书馆资源及利用过程中的困难;另一方面是由于独立学院是社会投资,在办馆经费上相对于

① 袁曦临,范莹莹,陈霞. 大学图书馆嵌入通识教育的实践探索——以东南大学为例[J]. 图书情报工作,2011(17):74 - 77

政府投资的公办大学图书馆要紧张得多,故减少咨询馆员配置也就成了降低办馆成本的一种手段①。当然,独立学院以教学为主,以应用型人才为培养目标,用户对参考咨询服务的需求相对较少,无疑也是一个不容回避的原因。北京师范大学珠海分校在全国是一所较有影响的独立学院,然根据表5-5的数据所示,该校图书馆2013年3—5月读者平均每天咨询量仅8.97人次,如此之小的利用量无疑也应该给予关注与思考。

表5-4　10所独立学院图书馆网站所示参考咨询服务情况

学校图书馆名称	部门	服务方式	服务项目
华中科大武昌分校图书馆	无	当面咨询、电话、留言板、E-mail	文献传递、专题讲座、南湖资讯
北师大珠海分校图书馆	有	当面咨询、QQ在线、E-mail、电话、留言	学科服务,读者专题培训、新生教育、信息检索课,文献检索与传递,参考资讯
华中科大文华学院图书馆	无	E-mail	新生教育、文献检索讲座
海南大学三亚学院图书馆	有	留言板,表单	读者培训,学科服务
四川大学锦江学院图书馆	无	留言板	新生入馆培训
吉林大学珠海学院图书馆	无	E-mail,电话	代检代传服务
云南师大商学院图书馆	无	留言	培训讲座
武汉科大城市学院图书馆	无	E-mail	新生入馆教育
浙大宁波理工学院图书馆	无	流通咨询台,QQ在线、E-mail、电话	咨询反馈、推送服务,读者培训(公共选修课、专题讲座、新生教育、院定必修课)
南京大学金陵学院图书馆	无	留言板、E-mail	

---

① 陈梅花.独立学院图书馆的发展现状及对策[J].图书情报知识,2004(6):46

　　二是服务方式难以满足用户深层次需求。现代社会用户的咨询方式已经多样化,然表5-4显示,10所独立学院图书馆只有3所馆提供了多种咨询方式,竟然有6所馆甚至连用户咨询电话也没有提供。由于汉语言的多义性特别是语境定义的影响,用户文字提问常常难以清晰表达意图,需要咨询馆员与用户之间进一步沟通,才能准确理解和把握用户的具体需求[①]。故面对面咨询、电话咨询及QQ在线咨询等即时咨询方式有助于咨询馆员满足用户深层次需要,而E-mail、留言板或表单等延时咨询方式因需要时间等待,使咨询馆员与用户之间难以获得及时有效沟通,甚至可能由于咨询馆员对问题的误解不能及时得到更正而影响服务质量。据统计,2007年,清华大学图书馆面对面咨询占总咨询量的74.3%,电话咨询占18.6%,网上咨询仅占7.1%[②],清楚反映了用户在咨询方式上的需求特点。笔者曾分类统计北师大珠海分校图书馆2013年3—5月咨询台的咨询问题,也呈现相似的结果:面对面咨询占咨询总量的77.31%,QQ咨询占19.08%,E-mail和留言板咨询仅占0.6%。然多数独立学院图书馆馆却只提供E-mail和留言板等延时咨询,显然不利于参考咨询服务的参考功能实现。

　　三是服务内容有明显非参考倾向。参考咨询不同于一般问题的咨询,它是以文献为基础,由咨询馆员通过个别解答的方式,有针对性地向用户提供具体的文献、文献知识或文献途径的一项服务工作,如果不需要以文献为依据,任何馆员都能回答,就属于非参考咨询了[③]。北师大珠海分校图书馆2003年就开始设立参考咨询部,经过十多年的实践,各项服务已渐趋成熟,是目前独立学院中参考咨询服务开展得比较全面和深入的图书馆,因此其服务情况能较好反映独立学院图

① 柯平. 信息咨询概论[M]. 北京:科学出版社,2008:139

② 刘素清. 让虚拟参考咨询服务走出困境、走向振兴[J]. 大学图书馆学报,2009(6):23

③ 郑勇. 让参考咨询服务更具参考性——高校图书馆参考咨询服务的现状与思考[J]. 图书馆论坛,2012(6):143-145

书馆参考咨询服务现状。然表 5 - 5 显示,北师大珠海分校读者咨询最多的是借阅规则、馆内部室方位等简单的非参考性问题,占咨询总量的 62.65% ,真正对于图书馆资源利用(馆藏问题、数据库利用、利用资源临时产生的问题)及为用户知识学习、文献检索提供帮助的参考性问题,仅占咨询总量的 30.32% 。这一方面是由于独立学院不以学术型、研究型人才为培养目标,加上传统的应试教育和灌输式、注入式教学方式,造成用户文献需求较少,影响了参考咨询服务利用率;另一方面,图书馆虽然通过学生手册、网页、新生入馆教育、指示牌、活页和宣传专栏等方式告诉了馆内布局、馆藏资源与服务,但用户却常常视而不见、听而不闻,依然不清楚借阅规则、馆藏资源,这种"无效告诉"也是造成非参考咨询的原因。另外,北师大珠海分校图书馆咨询台所设置的位置不仅远离阅览室,也远离用户,且咨询台设施过于简单,除了一张桌子、一台电脑,什么也没有,很难让用户看出这是图书馆的咨询台,因为这不是一个学习的环境,更不是一个获得文献和知识的环境,所以他们路过此地,并不清楚这个咨询台的服务内容。

表 5 - 5　北师大珠海分校图书馆咨询台读者咨询问题分类统计(单位:人次)

内容＼时间	三月	四月	五月	合计	比例
借阅规则	67	55	45	167	33.53%
馆藏问题	21	8	8	37	7.43%
服务地点	39	19	26	84	16.87%
数据库利用	18	13	7	38	7.63%
文献检索	11	4	3	18	3.61%
方位问题	23	15	23	61	12.25%
知识学习	7	4	1	12	2.41%
临时问题	23	10	13	46	9.24%
无关问题	8	13	14	35	7.03%
合计	217	141	140	498	

（2）走出服务困境的对策与建议

1）重建服务理念，适应用户需求

我国独立学院主要以本科教学为主，学术研究相对较少，但图书馆不能因此就认为用户只有开展学术研究才需要利用文献，教与学的过程同样也是利用文献的过程。一方面，独立学院应用型人才培养目标可能使用户对于学术性文献的需求有所减少，但也可能使他们对于非学术性文献（如知识应用类文献和事实类文献）有较多需求；另一方面，图书馆丰富的馆藏文献资源只有被用户充分利用才有意义，参考咨询服务正是发挥图书馆文献信息服务职能、提高馆藏文献资源利用率的重要手段[1]，作为特别重视经费利用效益的民办性质的独立学院，其图书馆更应重视参考咨询服务。"服务"一词如果从汉语意义来理解就是服从和满足用户需要的活动。任何有效服务都要服从和适应用户的需求。因此，独立学院参考咨询服务要走出服务困境，就必须适应独立学院用户在教与学的过程中对于文献信息需求方面的新特点、新倾向，适应信息与通信技术的发展所带来的用户在咨询方式上的新变化，在高度重视实时咨询服务方式的同时，不断改进服务环境与策略，提升服务的针对性和服务质量与水平。

2）强化服务宣传，改变宣传策略

用户必须知道图书馆"有什么"和"如何用"，才可能加以选择并有效利用。造成用户咨询需求少、利用率低的原因并不意味着用户真的没有需求，而是用户很可能不知道。例如，北师大珠海分校图书馆为了告知用户馆内布局、馆藏资源与服务，网上有详细说明，新生入馆教育有宣传，校内 QQ 有推介，馆内指示牌有指引，馆门前活页与专栏有揭示，但是用户却视而不见，依然不清楚部室方位和借阅规则，据多次问卷统计，依然有 65% 以上的学生不知道图书馆有数据库资源可用，就是说图书馆虽然"告"了，但用户却并没有"知"，属于无效告诉。

---

① 马远良.参考咨询工作［M］.北京:北京图书馆出版社（今国家图书馆出版社）,2000:2

因此,独立学院图书馆不仅应高度重视资源与服务宣传,而且还应把资源与服务的宣传与推介作为最重要的一项服务工作。

由于现代社会每天冲击用户视野的信息量极大,用户很难有更多时间和耐心仔细阅读各种文献内容,他们已习惯了一目了然快速浏览的阅读方式,从而使浅阅读、快餐化阅读成为主流[①];现代社会也是读图的时代,用户早已习惯了图片、图像传达的信息。这就要求图书馆必须适应读者在接受倾向上的新特点,采取新的服务策略。然而打开北师大珠海分校及其他独立学院图书馆网页便会发现,多数馆都习惯用冗长的语句、细密的文字、枯燥的图书情报专业术语来介绍馆藏与服务规则,这就与用户阅读的需要背道而驰,自然也难以取得好的效果。调查显示,图书馆网站有关馆情与服务介绍及介绍借阅规则的"规章制度"等栏目的访问量是最低的[②],并且独立学院用户经常访问图书馆网页的仅占 4.1%,认为图书馆网页内容不清晰的达 53%,来到图书馆有问题不知道该找谁、不知道参考咨询服务的用户比例高达 87%[③]。图书馆如果想改变这一窘境,就应改变表达策略,借鉴广告和新闻报道的手段,尽可能提炼出对于用户最重要的信息并以简洁醒目的标题、生动活泼的非图书情报专业的通俗化语言和图形来表达借阅规则、推介资源与服务,让用户花很少时间就能一目了然,其利用兴趣与需要也能被迅速唤起。实践证明,这样的表达方式能取得较好的传达效果。

此外,独立学院学生社团活动相对较活跃,学生参与热情较高。根据学习心理学的理论,同一认知水平儿童之间的相互影响比成人对儿童的影响更有效,所以利用学生社团参与图书馆读者活动、利用同学之间

---

① 国家图书馆研究院. 国内外图书馆学研究与实践进展(2007—2008)[M].北京:国家图书馆出版社,2009:16

② 郑勇. 高校图书馆网站:从独白走向对话——以我国 20 所重点高校图书馆网站栏目设置为例[J].情报资料工作,2010(1):43

③ 刘群. 论参考咨询服务在独立院校中的变通[J].图书馆学研究,2006(11):90-91

的相互影响来宣传和推介图书馆资源与服务,也是比较有效的策略。

3)以问题为导向,开展服务性服务

面对独立学院用户参考咨询需求较少的现状,如果图书馆还继续沿袭传统那种被动等待式服务,那么咨询馆员就可能少事甚至无事可做。因此,除了如上所述应强化资源与服务宣传外,还应改变服务方式,从被动受询到主动给予用户关心、支持和帮助。这种服务方式可称之为服务性服务,其策略为:把咨询台设在用户学习的阅览室或自习区,直接面对用户的学习活动,方便咨询馆员近距离观察用户的需求状况,也方便用户遇到问题或困难随时向咨询馆员求助;主动走近用户,主动了解用户教与学过程中的文献需求和利用文献存在的困难,把用户需求调研作为参考咨询服务的重要内容;根据用户教与学过程中的实际问题,主动有针对性向用户推荐和报道相关文献,通过文献信息的推荐与报道服务帮助用户解决问题。

由于独立学院生源质量、学生利用文献学习的习惯和能力都较学术型高校学生有一定差距,因此图书馆普遍重视用户教育与培训无疑是必要的,但主要通过游离于学生专业学习之外的讲座和文献检索课的方式呈现,并以讲授法和注入式教学为主,教学效果显然难以得到保证,加上独立学院学生普遍缺乏学习动力,自我监控能力较弱[1],对他们开展距离他们生活与学习较远的讲座与培训,就很难引起他们的关注和兴趣,因此应改变传统那种不分对象不分专业上大课的讲座和文献检索课形式,实行有专业针对性的小班教学,实行跟学生专业课程教学与研究结合起来的课程辅助教学方式,并在教学内容上以问题为导向,紧密结合学生专业学习与研究的文献需求,从帮助学生利用文献学习研究解决实际问题出发,培养其文献获取与利用的意识与能力,同时在教学方法上改变传统的灌输方式,实行学生主动利用文献求知的探究式、活动性式教学。北师大珠海分校图书馆近年的课程辅

---

① 徐辉,季诚钧. 独立学院人才培养的理论与实践[M]. 杭州:浙江大学出版社,2007:116

助教学服务就很受欢迎,仅 2013 年 10 月,不同学院的 22 个班主动将部分专业课留出 1—2 课时,邀请咨询馆员给予针对性的文献检索与利用培训,取得了良好的效果。

4)适应用户功利需求,培养用户文献意识

独立学院以教学为主,教师科研比重较小,这使学生成了参考咨询服务的主要对象,而独立学院学生有较强的实用主义倾向①。这无疑是图书馆不得不面对的客观存在。参考咨询服务为了满足用户文献利用中的实际需要,就应努力提升服务的实用价值,在服务内容与方式的"实用"上多做文章。北师大珠海分校图书馆自 2011 年始,对于积极参加用户培训的读者,颁发写实性证书以示鼓励,就是适应学生功利需求的体现,关注和参与培训的学生用户开始明显增多。实用主义策略在这里产生了一定效果,但仅停留于这种外在的刺激而不愿在内容的实用上下工夫无疑是极不够的。

考研、就业、留学、行业动态等一直是独立学院学生普遍关心的现实问题,图书馆应针对用户的这些需求倾向,主动给予相关参考文献信息的支持,如能及时给他们提供最新考研信息、就业动态信息、留学资讯信息等,一定能使学生用户受益和受用。独立学院更强调培养学生"掌握自学能力及选择信息、判断信息、综合信息和分析信息的能力",从而使他们走向社会也能很好生存和发展②,因此图书馆还应调整日常参考咨询服务理念,不再以直接告诉用户咨询问题答案为目的,而是从问题出发,引领用户获取相关文献的路径,强调问题答案的文献依据,从而培养用户利用文献的意识和能力。

5)以服务促进交往,靠服务赢得信任

经验表明,不当的主动服务也可能产生适得其反的效果。曾在一

---

① 刘勇,徐双. 独立学院学生阅读倾向调查分析及图书馆应对策略[J]. 农业图书情报学刊,2009(10):132

② 冯文广. 独立学院发展战略研究——以四川省为例[M]. 成都:西南财经大学出版社,2010:101

次会议上听到一位独立学院图书馆负责人坦言,该校有教师质问他:"你们图书馆极力向我们推销讲座,是不是为了完成任务?"这显然就是由于咨询馆员向教师过分推介服务,没有尊重他们的需要和选择权,影响了他们的情绪。图书馆咨询馆员、用户与文献之间是互相选择的对等关系,咨询馆员提供给用户的服务就如同超市的商品一样,只能靠自身服务质量和利用价值去赢得用户信任、争取用户选择,而不能试图强加给用户利用①。

经验也证明,如果用户信任咨询馆员,就会积极选择咨询服务,而信任主要只能从服务过程中产生和培育起来。每次参考咨询服务,就是一次有效而有力的服务宣传与推销活动,就是一次积极与用户交往的活动,服务态度好、服务质量高,就会赢得用户的尊重和信任,就会促进与用户之间的交往与情谊,受益用户就会在自己的交往圈去积极推广,从而产生更多的服务需求。我曾多次通过 QQ 给某学院一教师推介图书馆的课程辅助教学服务,均无任何回应,后来这位教师需要外文文献传递服务来参考咨询部求助,得到了满意的服务结果,他亲身体验到图书馆参考服务的价值时,我们再因势利导推介这项服务,就立刻得到了积极的响应。笔者曾应邀给某学院毕业班举办了一场文献检索与利用讲座,该院部分领导和教师也参加了,他们感觉大受裨益,讲座结束立即主动联系,要求开设《信息检索与利用》课作为该院学生的专业选修课。让用户在利用图书馆参考咨询服务过程发现和体验参考咨询服务价值,在有限的服务中不断拓展无限的服务空间、提升服务水平,无疑是独立学院参考咨询服务一项有效的策略。

毋庸置疑,要保证服务的高质量,咨询馆员就必须拥有较高的专业素养和能力。传统图书馆咨询馆员大都是图书情报专业背景,显然难以满足独立学院学生读者实用主义的专业需求。因此,独立学院图书馆咨询馆员的专业结构应该有所调整,要么让现有馆员通过自学或

---

① 郑勇. 从对话的视角看高校图书馆学科服务策略[J]. 图书馆论坛,2010(2): 11

进修等方式提升自己与本校专业教育要求相适应的技能和素养,从而成为某方面的文献信息专家;要么与本校专业教师组成一支专业化服务团队;要么吸收一批有专业背景的专业人员进入咨询服务队伍中来。总之,咨询服务队伍与服务内容的专业化,是独立学院参考咨询服务的现实要求。

5.3 让参考咨询服务更具参考意义

5.3.1 高校图书馆参考咨询服务的非参考倾向

高校图书馆是直接为高校教学与科研服务的,参考咨询服务的机会多、空间大,然而调查显示,我国高校图书馆实际上却以非参考咨询为主要服务内容。笔者曾分类统计 2011 年 3—5 月北京师范大学珠海分校图书馆咨询台受理的问题(表 5 – 6),结果可见,用户咨询最多的是借阅规则(如"借阅卡丢了如何补办")、馆内布局(如"文学书在哪个阅览室""办公室在哪里")等简单的非参考性问题,占了咨询总量的 70.08%,这类问题虽与图书馆有直接相关,但却未必需要通过利用文献获得答案,且任何普通馆员都能回答;而有关数据库利用、知识学习(如"天行健,君子以自强不息"中的"天行健"如何解释)、课题文献检索等问题,需要专业咨询馆员以相关文献或文献检索工具为依据才能较好回答,且答案对于用户的学习与研究具有参考价值,属于典型的参考咨询,却仅占咨询总量的 22.89%。来自山东师范大学图书馆咨询台值班记录的用户提问统计结果也呈现相似的结果:有关馆藏布局、续借或预约等服务、办证补证、借还书、丢书赔书、开放时间等非参考性问题竟然占了咨询总量的 79.57%[1]。

---

① 张勤. 设总咨询台是重塑图书馆形象的良策[J]. 大学图书情报学刊,2007 (4):52

表5－6　北师大珠海分校图书馆咨询台用户咨询问题分类统计

咨询内容	借阅规则	馆内布局	数据库利用	课题检索	知识学习	无关问题	合计
咨询人次	251	98	84	18	12	35	498
所占比例	50.40%	19.68%	16.87%	3.61%	2.41%	7.03%	

造成我国高校用户少参考咨询、多非参考咨询的原因是多方面的,但图书馆的服务缺乏用户意识、无视用户需求则是最重要的原因,主要表现在:

(1)用户不知道

在用户看来,图书馆顾名思义就是馆藏图书、借阅图书之地,难以想到这里还能提供深层次文献信息服务。图书馆要么不告诉,要么就是无效告诉,使用户不了解馆藏和借阅规则而不得不咨询、不知道参考咨询服务而想用也难用。现代社会访问图书馆网站无疑是高校用户了解和使用图书馆的主要方式[1]。然而,打开北师大珠海分校及国内各大高校图书馆网页便会发现,多数馆都习惯用冗长的语句、细密的文字和对于读者来说枯燥、陌生的图书情报语言来介绍馆藏和服务规则,有的甚至还需要用户反复琢磨,才能有所理解,既缺乏可读性,又缺乏可接受性,读者自然视而不见。调查显示,图书馆网站有关馆情与服务介绍及介绍借阅规则的"规章制度"等栏目的访问量是最低的[2]。有的图书馆网站栏目众多,排列混乱,如果用户不仔细辨识,很难找到咨询路径。有的图书馆虽然告诉了用户咨询路径,但却没有清楚说明服务范围与流程,使用户难以有效利用。

① 宋洁,张敏. 大学图书馆参考咨询服务数据的管理和利用实践[J].农业图书情报学刊,2011(6):188
② 郑勇. 高校图书馆网站:从独白走向对话——以我国20所重点高校图书馆网站栏目设置为例[J].情报资料工作,2010(1):43

（2）用户不需要

一方面,应试教育和满堂灌教学使学生缺乏阅读,是我国大学教育的主要弊病[1],无疑也是造成用户文献需求减少、对图书馆参考咨询服务需求较少的重要原因;但另一方面,参考咨询服务缺乏用户针对性,甚至远离用户学习与研究过程,也抑制了用户利用的动机。以用户培训为例,笔者曾通过访问武书连 2012 中国大学排行榜前 20 所高校图书馆网站,分类统计了各馆用户培训的内容与方式(表 5 – 7),发现多数高校图书馆都主要是通过不分专业、不分用户对象、游离于用户学习与研究之外的数据库讲座和文献检索课的方式呈现,所针对的对象主要是图书馆数据库,而不是用户的需求。如多数馆推出的"EBSCO 数据库利用"讲座,对于那些毫不了解"EBSCO"是什么的用户来说,很难看出跟他们有什么关系,自然会无兴趣、难参与。来自 4 所高校图书馆的调查报告显示,其中的 2 所学校"未参加过"用户培训讲座的用户比例都在 77% 以上,2 所学校参加过培训的读者中认为"效果很好"的仅占 5.7% 和 24.87%,多数读者都认为培训"效果一般"和"效果很小"[2]。笔者曾访问多所国内高校图书馆的参考咨询部,得到的反馈是,普遍在为文献检索课选课情况很不理想而头疼。

表 5 – 7　20 所高校图书馆用户培训开展情况统计

培训内容与方式	数据库讲座	人文、理工类检索讲座	学科专场讲座	应用软件讲座	文献检索选修课
图书馆	17	6	7	4	14

（3）用户不信任

在用户传统观念中,图书馆馆员就是图书管理者,他们大多是图

---

① 朱永新. 满堂灌、缺乏阅读等是中国教育的最大问题[J]. 成才之路,2011(15):9

② 张佳佳. 网络时代我国高校图书馆读者培训工作调查与分析[J]. 高校图书馆工作,2011(3):76 – 77

书情报专业背景,可能熟悉馆藏和借阅规则,但缺乏专业素养。参考咨询服务属于深层次文献信息服务,用户文献需求常具较强专业性,而咨询馆员对于专业领域却完全陌生,常言道"隔行如隔山",其服务质量和水平就难以满足他们的专业性需求[1],如果服务态度差、不懂得尊重用户,甚至还可能引起用户反感。北师大珠海分校图书馆特别重视嵌入课程的文献检索培训,要求每位参考馆员每学期必须完成两门课的嵌入式培训,于是参考馆员就主动向学院教师积极推介这项服务,结果就造成了部分教师的反感。不顾用户需要,强推服务,无疑是用户选择权的亵渎。此外,由于汉语言的多义性特别是语境定义的影响,用户初次提问常常难以清晰表达意图,需要咨询馆员与用户之间进一步沟通,才能准确理解和把握用户的具体文献需求[2]。故面对面、电话及 QQ 等即时咨询方式有助于咨询馆员满足用户深层次文献需求,而 E-mail、留言板或表单等延时咨询方式因需要时间等待,使咨询馆员与用户之间难以获得及时有效沟通、消除他们对问题的不解或误解,从而影响服务质量。然而,我国很多高校图书馆只为用户提供E-mail 等延时咨询方式,有的甚至连咨询电话也不提供,让用户无法选择,从而影响了用户参考咨询利用率。

5.3.2　让参考咨询服务更具参考意义

来自复旦大学图书馆的一项用户问卷调查显示,超过 80% 的用户乐意在学习与研究中利用图书馆所提供的能满足个体需要的深层次文献信息服务,对于咨询内容,84.8% 选择"图书借阅"、82.8% 选择"电子资源相关问题"、69% 选择"专业学术信息"、46.8% 选择"图书

---

① 柯平,唐承秀.新世纪十年我国学科馆员与学科服务的发展(下)[J].高校图书馆工作,2011(3):5

② 柯平.信息咨询概论[M].北京:科学出版社,2008:139

馆其他服务信息"、42%选择"教学相关信息"①。可见,用户对于参考咨询有较大需求,同时对于借阅与服务规则等非参考咨询也有需求。参考咨询服务并不是要拒绝非参考性问题,而是这类问题用户完全可通过图书馆网页、用户手册、新读者入馆教育、指示牌、活页和宣传专栏等路径所组成的报告系统获得答案,也可以随时随地通过图书馆任何馆员得到解决,它们不应成为参考咨询服务最主要的内容。

为了让参考咨询服务更具参考性,高校图书馆不仅要适应信息与通信技术的发展所带来的用户咨询方式多样化和便捷化要求,更要在服务内容与服务呈现方式上强化用户针对性,不断改进服务环境与策略提升参考咨询服务的层次和水平。

(1)资源与服务推介广告化

对于用户来说,现代社会信息量太大,每天冲击他们视觉、需要阅读的东西太多,因而他们早已习惯了快速浏览,习惯了图片、图像传达的信息,大多数信息都不过是过眼云烟被迅速忽略掉。浅阅读、快餐化阅读已成为用户阅读的主流②。然而一条好的广告,却可以让产品的宣传达到如孺皆知,就是因为广告所呈现的内容与方式充分适应了现代受众接受信息的特点与需求心理。图书馆在资源与服务的宣传与推介上不妨借鉴和利用广告的手段:

1)表达方式上可多样化

除了静态的文字,完全可采用形象、生动、活泼的图形或动漫来表达。清华大学图书馆还尝试通过系列短剧视频来宣传图书馆服务规则,颇具创意。

2)表达语言要易读、易懂

即尽可能把表述语言提炼得简洁、通俗,让用户能一目了然。现

---

① 成俊颖,朱莉,郝群等. 复旦大学图书馆江湾分馆开馆读者问卷调查分析报告[J]. 图书馆建设,2008(10):72-73

② 国家图书馆研究院. 国内外图书馆学研究与实践进展(2007—2008)[M].北京:国家图书馆出版社,2009:16

代阅读学认为,任何阅读都是经验的兑换①。图书馆无论是通过网页还是海报呈现给用户的都是没有任何意义的文字符号,只有当其负载的信息激活了用户的经验,才能使用户从中提取出意义。图书情报语言在用户的经验世界里是陌生的,就难以为他们所理解和接受。因此必须强化语言表达的针对性,给所有用户看的,就用大众化语言表达;给专业读者看的,就用他们专业所熟悉的语言表达,让他们一见就觉亲近,一见就能理解,且无须辨识。

3)表达内容要跟读者需求建立联系

只有对于用户有用或有关系,才能让他们心动,才能引起他们阅读的兴趣,才能使他们充分阅读和接收。例如"SCI/SSCI/A&HCI 的利用讲座"是多数图书馆读者培训的习惯表达,但对于用户来说,他们并不清楚这是什么、有什么用,就会不理解和无兴趣,而中国人民大学图书馆表达为"借助 SCI/SSCI/A&HCI 了解国际顶级期刊,把握课题前沿",颇具广告色彩,不仅通俗易懂,而且能唤起用户的需要和了解的欲望。

(2)服务设施超市化

常言道,"到什么山唱什么歌"。没有人会向站在化妆品柜台前的营业员咨询有关古典文学的问题。环境不仅制约和规范着人们的需求,也支配着人们为实现这些需求的方式和手段的选择②。北师大珠海分校图书馆咨询台除了一桌椅、一电脑、一电话、一块"咨询台"的牌子,什么也没有,前面是通往办公室的过道,后面是空荡荡冷冰冰一堵墙,这显然不是学习的环境,更不是获得文献和知识的环境,所以不少用户路过此地,并不清楚其功能,造成 7.03% 的用户咨询了跟图书馆文献利用毫无关系的问题(见表 5-6),这也是环境使然。参考咨询服务既然要以文献和知识为基础,就得将用户置身于文献获取与知识

---

① 曾祥芹. 阅读学新论[M]. 北京:语文出版社,2000:146-150
② 毕道村. 人与环境的辩证关系和历史研究的辩证方法[J]. 史学理论研究,1994(4):21

学习的环境中。咨询馆员既然是知识服务员,就应站在"知识柜台"前。有调查显示,56.4%的高校用户认为参考咨询员的最佳工作地点应"在各阅览室或者书库的服务台"①,可见多数用户也希望咨询台应处于文献利用与服务第一线。

不妨把超市那种功能分区、明码标价、方便选择和利用的理念用于咨询台的设置:将不同专业背景的咨询员集中在图书馆咨询服务区,挂牌服务,明晰指示服务对象、服务内容和服务规程,方便用户有针对性选择,各取所需,满足他们的个体需求,也方便咨询员之间互通、互补,形成服务合力;将咨询台设在用户和咨询馆员都容易选择、获取文献与知识的地方,台上是文献检索平台和咨询电话,台后是置放各种参考工具书的知识书架,台前摆满各种推介资源与服务的产品(如活页等),附近还有用户研习区和文献检索机。置身于这样的文献与知识服务的氛围,用户来到这里必然以利用文献和获取知识为其主要目标。

(3)服务配置实用化

从咨询馆员来看,他们提供给用户的是"服务","服"即"服从",就是要"服从"和满足用户的实际需求,就是说"用户需要什么"比"图书馆有什么"更重要,如果图书馆没有,还可以配置,如果用户不需要,那么一切都是浪费。从用户来看,如果咨询馆员提供的资源没有利用价值,也就不是什么资源了。很多高校图书馆的参考咨询工作似乎做得有声有色,但用户利用率却很低,根本问题在于不实用。因此,图书馆不妨在服务内容的"实用"上多做文章。

咨询馆员一方面作为图书馆与用户联系的纽带,应多途径与各类用户(包括跟学生、学生干部或社团)建立联系和展开交往,全面深入了解和掌握不同用户的不同文献需求,推出服务项目,确定服务方式与内容,关注各种重要媒体发布的最新文献信息,以用户需求为本来

---

① 刘绍荣,朱莉.高校图书馆读者咨询服务的现状调查与对策分析——以复旦大学图书馆为例[J].图书情报知识,2005(2):38

评价、筛选和搜集各类可用文献,引导图书馆实现馆藏文献配置的合理与优化;另一方面咨询馆员作为文献与知识服务员,应深入挖掘馆藏文献资源与服务的利用价值,多站在用户角度考究它们与用户需求的契合点,寻找有效服务的切入点和突破口,主动融入用户学习与研究中去,提供给用户中肯的文献利用帮助,让用户真正感觉受用。例如,可针对学生关心的专业学术信息、就业信息、行业动态等,主动利用图书馆文献信息优势,给予相关二次文献报道,让他们花很少时间就能了然于胸;可关注和跟踪教师的教学与研究动态,主动推送相关参考文献、推介相关服务,为他们所组织的研究性学习、自主学习和毕业生论文指导等主动给予有针对性的文献检索与利用帮助。经验证明,只要有用,用户就一定会欢迎。

此外,咨询馆员还可调整日常参考咨询服务理念,不再以直接告诉用户咨询问题答案为目的,而是从问题出发,引领用户获取相关文献的可靠路径和实用方法,并强化问题答案的文献依据,从而培养用户利用文献的意识和能力。如果在服务中发现馆藏文献和自己的能力不能满足用户需求,也应为他们提供有参考意义的线索。

(4)用户培训课程化

学习心理学认为,知识是不能被传递的,学习是否有意义取决于新知识是否与旧知识建立了联系①。因此,有效的用户教育应尽可能跟用户已有知识建立联系:不妨改变传统不分用户对象上大课的讲座形式,实行个别文献利用指导和有专业针对性的小班教学,特别提倡用户培训课程化。即实行跟专业课程教学与研究结合起来的课程辅助教学;在教学内容上不求系统,但求实用,专业课程需要什么,就提供什么,帮助用户解决专业学习与研究中文献利用的实际问题,即学即用,对于学生来说,会学得更有兴味,有助于提高获取和利用文献自主学习的能力,对于教师来说,有助于提高课程教学效果与水平;在教学方法上改变传统的讲解、灌输方式,实行用户动手操作主动利用文

---

① 施良方. 学习论[M]. 北京:人民教育出版社,2001:246

献求知的探究式、活动性式教学。北师大珠海分校图书馆近年的课程辅助教学服务就颇受欢迎,仅 2011 年 10 月,不同学院的 22 个班的不同专业课分别留出 1—2 课时,由任何教师提出具体文献需求,邀请咨询馆员给予有课程针对性的文献检索与利用培训,教学效果得到普遍肯定。

提倡用户培训课程化,当然也包括开设文献检索课。如果师生用户通过课程辅助教学体验到文献检索培训的参考价值,产生更多了解和系统学习检索知识与技术的兴趣和愿望,图书馆理应提供这一服务,只是应更强调有专业针对性的文献检索课。如果能将文献检索课开进教学单位作为专业课程的一部分,那就是比较理想的服务方式了。当然这对咨询馆员的专业素养提出了较高的要求。

(5)服务机制市场化

让参考咨询服务机制市场化,就是要强调图书馆咨询馆员、用户与文献之间的对等性、选择性和开放性。咨询馆员提供给用户的服务就如同超市的商品一样,只能靠自身质量和利用价值去赢得用户信任、争取用户选择,而不能试图强加给用户利用。每次参考咨询服务,就是一次有效的服务宣传与推介活动,就是一次积极与用户交往的活动,服务态度好、服务质量高,就会赢得用户尊重与信任,受益用户就会在自己的交往圈去积极推广,从而产生更多需求。而要保证服务的高质量,咨询馆员就必须通过自学或培训等方式不断提升自己的技能和素养,真正成为某方面的文献信息专家,有满足用户深层次需求的资本。由于人各有所长、各有所专,咨询馆员应该是开放的,他不是个人,而是由不同专业背景的资深馆员所组成的能体现图书馆参考咨询服务水平的团队,让用户在服务中能体验到他人难以替代的特殊作用。此外,咨询馆员在为教师用户提供高质量服务赢得他们信任、跟他们深入交往基础上,还可不失时机将他们作为图书馆可用资源纳入到参考咨询服务支持系统中,从而为有效提高服务水平创造更有利的条件。

6　让用户教育回归服务本质

6.1　用户教育的"唯我独尊"倾向

6.1.1　我国高校图书馆用户教育现状

图书馆员普遍认为图书馆是大学生信息素质教育的主要基地,它所发挥的综合优势作用是任何课堂教学以及课外活动所无法代替的。因为课堂教学主要是教师传授知识和技能,教师处于主导地位,学生则处于被动接受地位,学什么、怎么学都由教师决定,而在图书馆,学生完全可以根据自己的兴趣、爱好和需要选择自己要学什么和如何学,其效果自然完全不一样。因此,图书馆用户教育具有十分重要的意义。高校图书馆普遍以提高大学生信息素质教育为开展用户教育的目标。狭义的用户教育是指图书馆有计划对用户所实施的图书情报知识的教学活动,广义的理解也包括用户利用图书馆所受到的教育活动。从图书馆角度看,主要是指图书馆为增强用户信息意识,提高用户的信息能力和信息道德水平而开展的各种形式的教育教学活动[①]。

我国高第校图书馆用户教育主要包括三种形式:文献检索课程,主要是公共选修课,也有少数高校开设了必修课;每年秋季的新生入馆教育,主要是帮助新生认识和了解、利用图书馆;定期或不定期的数据库利用讲座或专题讲座[②]。2008 年,有研究者以教育部 2005 年认

---

① 游丽华.图书馆用户教育[M].北京:中国社会科学出版社,2008:12 – 19
② 袁红军.高校图书馆读者教育培训能力研究——以中南六省区"211"高校图书馆为例[J].图书馆,2013(3):128

定的 100 所"211 工程"高校图书馆网站进行调查,结果显示,开设文献检索课的 69 所,开展了新生入馆教育的 52 所,开展了专题讲座的 87 所,其中以馆藏资源与服务为主要内容的 71 所、把常用应用软件也作为重要内容的 27 所。可见,文献检索课和专题讲座是图书馆用户教育的主要形式,而主讲教师则以图书馆咨询馆员为主,也有图书馆邀请数据商主讲,讲授方式以 PPT 课件为主①。香港地区高校图书馆也普遍极为重视用户教育,香港浸会大学的新生入馆教育甚至还有 1 个学分,并且是必修课。它们的教育内容主要是:图书馆简介,帮助用户了解图书馆功能、服务项目、使用规则、开馆时间等基本情况;图书馆计算机、网络、视听、打印、复印等设备使用方法,各种参考工具书、电子期刊与图书、数据库的使用、OPAC 查询、馆际互借方法等;这跟内地高校教育内容似乎并无多大差别,但它们的教育内容与方式更具针对性,有针对任课教师要求的某一课题的专题培训,有针对某一学科开设的资源利用讲座,有针对毕业生开设的毕业论文的写作方法、写作格式、资料的搜集讲座,还有针对毕业生开设的如何寻找就业单位的讲座等②。

为全面真实了解我国高校图书馆开展用户教育的现状,笔者于 2014 年 11 月访问了武书连 2014 年大学排名前 20 的高校图书馆官方网站,认真浏览了用户教育相关栏目和网页,做了详细统计与记录(见表 6-1)。结果显示,20 所重点高校图书馆几乎全部开展了各种方式的用户教育与培训服务,而专题讲座、文献检索课教学和新生入馆教育依然是用户教育的主要形式,其中开展专题培训讲座的达 18 所馆,占 90%;开设文献检索课选修、必修课的 13 所,占 65%;开展新生入馆教育的也有 13 所。通过网络培训课程实施用户教育的只有 7 所

---

① 王亚军. 网络环境下高校图书馆用户培训效果的有效控制[J]. 情报理论与实践,2009(6):67-70

② 刘青华. 香港地区高校图书馆的读者教育[J]. 图书馆理论与实践,2003(3):32-33

馆,说明这种教育形式还没有得到普遍认可。值得注意的是上海交通大学图书馆开展用户教育的形式尤其丰富,有滚动培训、院系专场培训、嵌入式教学培训、信息专员培训和讲座培训等,其中院系专场培训的主讲人除了图书馆员外,还邀请全国、全校的权威专家莅临授课,该馆还每年从科研团队中选聘信息专员组织培训,无论是教育形式,还是服务的广度与深度都是引人注目的。从用户教育与培训的内容上看,主要是馆藏资源与服务介绍和常用应用软件使用方法与技巧的介绍。图书馆应该是高校学术交流中心,但用户教育中体现学术交流性质的图书馆极少,只有上海交通大学图书馆举办的思源论坛邀请人文名家讲座、南京大学图书馆开展的读书节名家讲座以及南开大学图书馆的专家讲坛。

表6-1　20所重点高校图书馆用户教育培训情况

培训项目 图书馆名称	教育培训方式							培训案例
	专题讲座		文献检索课程教学		新生入馆培训	网络培训	其他培训	
	资源利用	应用软件	公共课	嵌入教学				
北京大学图书馆	√	√	2门	√	√	√	学科专场	中文电子期刊库介绍
浙江大学图书馆	√		1门		√	√		全文文献获取方法与技巧
清华大学图书馆	√	√	7门	√	√	√		Web of science 核心数据库检索与利用

续表

培训项目＼图书馆名称	教育培训方式							培训案例
	专题讲座		文献检索课程教学		新生入馆培训	网络培训	其他培训	
	资源利用	应用软件	公共课	嵌入教学				
上海交大图书馆*	√	√	3门	√	√		院系专场（权威专家）；信息专员培训；思源讲坛：人文名家	中外电子图书检索与利用
复旦大学图书馆*	√	√	3门		√	√		SciFinder网络版培训
南京大学图书馆	√	√					读书节名家讲座	e读天下维普行
武汉大学图书馆	√	√	5门	√	√	√		教你玩转统计数据库
四川大学图书馆*	√	√						中文期刊全文数据库的检索与利用

续表

培训项目 图书馆名称	教育培训方式							培训案例
	专题讲座		文献检索 课程教学		新生入馆培训	网络培训	其他培训	
	资源利用	应用软件	公共课	嵌入教学				
中山大学图书馆	√				√			超星图书馆系列数据库介绍
山东大学图书馆*	√	√	7门					SciFinder web 使用指南
华中科大图书馆			1门		√		专场讲座	
哈工大图书馆	√	√	2门					社会科学数据库的利用
吉林大学图书馆	√	√	1门			√		馆际互借与文献传递
南开大学图书馆	√	√	1门		√		专家讲坛	管理知识捕捉灵感——"印象笔记"入门
中科大图书馆					√			

续表

培训项目 图书馆名称	教育培训方式							培训案例
	专题讲座		文献检索课程教学		新生入馆培训	网络培训	其他培训	
	资源利用	应用软件	公共课	嵌入教学				
西安交大图书馆*	√		5门		√	√		SciFinder web 培训通知
中南大学图书馆	√							ebrary
东南大学图书馆	√				√			SciFinder（化学文摘）的使用
中国人大图书馆	√	√	1门		√		专场讲座	如何获取馆外文献资源——文献传递于馆际互借的利用
大连理工图书馆	√							如何检索论文被他人引用
总　计	18	12	13	4	13	7		

说明:带 * 者提供网上预约服务。

北京大学和清华大学图书馆的用户教育一直是我国高校图书馆用户教育的典范,成为许多高校模仿、学习的榜样。北京大学图书馆的"一小时讲座"已经成为一个较有影响的品牌。其实所谓"一小时讲座"并非每次讲座真的只有一小时,而是大约为一个半小时,其中馆员讲授 50—60 分钟,用户上机实习 30—40 分钟,这个称呼只是一个便于向外推介的名称而已。但要求每次讲座短小精悍、主题专一,针对不同用户群而设,各个主题之间又互相关联和补充,形成系列化。讲座内容主要是两个方面,一是"资源篇",即馆藏资源的利用,二是"应用篇",即常用应用软件使用技巧介绍。经过几年的尝试和探索,已经产生了较大影响。从最初的每年培训 1000 多人次,逐步增长到现在的 4000 人次左右,累计开设近 40 个专题,400 多场次。每年新生入校,就有老师和高年级同学提醒他们到图书馆听"一小时讲座",院系的老师也常预约图书馆员去讲授某一个专题的资源,甚至还有很多其他图书馆的同行去旁听"一小时讲座"。有些普及性较强的讲座还出现了听众排起长龙等候的动人景象,这种场景确实不易①。清华大学图书馆的讲座主要内容跟北京大学图书馆并无多大差异,但增加了科研服务方面的内容,并从用户学习与研究需要的发展层次设计了一个序列:即新手上路,综合利用类;学科初探,专业资源类;开展研究,研究指南类;挖掘宝藏,常用资源类。为方便图书馆及时掌握用户参与情况,上海交通大学图书馆、复旦大学图书馆、四川大学图书馆、山东大学图书馆还提供了网上预约服务(见表 6 - 1)。开设文献检索课的 13 所高校图书馆中有 8 所开设了 2 门及以上的课程,大多数都是公共选修课或者通识课,也有部分有一定专业针对性。值得注意的是,只有 4 所高校馆开展了嵌入课程教学服务,表明这种所谓深层次服务方式,也还没有得到普遍认可。

　　尽管我国高校图书馆普遍重视用户教育,也开展了多种形式的用户教育培训活动,但服务效果却并不理想。北京大学图书馆这种用户教育盛况仅仅只是个案,大多数高校图书馆的用户教育都面临尴尬境地。以开展用户教育丰富多彩的上海交通大学为例,从网上预约讲座

---

① 肖珑. 不枉五载推移力,今日中流自在行——记北京大学图书馆用户培训服务的发展历程[J]. 大学图书馆学报,2004(4):30 - 31

情况看,多数讲座读者预约量很少,甚至有部分讲座由于参与者太少而被迫取消。四川大学图书馆的网上预约情况也同样惨淡,多数讲座预约人数都在 20 人以下。北京师范大学珠海分校图书馆的用户培训也开展得很丰富,甚至还给参与 5 次的读者颁发写实性证书,但每场讲座参与者仍然不多,每学期 10 多场超过 20 人以上参与的讲座屈指可数。调查也显示,清华大学在 2005 年 6—7 月份对全校 1419 人进行了用户调研,结果显示,没参加过培训的研究生高达 65.17%,本科生高达 78.30%[①]。2011 年,郑州大学图书馆付立宏等研究者针对 15 个省市高校用户的调查,有 61% 的用户表示没有参加过图书馆开设的任何一种形式的用户培训[②]。

6.1.2 用户教育的"唯我独尊"倾向

针对我国高校图书馆用户教育面临的窘境,首都师范大学图书馆王莲认为,我国高校图书馆用户教育主要存在如下不足:一是主题少,不能全面覆盖各类用户的需求;二是内容深度不够,助力科研的内容少,有的讲座还只是停留在介绍某个数据库使用方法的层面上,用户获取的知识含量少;三是场次少,很多主题只安排一次,如果错过,就需要等待半年甚至一年;四是师资力量不够,不能依据用户需要设计讲座内容,有时只能在主讲人的知识范围内确定选题,有鉴于此,根据培训内容的基础性和难度设计出了一个纺锤形结构模式(见图6-1),并提出增加主题和场次、增加各主题的层次区分度、提升讲座的知识含量等建议[③]。

① 赵莉. 网络环境下用户培训新模式[J]. 图书馆学研究,2007(11):91-93
② 付立宏,邢萌. 高校学生读者享受图书馆咨询服务现状调查与思考[J]. 图书馆学研究,2011(16):68
③ 王莲. 伊利诺伊大学图书馆用户培训及其启示[J]. 图书馆学研究,2012(18):19-20

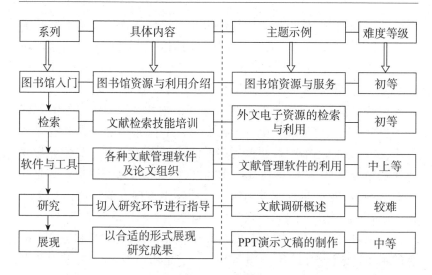

图 6-1　王莲设计的培训讲座内容体系框架

我国高校图书馆没有专职的用户教育教师,普遍由参考咨询馆员兼任主讲教师,师资力量不足以支撑这项活动的深入开展。因此,一些图书馆员认为图书馆应成立用户教育培训中心,由不同学科背景咨询馆员组成教师团队,设置若干专职培训岗位,享受教师授课待遇,减少兼职教师的数量,引进或培养具有发展潜力的高素质咨询馆员充实教育培训队伍;还可以设置文献检索课程教研室,定期组织教师进行学习,讨论、交流,研究文献检索课的教学观念、教学体制、教学手段,不断提高教学水平①。

四川大学朱述超基于信息寻求模式分析与建构认知观认为,我国高校图书馆用户教育主要是信息检索教育,是传授知识,而不是用户利用信息自我建构知识,为了激发学生在信息寻求过程中主动学习并建构知识,用户教育的课程设计应融入各科课程之中,如教师布置作业需要学生搜集某一主题的事实或数据、获取答案而使学生主动走进

---

① 袁红军.高校图书馆读者教育培训能力研究——以中南六省区"211"高校图书馆为例[J].图书馆,2013(3):130

图书馆,或者根据某个主题让教师跟图书馆合作开发文献索引系统等①。然而教师凭什么会按照图书馆员的期望这样做呢？其实这种观点并不新鲜,正是许多嵌入式教学服务论者的主张。所谓"嵌入(embeddedness)"就是指一种事物嵌套到更大的实体或环境的一种状态,嵌入式教学服务就是图书馆员将服务场所延伸到图书馆以外的教室或用户空间,嵌入到课堂或者网络教学平台中,或者参与课堂授课与讨论,或者参加教研会议、讲座和咨询活动等,有机地将信息素养与专业课程结合起来,把信息检索技能、信息意识和信息道德融入专业课程教学内容,通过与专业教师的协作使学生掌握专业课程的基本知识,提高学生的信息素养,增强学生的自学能力和科研创新能力②。

关于嵌入式服务,中国科学院国家科学图书馆的初景利更是有深刻的阐述。他认为,只有了解用户需求,满足用户需求,才能实现图书馆的服务价值,这就需要图书馆密切与用户的联系,加强与用户之间互动的频次与深度,才能更好通过直接观察来了解、挖掘、把握用户的需求。尽管图书馆一直通过个人接触、电话、电子邮件与用户保持联系,但实际上并没有真正有效嵌入用户的学习与研究过程,图书馆员还只是资源与用户之间的中介,还只是承担传递的角色,信息资源并没有通过图书馆员的专长和技能直接转化为知识。他强调,对于今天的图书馆而言,由于用户可借助于数字资源和搜索引擎自助解决他们所需要解决的问题,完全可以不需要中介,甚至可以离开中介而存在,这就使图书馆的中介功能被弱化,同时也给图书馆员的职业带来了被边缘化乃至危及生存的极大风险。他认为图书馆要避免被边缘化,就必须与所服务的对象保持高度的相关性,而要保持相关性,就必须在用户需要时在他们所在的地方提供资源和服务,因此图书馆员只有嵌入

① 朱述超. 大学图书馆读者教育新探索:基于信息寻求模式分析与建构认知观 [J]. 图书馆论坛,2011(2):14 – 16
② 司莉,吴方枝,钱绮琪等.高校图书馆嵌入教学服务的成功要素分析[J].图书馆杂志,2013(3):50 – 51

用户的教学与科研过程,与用户建立伙伴关系,才能真正体现图书馆员的价值与作用。他认为嵌入式服务打破了图书馆物理空间的概念,图书馆馆舍不再是图书馆员服务的主要阵地和主要场所,而是强调"一线服务",将服务的战线延伸到一切用户所在的地方,包括用户的实验室、办公室、会议室、野外台站乃至虚拟空间,真正体现了图书馆以用户为中心①。

从用户角度看,导致我国高校图书馆的用户教育效果不理想的现状的原因,主要还是由于图书馆本位理念造成的,无论是教育形式还是教育内容,立足点和出发点都主要是图书馆和图书馆资源,而不是读者或用户。让我们看看重点高校图书馆网站发布的用户教育讲座(见表6–1)是否有"唯我独尊"倾向吧!

北京大学图书馆的"中文电子期刊库介绍",一看这标题的立足点就是图书馆,就是图书馆员想要给用户介绍"中文期刊库",立足点和出发点在于图书馆的资源能为读者用。

清华大学图书馆的"Web of science 核心数据库检索与利用"和复旦大学图书馆的"SciFinder 网络版培训","Web of science""SciFinder"是什么?对于毫不了解这两个库的用户来说,他们看到这两个标题如何会产生参与的兴趣呢?显然,这种讲座的立足点在于数据库,而不是用户。

南京大学图书馆的"e 读天下 维普行"、中南大学图书馆的"ebrary",到底是什么意思?用户看到这两个标题唯一的感觉可能就是莫名其妙。图书馆是不是在故弄玄虚,不想让用户知道其意思,不想让用户参加呢?

西安交通大学图书馆的"SciFinder web 培训通知",是不是有一种严肃的、高高在上的姿态呢?通知,多么正式、多么庄重的事啊!

武汉大学图书馆的"教你玩转统计数据库",企图以一种自以为经验丰富的高手的架势来"教"用户会用统计数据库。

① 初景利. 嵌入式图书馆服务的理论突破[J]. 大学图书馆学报,2013(6):5–8

同样是向用户介绍"馆际互借与文献传递"服务的利用,中国人民大学图书馆与吉林大学图书馆就表现出本质的区别,前者"如何获取馆外文献资源——文献传递与馆际互借的利用",表意非常明确清楚,就是图书馆员要向用户介绍如何利用这一服务获取馆外文献,而后者"馆际互借与文献传递"很难让用户知道意图,到底是讲座内容介绍,还是利用此服务的路径?

浏览 20 所重点大学图书馆用户教育讲座的目录,可以十分清楚看到两大不足:一是大部分图书馆都是站在图书馆的角度,向用户介绍数据库的利用,其目的很明确,就是要向用户推荐,希望用户利用。极少有图书馆从用户的角度来推出讲座,到底每个讲座能给用户什么,能满足用户什么需要,这样的讲座题目极少见,只有中国人民大学等少数图书馆的讲座题目,用户看后知道自己能从中得到什么;二是很多高校图书馆的讲座题目表意不清,意图不明,甚至用户看不清楚是什么意思,体现出一种不想让用户看懂的姿态。总之,一句话,这些讲座都是以图书馆为本,并非以用户为本。

让我们再看看首都师范大学图书馆王莲设计那个用户培训内容的纺锤形结构模式,至少从内容选择和难度设定来看,都主要是图书馆员想当然的主观认为,缺乏符合用户需要的实证支持。四川大学朱述超基于信息寻求模式分析与建构认知观认为图书馆应该以用户信息需求和知识建构为依据来开展用户教育无疑是正确的,但认为一定要融入或者嵌入课题教学,则显得过于主观和理想化。至于中国科学院国家科学图书馆的初景利为了避免图书馆职业边缘化危机,完全以国外嵌入式服务理论为依据,来强调嵌入式服务的重要性,则脱离了中国国情,因为我国的教育模式、学习方式、学术研究环境、文化传统等,都跟国外有着巨大差异,完全套用国外研究的观点,未必是明智的选择。以嵌入式学科服务做得比较好的中科院图书馆为例,专业研究人员并不愿意接受图书馆过多涉及专业领域,2008 年中国科学院的王燕海等问卷调研了本院科研人员,结果显示,当涉及非研究型问题时,53% 的用户会在第一时间想到向学科馆员求助,而在遇到研究型问题时,比如在科研过程中遇到某个专业方面的问题时,向学科馆员求助的为0,用户对学科馆员所具备的专业知识的深度缺乏足够信心,对学科馆员在学术问题上能够提供的帮助程度有所怀疑[①]。对于专业问题,用户不信任甚至不屑于图书馆员,图书馆员又如何融入课程教学或嵌入课题教学呢? 这或许就是我国大多数高校都没有开展嵌入式教学服务的原因吧。北京师范大学珠海分校图书馆近年也一直在致力于嵌入课程教学服务,甚至要求参考咨询部每个咨询馆员每学期必须给学院开展嵌入式教学培训至少2次,但收效甚微,对于一般文献检索培训,少数学科教师会接受,但一旦涉及专业领域的知识教学问题,他们则避而远之,如果教师在没有需求的情况下,实行硬指标摊派的管理方式推出的服务效果会怎样,显然是不言而喻的。所以嵌入式服务在我国可以说还只是图书馆员的一厢情愿和美好愿望而已。如果图书馆不改变唯我独尊的本位理念,不真正以用户需要为本,不要说嵌入式教学服务,就是一般的读者用户也难以有效开展下去。

6.2 让用户教育回归服务本质

从教育的有效性而言,只有能为学生所接受的教育才是有效的。而要为学生所接受,就必须适应和满足学生的接受需要,所以教育本身就是一种服务,当然是一种特殊的服务。甚至连那些道貌岸然摆出教育者高高在上姿态拒绝承认教育是服务的论者,也不得不承认"广义地说教育就是服务是永远正确的"[②]。图书馆用户教育是图书馆为用户提供的一项服务,具有服务本质。这种服务本质体现在:第一,只有为用户所接受,才是有效的;第二,服务内容、服务方式,都是以能满

---

① 王燕海,盛春蕾,范广兵. 科研用户对研究所图书馆学科化服务的认知度分析[J]. 现代情报,2008(12):165 - 166

② 高飞. 教育绝不是服务[J]. 教育理论与实践,2008(3):8 - 9

足用户需要为依据的;第三,图书馆员作为教育者与用户之间是一种平等的互相选择的关系,图书馆员无法像课程教师那样以一种制度优越的地位给予学生施加教育影响,就是说课程教师上课可以通过学分、学校制度等手段管理和要求学生,而图书馆员则无法要求用户。图书馆任何教育培训讲座,只有内容符合用户需求,才能为用户所接受,才有用户愿意参与,否则就会无人问津;图书馆开设的文献检索课虽然有学分,但绝大多数都是选修课。所以图书馆的用户教育主要是一种服务,必须回归服务本质,也只有回归服务本质,才能为用户所接受,才能提高教育的有效性。

高校图书馆的用户教育要回归服务本质,就必须以用户需求为本,无论是教育内容还是形式,都必须以用户需求为立足点和出发点,以用户需求为依归。以嵌入式教学服务为例,我们并不是说图书馆不应该开展这一教学服务,而是说图书馆是否开展嵌入式服务,如何嵌入、嵌入到什么程度,不能图书馆员自己整天坐在办公室想当然,更不能脱离实际的空想,而是要看所面对的用户是否有这种需求,有这种需求,才有这种服务,没有这种需求,难道图书馆员还打算擅自闯入学科教师课堂上去上课么?

用户教育服务要回归服务本质,就必须:

(1)出发点要从图书馆转向用户

必须彻底改变立足图书馆和图书馆资源的教育方式,因为用户并不关心图书馆有什么数据库,图书馆数据库是否重要,是否处于闲置状态,他们只关心对于自己是否有用,有什么用,他们不会为了自己不感兴趣的所谓数据库培训或图书馆某种服务的讲座而浪费自己的宝贵时间来聆听图书馆员唠叨。即推出任何一个服务项目,举办任何一场讲座,都要从"给用户什么"转向"用户需要什么",都要站在用户角度考虑能够给用户提供什么帮助,能满足用户什么需要。哪些内容是用户所需要的,哪些内容是用户不关心的,凡是对用户没有多大意义的内容一律剔除。甚至在表达上,也要体现这一点,举办一场讲座不能再立足于图书馆给用户介绍什么数据库、什么资源,而是要立足于能给用户什么支持和帮助,就是说能给用户什么好处或方便。可喜的是,已经有少数高校图书馆在这方面做了很宝贵的尝试和探索,中国人民大学图书馆就是其中一个很好的范例:"一站式快捷知识发现新体验——人大图书馆中、外文知识发现平台的利用""科学研究的重要佐证——统计数据的查找与获取""上穷碧落下黄泉,动手动脚找东西——馆藏古籍资源的查找和利用""文献分析可视化利器——运用CiteSpace 构建知识图谱"……表达得既生动形象活泼,又把利用价值挖掘和突出来,当用户看到这些讲座题目,至少能一目了然清楚知道这些讲座对于他们来说有什么用。

(2)落脚点要从馆员"提供了什么"转向用户"得到了什么"

不再重视用户教育形式的规范化、系统化,而是强调教育的效果。在教育形式上,只要用户愿意参与,应该不拘一格。哪怕只是跟用户的一次短暂邂逅或闲谈,也是一次开展教育的良机。每次用户教育活动的落脚点都在于,用户是否参与,参与程度如何,是否接受,接受程度如何,用户从教育活动中得到什么收获,是否获得帮助,是否为未来的学习与研究工作提供便利。

(3)树立大教育观念

图书馆的用户教育职能不仅仅体现在那几个数据库的利用培训,图书馆作为高校文献信息中心,其服务的教育性体现在各个方面:用户需要什么重要文献,最可靠的路径就是来图书馆,而不是去用搜索引擎,这是因为图书馆不仅收藏了一切记载先进的文明成果的文献,而且还拥有快捷获取和有效驾驭这些文献的技术和工具,他们利用这种高效优质的文献服务过程本身就是受教育的过程;用户需要了解最新学科动态、行业动态,最有效的方式也是来图书馆,因为这里对世界风云变幻和学科发展动态能做出最敏捷的反映,用户在接受图书馆信息服务滋润的过程中也在感受图书馆教育的魅力;用户需要开展学术交流,需要碰撞思想,最便利的方式还是来图书馆,因为这里有学校高层次学术论坛与沙龙,也有各种学术交流的平台;图书馆是各高校最高学术讲坛,每一个能够登上图书馆讲坛的专家、学者,都是学校给予的崇高肯定和荣誉,而每个来聆听学术讲座的读者,也能从中获得意想不到的思想与精神上的食粮,并终身受益。

6.3　基于对话视角的文献检索课教学

6.3.1　高校图书馆文献检索课的独白意味

现代教学论认为,教学是教师、文本(教学内容)和学生之间的互动对话,有效的教学是互动交往的对话教学①。因此,从对话的视角来审视我国高校文献检索课教学现状和教学策略无疑具有十分重要的意义。

什么是对话? 顾名思义,对,即两者相对;话,即谈话。所谓对话就是两个(或两个以上)主体之间通过语言而进行的互动交流,它是跟"独白"相对应的语言形态。然而现代对话理论却将它上升为不同主体之间互相理解、互相存在和互相发展的方式,认为"一切莫不都归结于对话""单一的声音,什么也结束不了,什么也解决不了""两个声音才是生命的最低条件,生存的最低条件"②。教学对话是师生内心世界的互相敞开,是互相真诚的倾听和接纳,是在相互接受与倾吐的过程中实现精神的相通和视界的融合。并非教师与学生之间有话语交流(如问答、讨论等)才是对话,学生主动探究、自我反省或认真聆听教师的讲解,通过思想、感情、态度和行为而进行的交流,也是对话。

对话教学是民主的教学、选择的教学,教师与学生之间互相平等、互相尊重、互相信任,彼此都愿意积极参与,积极向对方敞开胸怀。常言道,"知心话儿说不完""话不投机半句多"。是否拥有"共同的话题",是否有双方都能接受的表达方式,直接影响教学对话的引起和展开,就是说只有教学内容和教学方法能引起学生的兴趣或满足学生的

---

① 钟启泉."有效教学"研究的价值[J].教育研究,2007(6):33-34
② 巴赫金.诗学与访谈[M].石家庄:河北教育出版社,1998:340

需要,才能保证学生的积极参与和真诚回应。从教学内容看,学生大都期望通过这门课学习和掌握文献检索与利用的实用技能,然而笔者曾于2009年7月调查了我国20所重点大学图书馆网站所提供的课程简介或教学大纲,结果却显示大都偏重理论知识的传递,重知识的系统化,轻实用技能的培养,显然难以满足学生学习的需要;从教学方法来看,普遍实行"集中授课,分散实习",教师视学生为知识接受容器,习惯向他们不厌其烦传授和讲懂自以为重要的知识,然后让他们分散练习,学生是否接受了所灌输的知识,是否真正在按要求练习,练习情况如何,难以得到保证和及时反馈,课堂讲授机械,课堂气氛沉闷,学生与教师之间缺乏互动①。

任何对话都有很强的针对性,对不同的人说不同的话,因材施教也是对话教学的重要原则。不同专业学生有不同的知识结构、经验背景,有不同的学习兴趣与需要。然而在笔者曾调查的20所重点大学中,只有9所实行社科、理工、医学、经济等分科教学,多数学校是面向各专业各层次学生的统一教学,即擅长教育文献检索的教师对谁都讲教育文献的检索,擅长医学文献检索的教师对谁都讲授医学文献的检索,导致学生感觉味同嚼蜡。

没有积极参与,就没有对话,对话教学是主动参与的教学。然而,我国高校文献检索课学生普遍缺乏学习积极性、主动性,主要表现在:选课情况普遍不理想;缺课逃课现象普遍存在,使一些高校不得不把考勤也作为课程结业成绩的一部分借此逼迫学生上课(如上海交通大学、哈尔滨工业大学学生考勤均占课程结业成绩的20%);在网络环境下让学生上机实习,学生常会上网做一些与课堂教学无关的事,如QQ聊天、看影视剧等,难以保证实习的成效。

对话教学评价是发展性评价,即评价也是教学手段,是为培养学生学习兴趣、发展学生学习能力服务的。然而,我国高校文献检索课

---

① 徐晓琳,蒋亚琳,熊建萍. 网络环境下的文检课改革[J]. 图书馆建设,2005(6):113

大都实行终结性考试,即把甄别性结业考试当作课程目的,教师教学是为结业考试做准备,考试命题以上课内容为依据,以"难倒"学生为手段,以此来逼迫学生听课接受教师传递的知识,而学生学习也只是为了应付结业考试,只要临考"抱佛脚"考得 60 分就够了,一旦考试过关也就意味着学生对本课程学习的永远终结,从此再无兴趣学习这门课程。

6.3.2 基于对话要求的教学策略

我国高校图书馆开设的文献检索课教学长期在传递与独白中徘徊,教学效果并不理想。基于对话教学的要求提出如下建议:

(1)以经验为基础

有效学习首先需要学习者主动学习,而主动学习的心理倾向则来源于兴趣和需要,兴趣与需要又是以经验为基础的。当新知识与旧经验"相关联时,学生便会发生兴趣进行学习"①。北师大珠海分校图书馆 2009 年上半年给学生推出的若干个专题培训讲座,其中搜索引擎的利用和学术论文撰写指导最受欢迎,原因在于这两个专题所涉及的内容,学生已有了不少实践经验,有许多困惑需要解决,他们有兴趣进一步学习和了解。

现代学习理论认为,知识是不能传递的,学习者不是知识接受容器,只能被动接受教师所传递的知识,相反,他们在学习过程中总是从自己的经验背景出发,主动地选择和加工外来信息,知识的意义是在新旧知识间反复的、双向的相互作用过程中建构而成的。建构主义的观点是,学习是否有意义,取决于新旧知识之间是否建立了联系②。从教学关系来看,教师所"教"的知识能否有效为学生所接受,也取决于是否与学生的经验建立了联系。因此,有效教学首先是经验的激活。这就要求文献检索课教学内容应尽可能经验化,或从学生文献检索与

① 佐藤正夫.教学论原理[M].北京:人民教育出版社,2001:220
② 施良方.学习论[M].北京:人民教育出版社,1994:246

利用经验出发引出新知识,或在学生已有经验基础上拓展视野、丰富经验内涵,或引导学生在反思经验中发现新知识,或将新知识尽可能与学生已有经验相联系。例如,学生大都习惯在百度检索框里直接输入检索词进行检索,往往得到千万条检索结果,但相关度极低,在这一经验基础上引导学生如何将检索词限定在标题中并进行精确匹配以提高检索结果相关度,学生无疑会兴致盎然,且很容易掌握。

(2)以可感受为抓手

文献检索课教学中常常发生这样的现象,教师讲得唾沫飞溅,学生却充耳不闻,教师的演示细致入微,而学生却视若无睹、无动于衷。这是因为人只对一定范围内的外来刺激有感觉[①]。经验证明,如果是能理解并能唤起需要和兴趣的刺激,哪怕微弱,也可能引起感觉和注意,如果是不能理解亦不能唤起需要和兴趣的刺激,即使强烈,也会毫无感觉。文献检索课强调教学的可感受就是强调教学内容和教学语言易引起学生注意和感觉,易为学生所理解和接受,没有理解的困难,没有接受的障碍。

首先,文献检索课要尽可能将教学内容与学生的专业学习需要相结合,与学生未来发展需要相结合,与学生每天生活其中的社会发展需要相结合,提倡教学内容生活化,即尽可能将学生生活引入教学,将教学内容与学生生活对文献信息的需要联系起来。假如每次让学生检索的对象都是学生生活、学习与发展值得关注的文献信息,那么学生自然会聚精会神并以参与为乐。

其次,尽可能改变各专业学生集中统一授课的弊病,实行分学科、分专业教学,以满足不同专业学生的不同需要,保证教学内容的针对性和服务性。实践证明,教师在课堂上给学生提供一些和他们专业不相关的教学内容易产生陌生感,不利于他们的理解和接受[②]。四川大

① 彭聃龄. 普通心理学[M]. 北京:北京师范大学出版社,2001:78
② 王泽琪,周凤飞. 体现本科专业特点的信息检索课程教学内容研究[J]. 图书馆工作与研究,2007(3):97

学图书馆网站提供的"检索课题汇编",多为学术性课题,与学生生活、学习与发展有较大距离,显然不利于调动学生学习积极性。北师大珠海分校多年教学经验表明,直接以学生生活、学习中普遍关心和感兴趣的问题作为检索练习对象(如就业问题、时事热点问题、行业发展问题等),有利于引起学生的学习兴趣,而通过与专业教师合作,在学生的专业课里插入部分课时开展专业文献检索的教学与指导,则更让学生受用。

再次,教学语言要通俗易懂,丰富多彩,让学生愿听乐读,且一听就明,一读就懂。提出这样的要求,是因为人对语言的把握主要是无意识的不假思索的直觉活动,思维并不直接参与[1],加上教师的教学语言是快速流动的,学生没有时间分辨和回顾。北师大珠海分校学生通过评课系统反映不喜欢文检课的主要原因之一就是教学语言的单调、死板、枯燥乏味。因此,要改变传统那种对任何专业学生都用图书情报专业术语和语言来表达教学内容的方式,对不同专业学生说不同的话,说专业"行话",说贴近学生心窝的话,让教学语言犹如生活式的对话,生动活泼,情趣盎然,学生一听一见都感到亲切,没有心与心的距离。

(3)以活动为中心

文献检索课要培养学生检索与利用文献的技能,而技能是在练习中逐步形成的,因此,应坚持以学生的练习实践为主,教师的讲授应压缩到最少并有效为学生的练习服务。通过学生身临其境的检索实际锻炼,直接面对各种检索课题,能促进检索技能真谛的理解和把握,真正培养学生独立分析和解决问题的能力[2]。但是,如果练习的对象(题目)跟学生毫无关系,练习毫无意义,就会变成被动的机械训练,影响学生练习积极性和效果。因此,文献检索课应提倡活动教学,也就

---

① 王尚文.语感论[M].上海:上海教育出版社,2002:35

② 洪拓夷.信息检索"实践+研究+自助"教学新模式[J].图书馆杂志,2005
(4):62

是说要赋予检索练习以意义,通过课题论证、专题综述、问题求解、演讲与辩论等方式将练习内容与学生经验相联系,将练习情境化、问题化、游戏化、生活化。或将练习置于一定情境中,使学生的学习环境与现实情境相接近,学习任务的解决过程与现实问题的解决过程相一致,或从学生感兴趣的生活经验和生活情境出发引发问题与矛盾,让学生在解决问题与矛盾的实际操作过程中理解知识、形成技能、树立意识、实现教学目标。

活动教学主张学生主动经验与探索,强调外部实际操作与内部思维操作的相互作用,强调师生之间的互动交往,强调学生练习成效的及时反馈。北师大珠海分校近年实行讲与练相结合,教师一边讲课、一边演示,学生一边操作尝试、一边练习、一边互相交流,教师随堂提供实时指导,同时充分发挥网络互动功能,让学生通过网络(如 QQ 或 E-mail)提交作业,教师及时反馈作业成果,颇受学生欢迎。这是一种学生思想感情积极投入的体验教学,体验文献检索与利用实践意义的过程就是逐步形成信息意识提高信息素养的过程。

(4)以发展为目标

开放性、未完成性是对话的两个基本特征①。文献检索课的教学内容与方式只要有助于培养学生信息素养这一课程目标的实现即可,没有必要追求知识的专业、系统和完整,也没有必要沿袭传统那种无论什么教学都从概念原理开始的死板模式。用发展的眼光精心选择教学内容,教最主要最基本最管用的知识,而"不讲授对学生未来不再有意义的任何知识"②。实践证明,在教学对话过程中不断调整和生成的教学内容和教学方式,更易为学生所接受,对于学生的学习与发展也更具现实意义。文献检索课应面对这样的事实,那就是学生在整个教学过程中都具有选择性,不感兴趣,就不会聆听,不会参与,教师无法限制学生的选择自由,只能主动接受学生选择的挑战,适应学生

---

① 胡和平.从对话理论看文学的模糊性[J].名作欣赏,2005(10):5
② 第斯多惠.德国教师培养指南[M].北京:人民教育出版社,2001:113－114

的选择,在学生的选择中提高自己的教学能力和水平。北师大珠海分校尝试对于同一练习项目给学生提供多个检索选题,让学生选择自己感兴趣的选题,明显有助于调动学生参与练习的积极性。北京航空航天大学图书馆的文献检索课实行讲座的形式,由学生任意选听不同教师的授课,甚至允许学生不上课完全自学,只要能完成一定要求的作业并能顺利通过测试即可,这显然是一种自觉适应教学选择性的可贵尝试。

文献检索课的目标是要培养学生的信息能力、信息素养,属于素养教育,而不是应试教育,因此一定要改变传统的终结性评价,实行发展性评价,即以有利于促进学生学习与发展为主,以甄别为辅。很多高校都将平时作业纳入课程成绩,然而却普遍遇到这样的难题:如果让学生提交检索练习,往往是若干同学复制同一份答案敷衍;如果让学生提交课题综述,学生便在网上下载一篇相关文献稍做修改交差,很难达到练习的目的。因此,仅在形式上注重学生学习过程的评价显然不够,关键在于改变评价的指导思想和目的,将评价和考试当作课程教学的一部分和手段。就是说,评价和考试也是为了鼓励学生学习、让学生体验利用文献检索与利用的意义和收获的乐趣,调动其学习积极性,促进其学习,最终实现教学目标,而不是为了为难学生、区分学生。北师大珠海分校学生近年来反映文检课最集中的问题就是课程结业考试太难,到底是让课程成为学生的对立物而被学生所厌恶和抛弃,还是让课程融入学生生活成为他们生活的一部分,显然很值得反思。完全可以让评价和考试变得轻松活泼一些、生活化一些,有趣一些,有意义一些,让考试结束不再成为学生学习的终结,而是继续学习的新起点。

7　让学科服务更为学科用户所接受

7.1　高校图书馆学科服务现状与思考

7.1.1　学科服务与学科馆员制度

高校图书馆所面对的服务对象最大特点就是有很强的学科性,他们的文献信息需求也有很强的专业性,这就使针对学科读者或用户文献信息需要而开展的学科服务不仅成为必要,而且必须。因此,关注和讨论学科服务及学科馆员制度具有很重要的现实意义。

(1)学科服务的内涵

学科服务是在现代信息环境下基于图书馆参考咨询服务发展而来的,是针对用户文献信息需求日益专业化和个性化而推出的一种深层次的文献信息增值服务,其服务能力直接反映图书馆的服务水平和核心能力,因而已经引起越来越多高校图书馆的关注和重视。我国绝大多数高校图书馆都已经不同程度地开展了学科服务,近半重点高校图书馆建设了自己的学科资源库和学科服务平台。学科服务也是当前我国高校图书馆界研究和讨论的热点,通过 CNKI 期刊库检索 2000年以来我国发表的有关学科服务的期刊论文达 1600 多篇,这就意味着平均每年有 100 多篇论文是在讨论学科服务问题。

关于学科服务,目前已经产生了学科服务、学科化服务、学科信息服务、学科化信息服务、学科知识服务等概念。

关于学科服务,武汉大学严玲等认为,就是高校图书馆在学科馆员基础上面向某一特定学科,通过学科信息存取和学科信息分析来满足用户在学科活动中的信息需求,并帮助用户提升信息获取和利用能力的一种专业化服务,其实质就是改变传统的坐等用户上门的被动的基础信息服务,将信息服务嵌入院系学科教学科研中,主动为用户提供个性化、特色化、专题化的信息服务,是近年来高校图书馆致力于探索并越来越备受青睐的创新型信息服务模式①。

所谓学科化服务,中国科学院国家科学图书馆李春旺等认为,就是按照科学研究(如学科、专业、项目)而不再是按照文献工作流程来组织科技信息工作,使信息服务学科化而不是阵地化,使服务内容知识化而不是简单的文献检索与传递,从而提高信息服务对用户需求和用户任务的支持力度②。学科化服务制度是以学科馆员为核心的。

所谓学科信息服务,中国科学院国家科学图书馆李慧美认为,就是图书馆利用丰富的学科资源优势,建立学科馆员队伍,为用户的教学和科研提供一体化的、深层次的知识信息服务③。

所谓学科知识服务,安徽财经大学图书馆沈小玲认为,就是以学科馆员的学科专业知识和图书情报知识为基础,针对高校教师和学生在知识获取、知识选择、知识吸收、知识利用、知识创新过程中的需求,借助学科知识管理整合平台,为高校师生提供其所需知识及其产品的服务④。

当前我国图书情报界对于学科信息服务研究呈现出如下几种倾向。

一是常把学科服务跟学科信息服务、学科化服务、学科知识服务等概念混用,因而也就有多种不同界定。虽然概念的界定各异,但内容则大同小异,都认为学科服务是图书馆适应现代信息环境、针对学科用户的专业文献信息需要而主动开展的服务,都强调了学科馆员的

① 严玲.中美高校专业图书馆学科服务创新与发展探析——以高校法学院图书馆为例[J].图书情报知识,2012(6):120
② 李春旺.学科化服务模式研究[J].图书情报工作,2006(10):14
③ 李慧美,陈朝晖,杨广锋.从豆瓣网看图书馆学科信息服务的改进[J].图书馆杂志,2009(8):35-38
④ 沈小玲.基于学科知识管理的高校图书馆学科知识服务[J].情报探索,2009(8):120

核心作用,都认为是深层次的文献信息服务,主张服务内容的专业化、知识化。例如,西北师范大学张召琪等人认为学科信息服务就是按照科学研究(如学科、专业、项目)而不再是按照文献工作流程来组织科技信息工作,使信息服务学科化而不是阵地化,使服务内容知识化而不是简单的文献检索与传递,从而提高信息服务对用户需求和用户任务的支持力度①。中国科学院国家科学图书馆的吴跃伟等人甚至认为,深层次知识服务是学科化服务发展的重点,科研院所、高校等各类机构的信息服务部门已经就此达成共识②。

二是普遍热衷于从宏观层面讨论学科信息服务平台、学科共享空间的建设与学科服务体系的构建,热衷于讨论如何利用学科资源通过嵌入式或学科馆员等模式为学科建设、教学与科研服务。从微观层面、可操作层面讨论开展学科信息服务内容、服务方式与策略的少,从用户需要角度讨论学科信息服务策略的极少。通过 CNKI 期刊库检索出 2010 年以来发表的有关学科信息服务论文 276 篇,其中讨论学科信息平台建设的 34 篇、学科信息共享空间的 28 篇、学科资源库建设的 20 篇、为学科建设服务的 21 篇,学科服务模式、体系建设的 31 篇,合计占比达 48.6%。聚类技术、Web2.0 技术、RFID 技术等各种信息技术受到重视并不断被引入服务中,信息推送策略、基于产品与用户分析的信息营销策略、基于社交媒体的学科信息交互推广策略、社会化服务策略等相继被提出并付诸实践。

三是偏重于学科资源的服务内容。调查显示,我国高校图书馆学科服务内容主要是建立符合学科发展需要的馆藏资源体系、宣传推广图书馆资源与服务、提供咨询服务、开展信息素养教育、搜集学科发展动态信息、建设信息共享空间等。当然也有少数高校和科研院所开展

① 张召琪. 高校学科化信息服务创新机制研究[J]. 图书馆理论与实践,2010 (8):69 - 72

② 吴跃伟,张吉,李印结等. 基于科研用户需求的学科化服务模式与保障机制 [J]. 图书情报工作,2012(1):23 - 26

了较为深入的学科服务,例如中国科学院国家科学图书馆的学科信息服务内容就包括:有的放矢向研究人员宣传推广图书馆的信息资源与学科服务,分析把握现阶段的资源保障情况和用户的信息需求,根据用户个性化需求对学科专业的文献信息进行收集、加工、整理、分析、利用,主动为研究人员提供高水平、深层次的个性化动态服务(包括推荐文献题录信息、新闻聚合、热点问题、代表论著、新思想新观点的采集分类等),根据科研人员的特定需求对复杂的信息内容及其内在关系进行深入揭示、关联分析和知识化表现提供学科情报研究服务(包括学科领域的技术热点报告、学科领域内的技术实力位于前列的机构的重点研究倾向报告、专题项目预调研报告、技术重点的国内外发展现状与趋势以及机构之间、国家之间的对比研究报告等的专题情报服务和对科研机构及其国际国内竞争对象的研发实力、研发产出、未来研发趋势、技术革新贡献等方面情况的分析与评价而提供的决策参考服务),建立学科馆员支撑平台①。可见,他们把学科资源、学科文献、学科知识信息的服务都看作是学科信息服务的重要内容。

(2)学科馆员制度概述

学科服务主要是由图书馆学科馆员提供的服务,因此建立有效的学科馆员制度就成为学科服务的基本保证。所谓学科馆员也称专业馆员或具有专业背景的参考馆员,是指掌握一定学科专业知识,并精通图书情报知识,能为相应学科提供深层次的文献信息服务的研究型、实用型资深图书馆员②。

学科馆员是在参考馆员基础上发展起来的,其出现主要有两方面原因:一方面,随着信息技术的高速发展,海量的数字信息使用户无所适从,一个专家、学者即使对自己所从事的专业发展现状与趋势也不

① 王春,方曙,杨志萍等. 中国科学院国家科学图书馆"学科馆员"的学科化服务[J]. 图书情报工作,2007(2):107-109
② 祁宁,吴齐. 论高校图书馆学科馆员制度的建设——对沈阳建筑大学图书馆学科馆员制度的建议[J]. 图书馆学刊,2007(6):66

能迅速、及时掌握或了解,这就需要有专门从事信息服务的图书馆员帮助他们搜集、筛选、整合有关学科的知识、信息,以促进他们的教学与科研工作;另一方面,随着知识结构的日趋复杂化,学科之间出现了分化与融合,交叉学科、新兴学科亦不断涌现,在学科分化越来越细,用户对文献信息的需求专指性越来越强的情况下,传统的参考咨询服务越来越难以满足用户的学科文献信息需求,图书馆为了自身的生存与发展,不得不进一步拓宽服务范围,深化服务层次,由一些了解甚至精通某一学科或者某些学科领域知识的专业图书馆员主动介入到学科交流和信息传播过程中去,从而导致了学科馆员的出现。

学科馆员最早产生于 20 世纪初期的美国研究型大学图书馆,是以学科为对象,由专门的高级服务人员提供针对性很强的对口服务。不过直到 1950 年,美国的内不拉斯加大学图书馆设立分支图书馆并配备学科馆员进行管理,才算是学科馆员制度的真正建立。1981 年,美国卡内基—梅隆大学图书馆首先推出这一服务,称之为"跟踪服务"。在我国,学科馆员制度也有 10 余年的历史。1998 年,清华大学图书馆率先在国内推出学科馆员制度,紧接着西安交通大学图书馆(2000 年实行)、北京大学图书馆(2001 年实行)等重点高校图书馆也陆续实施了这一制度。目前,我国大多数高校图书馆已纷纷试行这一制度。

一般认为[①],学科馆员不同于参考馆员,主要表现在:

——服务模式不同。参考馆员往往以图书馆咨询台为阵地,被动等待用户提问,给予用户应答式服务;而学科馆员则通过某种联络机制与教师、科研人员建立密切联系,甚至成为合作伙伴,主动走进甚至参与用户的教学与科研活动中,主动获取用户需求信息,主动将图书馆的资源与服务信息推送给用户。

——服务对象不同。参考馆员面向所有用户提供全面的服务,用

---

① 李春旺. 学科馆员与参考馆员、信息经纪人比较研究[J]. 大学图书馆学报,
2005(4):10 – 11

户对象广泛,具有随机性和不确定性,且需求各异;而学科馆员主要面向学科教师、学生和科研人员,服务范围较小,用户组成稳定,且身份明确,信息需求也有很多共性。

——服务性质不同。参考馆员解决用户在利用图书馆资源与服务过程中的一般性问题,向用户提供一般性文献信息服务,解答的问题具有综合性、大众化等特点;而学科馆员则提供较强专业化、针对性的服务,主要解决学科专业人员在教学与研究过程中遇到的深层次问题,这就要求学科馆员必须成为学科文献信息专家,能为用户提供深层次的文献信息服务或知识服务。

——服务形式不同。参考馆员是"以图书馆为中心"的信息服务形式,图书馆员与用户之间界线分明,没有密切的联系,甚至解答完用户提问后,彼此就失去了联系,处于完全陌生状态,而学科馆员则是一种"以用户为中心"的信息服务形式,图书馆员与用户之间保持着密切联系,彼此的边界变得模糊甚至相互渗透,成为合作伙伴。

有论者对学科馆员的主要工作做了详细描述,认为学科馆员有三大任务:

一是文献资源建设与学科资源开发,即掌握本学科专业建设发展动态、了解学科所在院系研究人员情况、图书馆有关该专业文献资源馆藏现状;撰写本学科文献资源发展政策,与采访人员共同制订专业文献收集的方案,并确定文献购置的优先级别;了解对口院系的文献信息需求,联系和组织院系教师、科研人员圈选文献,参与推荐、选订对口学科的纸本和电子资源;参加本学科资源导航库的建设、参加课题研究工作。

二是信息参考咨询和学科培训指导,即收集和了解院系师生的培训需求,进行馆藏资源与服务的推介,编制学科索引,对学科网络资源进行搜集整理和链接;帮助课题申报进行查新服务,为院系教师和研究生提供日常咨询与科研课题检索,定期或不定期举办专题培训,对研究生学位论文的写作提供指导。

三是信息素质教育,即承担公共文献检索课程、担任新生入学教育指导和各种针对提高用户自我信息获取能力的数据库检索技术的培训课程①。

如果总结大部分论者的观点,可以把学科馆员的主要工作职责归结为如下几方面:

——学科参考咨询服务。主要是提供数据库检索、用户教育、用户学科信息资源导航、馆藏建设的咨询与指导等服务。我国高校图书馆一般要求学科馆员熟悉本馆学科资源的馆藏分布、利用情况,主动向对口院系宣传和推送图书馆的新资源、新服务,编写和更新相关学科的资源利用指南,为对口院系师生提供专业的咨询与辅导,通过新生入学教育和有针对性的资源利用培训讲座等方式,提高用户利用学科文献信息资源的能力。

——院系联络。有的高校图书馆干脆称学科馆员为学科联系人,可见此职责的重要性。主要是与对口院系师生及学术带头人建立长期固定的联系,深入了解他们对于专业文献信息的需求,收集他们对于图书馆资源与服务的意见或建议等,同时了解对口院系的学科建设与发展情况、教学与科研的计划和发展情况、学术活动的开展情况以及他们对于图书馆资源建设的意见等。

——参与院系教学科研活动。即定期参加对口院系全体会议及各种学科教学科研有关的正式或非正式的活动,如参与院系的学科建设或课程设置计划,定期到院系或教研室坐班,提供定时定点上门服务或参加院系一些其他教学与科研活动。这一职责主要在西方高校图书馆中实现着,我国高校图书馆很少实施。

——学科资源建设。即参与拟定对口服务学科领域的馆藏发展规划,试用、筛选、评价学科文献资源,制订学科采访计划,为采购数据库、图书、期刊资源提供参考;负责搜集、筛选、整理相关学科的网络信息资源,对其内容和来源做简要的提示和评介,用链接的方式在图书

---

① 柳卫莉,卢娅.高校图书馆学科馆员服务效果调查分析[J].图书馆,2010(6):66

馆网页上建立目录式的学科资源导航,并组织出能满足用户需求的专题资源,编写出学科资源利用指南等。

——个性化信息服务。即根据对口院系教学与科研需要开展有针对性的服务,搜集整理学科文献信息资源,跟踪学术前沿动态,就热点问题、学术新成果进行收集、整理、分析与研究,并进行深度加工,编写出二、三次文献,通过学科资源导航、信息快报、专题综述、学科书目索引等方式提供给他们。目前,我国只有少数高校图书馆开展了这一服务。

学科馆员被认为是代表着图书馆的形象与品牌,是图书馆的一面旗帜,由图书馆的精英组成,其素养和学识都应该在一般图书馆员之上,因此要求他们具有一定的学科背景,拥有深厚的学科知识底蕴,了解、熟悉学科知识发展的历史、现状与趋势,尤其是要熟悉学科主要文献及工具书,能跟踪学术研究的前沿与热点问题,能为学科用户提供深层次信息服务。虽然,我国有部分高校图书馆是拥有学科背景的硕士以上学历的人士担任学科馆员,但绝大多数高校图书馆依然是图书情报专业背景的图书馆员兼任学科馆员,显然难以满足用户深层次的文献信息需求和知识需要。尽管如此,实行学科馆员制度有利于图书馆与各院系之间建立密切的联系,使馆藏资源建设更加专业化,从而提高馆藏建设质量与水平;使图书馆的用户教育和文献信息服务更有针对性和专业性;有利于图书馆服务方式的改变,由以图书馆为中心转变为以用户为中心,由被动服务走向主动服务,由大众化、浅层次服务走向个性化、深层次服务。

7.1.2 我国高校图书馆学科服务现状

利用 CNKI 期刊库检索出从专业期刊上发表的许多针对我国各类高校图书馆开展学科服务情况调查的论文,全面反映了我国高校图书馆学科服务的现状。

2009 年 12 月,一份针对"985 工程"高校图书馆的网上调查结果显示,在学科服务载体方面,开展学科导航或学科资源服务的院校有

32 所,占总量的 84.2%;设立学科分馆的院校 15 所,占总量的 39.5%;设立学科门户或学科服务平台的院校和专门设立"学科服务" 栏目的院校各 7 所,分别占总量的 18.4%;有 22 所学校设立了学科馆 员,占总量的 57.9%;有 10 所和 2 所院校分别设立了图情教授和学生 顾问与学科馆员协同进行学科服务的沟通互动和保障工作;在参考咨 询方式上,38 所院校均开展了至少包括 FAQ 查询或电话或 E-mail 咨 询的服务方式。有 22 所院校开展了互动性更强的实时咨询;有 9 所 院校推出了手机短信的提醒服务①。

我国高校图书馆学科馆员开展学科服务的职责普遍跟清华大学 图书馆学科馆员的职责(见表 7 – 1)大同小异、基本类似。无外乎是 四方面的内容:一是院系联系,学科馆员与院系之间建立一多一、一对 多、多对一、多对多等形式的联系,为院系师生提供馆藏资源宣传与推 介、课题跟踪、学科文献检索等服务;二是参与学科资源建设;三是查 收查引及科技查新服务;四是信息素质教育服务②。也有论者通过调 查将"211 工程"高校图书馆学科服务内容总结为五个方面:一是文献 资源建设,通过了解各学院的学科资源需求,与各学院合作,建立符合 学科发展需要的馆藏资源体系,通过多种渠道宣传推广图书馆的资源 与服务,以提高文献资源利用效率;二是咨询服务,以学科馆员为核 心,通过电话、E-mail、网络等方式提供全方位的信息咨询服务,为学科 用户提供科技查新、查收查引、定题服务、代查代检等服务;三是信息 素养教育,提供基于学科的用户培训工作;四是情报服务,针对对口学 科的学术研究动态,追踪学术前沿,对一些热点问题、代表论著、新观 点进行收集和分析研究,以二、三次文献的形式揭示给读者,为教学科 研提供参考;五是信息共享空间,设置集服务、设施、信息资源和人力

① 王群 . 高校图书馆学科服务实证研究[J]. 图书馆学研究,2010(16):72
② 赵闯 . 国内高校图书馆学科服务实证研究[J]. 图书馆学研究,2013(18):87

资源于一体的空间,以方便师生开展学术交流和教学研讨①。

表 7-1　清华大学图书馆学科馆员的工作职责②

- 深入了解对口院系的教学科研情况和发展动态,熟悉该学科的文献资源分布。
- 参与对口学科的资源建设,提供参考意见;推动对口院系与图书馆合作订购资源。
- 开办相关图书馆讲座,解答深度课题咨询,逐步提高对口院系师生的信息素养。
- 深入院系,征求读者意见及信息需求;与图书馆顾问密切合作。
- 编写、更新相关学科的读者参考资料,包括学科服务网页、资源使用指南等。
- 通过多种渠道宣传推广图书馆的资源与服务,以提高文献资源利用效率,使读者更加关心图书馆建设。
- 试用、评价、搜集相关学科的文献资源。
- 为对口院系的重大课题提供文献层面的特别帮助;与对口院系学术带头人建立联系。

　　2012 年,湖北大学图书馆陈红艳等也调查了我国 39 所"985 工程"高校图书馆学科服务现状,结果显示,有 23 所(占 58.97%)开展了形式多样的学科服务,其常见服务方式有电子邮件咨询,电话、QQ、MSN、BBS 等实时在线咨询以及面对面服务等;有 37 所(占 94.87%)提供了"课题查新";有 2 所(占 53.85%)提供了"重点学科网络资源导航服务";有 9 所(占 23.08%)提供"定题服务""课题参与"等服务。该调查还总结了"985 工程"高校图书馆学科服务存在的主要问题:一是学科馆员数量不足、素质亟待提高,复旦大学图书馆由 4 名学科馆员负责 28 个学科,同济大学图书馆的 6 名学科馆员向全校 31 个学科

---

① 陆莉."211 工程"高校图书馆学科服务现状调查与分析[J].图书馆学研究,2013(4):61

② 清华大学图书馆学科服务[EB/OL].[2014-12-12]. http://lib.tsing-hua. edu. cn/service/sub_librarian. html

服务,西安交通大学图书馆的 8 名学科馆员服务全校 18 个学科;除上海交通大学、浙江大学和华中科技大学等少数图书馆任职条件要求与国外高校图书馆接近以外,大多数高校的学科馆员在学历层次、专业知识结构上还不够合理,具有图书情报专业的学科馆员大多不具有其他学科专业背景,具有其他专业背景的学科馆员又多不具有图书情报专业背景,二者兼备的微乎其微。二是工作模式单一,39 所高校除了"原文传递""查收查引"等初级水平的学科信息服务都提供外,"课题查新""学科网页""重点学科网络资源导航""学科服务平台""学科博客""学科及个人学术评价""定题服务""学科动态跟踪"等深层次的学科服务,开展得还不够充分。三是涵盖学科范围窄,影响力尚需增强①。

2013 年,广东外语外贸大学图书馆罗亚泓调查了广州大学城各高校图书馆开展学科服务情况(见表 7-2),结果显示,10 所广州大学城高校图书馆学科服务情况并不理想,已建学科服务平台的仅 3 所馆,已建学科主页或学科博客的仅 3 所馆,开展嵌入课题研究或嵌入学院教学的图书馆服务量极小,开展较多的服务主要是信息检索课、科技查新、代查代检等传统参考咨询服务的内容。该调查认为,广州大学城高校图书馆的学科服务除了人力资源紧张外,还存在以下问题:一是缺乏品牌效应,仅有少数图书馆采取"学科分馆"或者"学科馆员"的方式开展学科服务工作,而采取"跨部门协作方式"的图书馆较多,与学科服务相关的工作分散在几个部门,隶属于不同部门的业务范畴之下,读者对于学科服务难以形成一个完整的认识,不利于拓展学科服务工作;二是缺乏经济效益和相应的评估、激励机制;三是对嵌入式学科服务的认知水平程度不一,各馆嵌入院系研究项目的实例很少,嵌入课程教学的数量也不多,还没有找到有效开展嵌入式学科服务的突破口;四是服务对象认可度不高,很多老师还没有认识到学科服务

---

① 陈红艳,章望英,孙晶. 我国"985"高校图书馆学科服务现状调查与分析[J]. 高校图书馆工作,2012(3):85-89

对于教研的重要性,使学科服务难以嵌入到课题、科研项目、课堂教学中去;五是缺乏相关的调研工作和反馈机制①。

表7-2　广州大学城高校图书馆学科服务项目及实施情况

服务项目　图书馆	学科服务平台	学科主页博客	嵌入课题研究	嵌入学院教学	信息素质教育	特定读者培训	科技查新	代查代检	信息推送
中山大学图书馆	在建		少	少	必/选修	多	多	多	多
华南理工大学图书馆	已建		少	少	必/选修	多	多	多	多
暨南大学图书馆	在建	在建			选修	多	多	少	少
广州大学图书馆					必修	多		多	少
广东外贸外语大学图书馆	在建	在建	少	少	选修			少	多
广东工业大学图书馆		已建	少		选修		多	多	多
广东药学院图书馆	已建	已建	少	少	必修	少	多	多	少
广东中医院大学图书馆	已建	已建			选修		多	多	多
广东美术学院图书馆				少		少		少	少
星海音乐学院图书馆			少		选修	少			少

说明:表中"多"表示平均每周一次以上,"少"表示平均每学期一次左右。

---

① 罗亚泓.广州大学城高校图书馆学科服务现状调研与建议[J].图书情报工作,2013(11):66-67

我国高校图书馆学科服务普遍面临的困境是:图书馆虽然主动提供了丰富多彩的学科服务项目,但用户却不利用、不响应。例如,许多高校图书馆由学科馆员负责联系院系,希望院系有专人负责帮助选订图书、期刊等,这本是满足院系教学与研究文献信息需要、提高馆藏资源建设与服务水平行之有效的重要举措,但院系教师要么敷衍塞责,要么不愿意积极参与。北京师范大学珠海分校图书馆就采取了由院系教师圈选文献采购目录这一举措,但由于缺乏激励机制和管理措施,院系教师参与的积极性并不高,效果并不理想,许多学科用户需要的馆藏文献依然难以得到满足。完全可以想象,协作式被公认是深入学科用户需求、嵌入学科教学与科研过程的重要服务模式,被许多研究者所推崇,然而学科用户凭什么参与图书馆员的服务协作,凭什么愿意让图书馆员介入自己的学习与研究过程,一句话,用户凭什么跟图书馆员建立起积极的协作关系却是一大难题。

综上所述,我国高校图书馆无论是重点高校,还是一般高校,虽然普遍开展了学科服务,但所做的服务工作还主要是建设学科资源及其导航、建构学科服务平台等外围工作,开展服务的学科馆员大都不拥有学科专业背景,服务的专业化程度普遍不高,与学科用户的联系还不够紧密,服务的深度普遍较浅,服务效果普遍不理想,还难以满足用户的专业化需求,可以说还没有找到能深入或融入学科用户教学与科研过程、满足其深层次的文献信息需求的有效路径。

7.1.3　改进学科服务工作应循之原则

如今,图书馆必须面对的一大现状与趋势是,用户文献信息需求越来越专业化,高校用户需求尤其如此,所以图书馆文献信息服务也必须适应这一趋势,只有开展学科服务才能满足高校用户的专业化需求。然而对于如何开展学科服务,如何提升学科服务水平与效益,要么就是加强学科特色资源和学科服务平台建设,要么就是优化学科馆员队伍建设,要么就是重视嵌入式学科服务模式,要么就是树立品牌意识等,此外,再也难以提出有实践价值和创新价值的新策略。大多数讨论都是从图书馆发展角度,甚至从图书馆面临的生存危机的角度来讨论学科服务的重要性,或者从国外高校图书馆的服务理念与策略来构建我国高校图书馆学科服务的理念与策略,很少从我国高校用户需要的角度来讨论和规划学科服务的有效策略。

如果从用户角度看,高校图书馆的有效学科服务应遵循以下原则。

(1)专业性原则

学科服务的要义就是服务内容要有学科性和专业性,而不再是文献检索与利用的一般知识的服务,用户通过这一服务能获得的是专业文献、文献信息以及获得专业文献与信息的方法与路径。这就要求提供这项服务的服务馆员也必须拥有学科背景,甚至具备较高的学科素养,只有学科服务馆员十分熟悉甚至精通学科文献状况,并始终处于学科教学与科研第一线,才能亲身体验到一线学科教学与研究过程中的文献信息需要,其服务才能赢得学科用户信任,才能提供专业的学科服务满足学科用户专业需要。也就是说,开展学科服务的学科馆员必须是学科文献信息专家和学科专家,才能胜任学科服务。且不说"隔行如隔山""外行看热闹、内行看门道",就以笔者经验为例就可以证明这一点。笔者的专业本是基础教育的语文和思想政治教育,亲身感受到:北京师范大学图书馆的高级馆员给教育硕士研究生上的课或者举办的讲座就主要是讲图书馆数据库如何用,如何查期刊论文、学位论文等,而作为中小学教师或者即将成为中小学教师的教育硕士研究生来说,他们更关心如何高水平设计一堂课,那些有影响的特级教师是如何处理一篇课文的教学;他们更需要一线课堂教学所需要的参考性事实资料,例如,优秀的教学设计、特级教师的课堂实录、支持教学的某个主题的事实性参考资料等,对于期刊论文、学位论文,他们只是在撰写学位论文或研究论文时才给予关注。经验证明,没有专业背景和素养的图书馆员对于用户文献信息需求的理解和有专业素养并从事一线专业实践的用户对于文献信息需求的理解,是完全不一样的。很难想象一个专业领域较精通的人会希望另一个专业外行为其提供所谓专业知识上的帮助。

（2）服务性原则

任何一项服务都是为了满足用户需求,有效学科服务同样必须以用户需求为本。服务什么、如何服务,必须以用户需要什么为前提。2010 年,武汉大学图书馆柳卫莉等以问卷加访谈的方式调查了武汉大学教师、研究人员和在校博硕士研究生,当问用户"对图书馆服务有哪些需求或已经满足了您哪些需求"问题时,55%的用户希望学习信息检索的技巧,40%的用户希望获得系统序化的学科信息资源,还有部分教师用户希望及时了解学科行业发展动态,较少的用户希望学科馆员协助课题查新与立项及成果影响力跟踪;而研究生中80%希望利用学科馆员服务得到有关网络资源、数据库检索使用技巧培训①。由此可见,用户对于学科服务的主要需求还是文献信息的获取与利用,对于深层次的融入用户专业教学与研究的所谓知识方面的需求并不强烈。所以图书馆服务什么、如何服务,还是需要实事求是、因地制宜,而不能照搬国外高校图书馆的做法,毕竟国情不一样,服务对象不一样,需求也不一样。从用户角度看,他们的需求归根到底无疑是知识的需求,但这种需求是他们自己通过文献信息获得的,并非希望图书馆员直接提供和传授,对于图书馆员提供的所谓知识,他们还需要一番识别、判断和选择,他们甚至怀疑图书馆员能给予专业知识上的帮助。

（3）可靠性原则

用户利用图书馆学科服务所获得的文献信息应该是可靠的。这个可靠性主要包括:文献信息来源的可靠性,这无疑是图书馆员的优势所在;文献信息内容的可靠性,这需要用户自己判断和识别;文献信息提供者的可靠性,这无疑取决于图书馆员的素养和服务水平与质量,靠图书馆员自己通过服务建立起用户的信任。一方面,学科馆员拥有用户难以企及的对文献信息高超的掌控力和驾驭力,如果用户需要指定的文献,他们能迅速帮助用户找到并调取出来提供给用户;如

---

① 柳卫莉,卢娅.高校图书馆学科馆员服务效果调查分析［J］.图书馆,2010 (6):66－67

果用户需要特定的知识,学科馆员能迅速锁定目标文献并迅速提取出来供用户参考;如果用户需要事实或数据,学科馆员能迅速检出目标文献并挖掘出来供用户选择利用;无论从技术上讲还是从服务效果上讲,学科馆员都拥有大有可为的服务空间。另一方面,如果学科馆员也拥有深厚的学科专业素养,并长期处于教学科研最前沿,那么他们所提供的服务,无疑极具可靠性,很容易为用户所接受。然而有调查显示,学科用户对学科馆员所具备的专业知识的深度缺乏足够的信心,对学科馆员在学术问题上能够提供的帮助程度有所怀疑①。由此可见,学科服务的可靠性也取决于服务的专业性,服务的专业水平越高,其可靠性就越高,就越能赢得用户信任,反之则反然。

(4)便利性原则

当前,高校图书馆学科服务虽然做了很多服务工作,但用户利用率较低的另一个重要原因是不方便。例如,图书馆往往只提供学科馆员的电话或电子信箱,但用户却更希望面对面沟通交流以便能使图书馆员深入准确理解用户具体需求,然而他们来图书馆要找到分散在各个部门的学科馆员却很难;图书馆网上所提供的科技查新、文献传递等页面大多数都只是介绍利用这些服务的流程和路径,用户并不能直接利用这些服务;虽然图书馆建设了一些学科特色资源或者学科资源导航,但分类复杂,检索效果也不理想,需要耗费用户大量时间和精力加以辨识和筛选……为什么用户愿意用百度检索资料,而不愿意用图书馆数据库检索资料?主要原因之一就是百度极具便利性,不需要什么检索技术,任何人在任何地点只要能上网都能检索利用,且检索结果虽庞杂并良莠不齐,但百度百科、百度知道等排在前面的内容基本可以满足用户一般需要,而图书馆数据库不仅离开学校 IP 范围就无法使用,而且数据库本身就种类繁多,检索利用技术复杂,且检索结果距离目标资料并不近。所以如何让用户更方便地利用学科服务,如何

---

① 王燕海,盛春蕾,范广兵. 科研用户对研究所图书馆学科化服务的认知度分析[J]. 现代情报,2008(12):169

让用户每次利用都能满足需求,这无疑是高校图书馆学科服务必须努力的追求。所谓便,就是方便,用户利用学科服务很方便,任何地方任何人,只要有需要都能用,而且可一站式解决问题,无须从一个部门转到另一个部门,无须从一个服务馆员踢皮球般踢到另一个服务馆员,无须从一个网页转到另一个甚至若干个网页,且利用方法简单,无须专门训练。所谓利,就是能得到好处,就是用户利用学科服务能解决自己的问题,满足自己的需要。如果用户利用方便,又能满足自己各种层次和类别的文献信息需要,那么他们何乐而不用呢。CNKI 数据库通过知识挖掘技术为用户提供的"概念检索"能为用户提供关于概念的较高检准度的检索结果,有较高实用性,但检索结果过多,无法按照一定标准加以筛选,用户还需要一一查看来源才能做出判断和评价,这就导致用户利用依然很不方便。如果能提供按照被引次数、被用户推荐或赞同次数或学科等分类排序服务,不仅能方便用户,而且能提高用户利用此服务的满足度,从而使用户更多利用此项服务。

7.1.4 独立学院学科馆员制度的路径选择

独立学院的办学方向主要是适应高等教育大众化要求为社会培养和输送应用型人才。作为服务于独立学院教学与科研工作的图书馆,其馆藏资源建设和各项服务也应与此相适应。因此,适应独立学院教学与科研需要,探讨在独立学院图书馆实施学科馆员制度的路径问题就有必要了。笔者在北京师范大学珠海分校图书馆一直从事参考咨询工作,深感用户对参考咨询服务的要求越来越高,特别是学科化、专业性文献信息需求所占比例越来越大,咨询馆员的专业素养和服务的专业水平,直接影响服务的有效性和用户的认可度。因此,适应独立学院教学与科研需要,探讨在独立学院图书馆实施学科馆员制度的路径问题就有必要了。

(1)独立学院用户对图书馆学科服务的要求

独立学院图书馆是否有必要实施学科馆员制度? 这首先需要对学科馆员本身有个正确认识。学科馆员是在参考咨询服务基础上为适应读者专业化需求而产生的,是体现图书馆建设与专业化服务水平的重要保证①。可以说,所有高校图书馆为了提高馆藏水平和服务水平,都需要学科馆员的专业化工作,独立学院图书馆也不例外。事实上,独立学院用户对于图书馆的学科服务有着特殊的需要。

从独立学院学生用户情况看,他们大多家庭经济条件较好,兴趣爱好广泛,思维活跃,容易接受新事物、新观点、新理念,有较多接触社会各方面新知识的愿望和兴趣②。在北京师范大学珠海分校学生读者中,学术期刊较受冷落,专业应用型图书、社会热门畅销书和部分报纸受到欢迎,可见他们对于纯理论、纯学术性知识缺乏兴趣,比较关注的是学科前沿知识的应用价值;他们关注社会发展动态、行业发展动态,希望图书馆能提供这样的窗口让他们对这方面的信息了然于胸;他们不满足于文献信息的一般查找和检索结果的获得,希望咨询馆员能给予比较专业的利用信息进行学习与研究的方法指导,如果咨询馆员能够从专业角度特别是实践角度指导他们分析、评价和利用检得的文献信息,从而帮助他们获得学习与研究的有效策略,真正成为他们比较专业的咨询顾问,就会赢得他们的信任和尊敬。

独立学院的办学方向主要是适应高等教育大众化要求为社会培养和输送应用型人才③,这就决定了实践教学与应用研究在独立学院的突出地位。北京师范大学珠海分校近年的学生评教情况表明,那些既能反映学科前沿知识,又能与生动活泼的社会实践密切结合或者能给学生学习与发展带来新知识、新经验从而获得实际收益的课堂教学更受学生欢迎,那些善于指导学生将专业新知识应用于社会实践的教师更受学生喜爱。这就对教师的教学与研究工作提出了不同于传统

① 吴漂生. 我国学科馆员研究综述[J]. 图书馆理论与实践,2006(6):71
② 荆光辉,张润泽,安云初等. 独立学院人才培养目标思辨与定位[J]. 中国高教研究,2006(4):48
③ 周进,冯向东. 独立学院的办学定位与办学主体转换——依托名校办分校的"办学主体转换机制"研究[J]. 高等教育研究,2007(9):55

高校的特殊要求。

独立学院的教师主要由三部分组成:一部分是母体学校派出的教师,教学与科研任务较重,无暇顾及独立学院的教学与科研新要求;一部分是退休教师,虽有丰富的经验,但年龄和身体等原因,使他们难以更新知识和从事科研工作;一部分是招聘的应届硕士、博士研究生,他们是独立学院教师的主体,但缺乏专业实践经验,教学任务较为繁重,没有时间和精力去追踪学科前沿、关注专业实践新经验,难以满足独立学院学生对新知识的特殊需要①。如果图书馆能够及时为他们提供相关报道,无疑大有裨益。北京师范大学珠海分校图书馆参考咨询部在 2007 年 5 月到 2008 年 5 月期间,主动向学科教师推送反映行业发展最新动态和学科发展最新成果的参考资料,不仅受到了他们的热烈欢迎,而且还部分被他们引入课堂,取得了的良好效果。

综上所述,独立学院用户对于图书馆学科服务有不用于一般普通高校用户的特殊需要,有求新、求专、求实用的特点,因而独立学院图书馆实施学科馆员制度,开展深层次学科服务不仅有必要,而且还必须适应用户的需求,服务于独立学院培养应用型人才这一办学方向。

(2)独立学院学科馆员的工作要求

独立学院图书馆如何实施学科馆员制度,如何开展工作,目前还没有可以借鉴的方案。学习国内一些高校比较成熟的经验,北京师范大学珠海分校图书馆参考咨询部几年来结合学校的实际需要,努力探索,不断尝试,不断总结,对于独立学院图书馆学科馆员有效开展学科服务工作的思路逐渐开始明晰起来。

1)服务读者对象的开放性

首先,学科馆员服务除了面向教师用户,还要向学生用户开放,甚至在某种意义上以服务学生为主。这是因为独立学院主要以本科教学为主,学生的学科文献信息需求所占比例较大。这就要求学科馆员

---

① 闻靖灏. 独立学院科研发展现状及对策[J]. 宁波大学学报(教育科学版),
　　2006(5):112－113

不仅要跟学科教师建立广泛的联系,而且还要密切与学生的联系。

其次,学科馆员服务除了面向校内用户,还要向校外社会用户开放。这是由于独立学院以培养应用型人才为目标,众多独立学院跟当地各行各业都建立了密切的合作关系,这就使图书馆的服务面向当地行业用户开放也就成为必然。北京师范大学珠海分校图书馆多年来一直面向珠海市民开放,目前已拥有数百名校外社会用户,他们不仅享受图书馆的借阅服务,而且还经常提出参考咨询请求。实践证明,向校外行业用户提供学科服务,不仅使学科馆员的服务对象范围大大拓展,而且校外用户在专业实践过程中所产生的信息需求也能及时为学科馆员所掌握并反馈给校内学科用户,从而形成校内外学科用户之间的良性信息互动。

2)服务内容的实用性

国内高校图书馆在开展学科服务方面都做了许多工作,如编制各种揭示馆藏资源、报道学科发展动态的活页和专题资料、建立了网上学科导航等,但是用户关注度和利用率却普遍较低。一个很重要的原因是没有从用户需要的角度来筛选和评价服务内容的实用价值,工作是做了,用户是否需要,用户利用没有,用得如何,就不关心了。独立学院学科馆员的服务要以用户需求为出发点,必须克服这种"为了报道而报道,为了服务而服务"的图书馆本位思想。

独立学院用户不仅专业发展与实践前沿知识,而且关注生活、学习与发展的实用知识,学科馆员作为学科信息专家[1],也能够对这些知识做出及时的反映和把握。但是独立学院的新机制又不允许无效劳动,不允许资源浪费。这就要求学科馆员开展深层次学科服务的内容既要先进,又要实用。你可以认为这是实用主义,但是用户寻求帮助就是为了解决实际问题,是为了实用而来,这是图书馆为用户提供任何服务都必须面对的基本事实。

---

[1] 朱丽萍,陈耀盛. 试论"学科馆员"的角色定位与高校图书馆实施"学科馆员"制度的必要性[J].浙江高校图书情报工作,2008(1):6

　　学科馆员提供学科服务，一定要有很强的对象意识，要以"为谁服务""用户需要什么""我们的服务能给予用户什么"等问题为基础，服务内容是用户所需要的，是有用的。国内很多高校图书馆都面向学生开设了"文献信息检索"选修课，但是学生选课情况普遍不理想，一个很重要原因在于授课内容脱离了学生的需要，授课教师总是企图把各种数据库检索的专业知识灌输给学生，但学生却只愿意掌握一些基本的实用知识，并认为这样就够了。所以了解用户需要，适应用户需要，提供用户所需要的服务内容，这是学科馆员做好学科服务的一项基本功。由于独立学院是以培养高素质应用型人才为目标，因而关注学科前沿知识的应用价值和实践意义，是学科馆员学科服务的重要特点。

　　为了真正实现学科服务内容的先进性与实用性，就必须对独立学院学科馆员的素质提出特殊的要求，那就是除了有学术研究经验并获得相关专业硕士学位以外，还至少要有3年以上相关专业实践经验。只有这样才能深刻了解学科专业知识的应用与实践对文献信息的特殊需求，满足独立学院用户的特殊需要，既能给用户从事学术研究以有效的信息支持和指导，又能给用户专业知识的应用与实践以有效指引。实践证明，独立学院学科馆员是否拥有专业实践经验，会直接影响针对学科用户开展学科服务的有效性和信任度。

　　3）服务方式的生活化

　　首先，学科馆员开展学科服务要适应学科用户的喜好和习惯，以他们喜闻乐见的方式提供和传达出来。例如，学科馆员要向用户揭示馆藏资源和推广图书馆服务，究竟通过什么方式才能有效传达给用户？北京师范大学珠海分校图书馆尝试通过那种传统求全求细和单调死板的表达方式制作各种活页或者发布网上消息，付出了很多劳动，但却收效甚微，后来受广告的启发，学习和借鉴了广告的理念，提炼出最重要的信息，以生动活泼、简洁和图文并茂的方式传达出来，就取得了不错的效果。

　　其次，学科馆员联系用户、服务用户要尽可能提供便捷的途径。

例如,为了跟用户建立有效的联系,北京师范大学珠海分校图书馆曾尝试过电子邮件、电话、网上论坛、跟学生干部建立联系等方式,但效果始终不理想,后来尝试通过在线 QQ 方式跟用户建立实时联系,任何用户在任意地方,只要登录自己的 QQ,点击图书馆网页上的 QQ 号码,就可通过自动弹出的对话窗口跟学科咨询馆员交流,不仅可满足本校用户的咨询需求,还可建立跟校外专业用户的联系与沟通,大大拓展了与用户联系的广度和深度,因而非常受用户欢迎。

个性化和互动性,已成为当前图书馆信息服务的一大趋势。许多图书馆都在为此而努力探索。香港大学图书馆的学科博客就是一种不错的尝试,但我们发现其内容还较单一,没有体现出"博",跟用户的互动性这一博客优势也没有得到有效体现。可以尝试跟学科教师合作建设学科博客,将"学科资源导航"融入学科博客中,同时可设立"前沿观察""专题集萃""向专家提问""学科论坛"等栏目,既给学科用户提供丰富的学科信息资讯,让他们及时了解学科前沿动态,同时又提供了一个互动讨论与交流的平台。另外,还可每年有针对性选择一些学生普遍关心的学科主题,密切跟踪,广泛搜集相关信息,给予系统梳理和总结,通过举办"学科前沿报告会"等方式报道给学科用户,并跟他们面对面互动交流,一定能获得不错的效果。

4)积极参与学科教学与研究工作

独立学院学科馆员可通过跟专业教师建立积极的合作关系,参与学科教学与研究工作。例如,国内高校图书馆大都通过举办数据库利用讲座的方式来培训读者、提高他们利用信息为自己学习、工作和生活服务的意识与能力,但是效果普遍不是很理想。"在用中学"是现代教育学、心理学普遍认可的有效教学原则,遵循这一原则开展各种形式的用户培训活动必然有助于增强培训效果。笔者曾对部分学科教师和学生做过调查,他们普遍认可香港浸会大学图书馆的课程辅助教学方式,即让学科教师的专业课程留出几次课,由学科馆员指导学生掌握检索与利用学科信息的方法,或者提供学科前沿专题动态信息拓展学生的视野,让学生在真实的专业问题情境中,指导利用检索与利用信息的方法,无疑能产生很好的促进作用。近两年,北京师范大学珠海分校图书馆与学校教育学院和传播学院的部分学科教师尝试这种合作教学,取得了较好的效果,目前已有更多学科教师有这种合作意向。

为什么国外高校图书馆学科馆员地位很高?不仅在于他们能够为学校教学与科研工作提供深层次、高水平的服务,而且还能参与学科教学和科研工作,发挥作为学科信息专家独特的作用。例如,香港大学图书馆的学科馆员开设了一些没有学分但有利于提高学生信息素养和专业素养的选修课,很受学生欢迎。事实上,相对于学科教师而言,学科馆员有着特殊的信息优势,他们获得学科教学与研究所需信息资源的广度、深度和速度都会优于学科教师,因而完全有可能对于学科教学与研究发挥更大的作用。独立学院学科馆员完全可充分发挥自己的专业特长、实践经验和信息优势,尝试跟学科教师合作开发新课程、开设各种选修课,积极跟学科教师和学生合作承担科研课题的研究,积极参与学科教学与研究的工作。

7.2 从对话视角看学科服务策略

对话是人与人之间通过语言而进行的交流,是人际交往的话语方式,现代对话理论将它上升为不同主体之间互相理解、互相依存和互相发展的方式,认为"一切莫不都归结于对话""单一的声音,什么也结束不了,什么也解决不了""两个声音才是生命的最低条件,生存的最低条件"①。在传统的高校图书馆服务里,图书馆馆员始终是服务的主体,处于能动的地位,而文献和读者始终是服务的客体,处于被认识、被选择和被接受的地位。根据主体间性理论来理解,图书馆服务就是馆员、文献和用户之间建立在交往基础上的对话,三者之间不存

---

① 巴赫金.诗学与访谈[M].石家庄:河北教育出版社,1998:340

在谁主谁客的问题,而是平等的互为主体的共在关系①。通过学科馆员开展学科服务,是图书馆为高校教学与科研提供的最有针对性和对话性的文献信息服务,因而从对话这一视角来探讨高校图书馆的学科服务无疑具有十分重要的意义。

7.2.1 学科服务对话及现状透视

对话是跟"独白"相对应的语言形态。有关各方积极参与,互动交流,有聆听和回应,才是对话,否则就是独白。学生不聆听、不参与的教学是独白,没有用户访问的图书馆网站是独白,没有读者阅读和利用的文献也是独白。打打招呼,寒暄几句,看看文献标题、浏览大致内容,是浅层对话;深入交流,细细品读文献内容,是深层对话。浅层对话浮光掠影、浅尝辄止,深层对话才能真正达成理解,并实现深层次对话目标。

图书馆学科服务是学科馆员与学科文献、学科用户之间展开的"你来我往"的互动对话。文献的意义和价值是潜在的,需要寻求跟馆员和用户的对话现实化、具体化,它是一种召唤式结构,召唤用户的发现、理解和利用,它能动地选择馆员和用户,同时也被馆员和用户所选择;馆员需要通过跟文献对话来发掘文献的价值,跟用户对话向用户推介文献,帮助用户利用文献,在服务用户过程中获得用户的理解和尊重,在掌握用户文献需求的基础上,提高文献馆藏水平和利用率;用户需要通过与文献对话满足自己的需要,在理解文献的同时理解自己,同时将不能得到满足的需要通过与馆员对话反馈给图书馆,帮助图书馆提高馆藏与服务水平,而他们也会因馆员的推介而获得对文献更充分、更深层次的利用。三者之间的对话是一个互相理解、互相揭示、互相支持、互相实现和互相发展的过程,对话越充分、越深入,学科服务质量和水平就可能越高。

为了解我国高校图书馆开展学科服务现状,笔者曾于 2009 年 5

---

① 夏文华,杨艳燕. 从主体性到主体间性:图书馆活动中对话关系的转变[J].
图书馆杂志,2007(11):11-12

月访问并统计了代表我国高校图书馆建设与服务水平的20所重点大学(以武书连2009年大学排名前30名为依据)图书馆网站(见表7-3),结果表明,有17所设置了学科服务或相关栏目,占85%,仅南京大学图书馆、中国科学技术大学图书馆和中山大学图书馆没有设置任何有关学科服务的栏目,可见有针对性开展专业化的学科服务已基本上成为我国高校图书馆的共识,正在受到广泛重视。

表7-3 20所高校图书馆网站学科服务栏目设置情况

	学科服务	学科馆员	学科导航	学科网页	学科情报服务
北京大学图书馆		学科馆员:工作职责,联系方式	学科导航		
清华大学图书馆	学科服务:工作职责,联系方式,学科网页链接			学科网页,新闻传播博客	
中国人民大学图书馆		学科联系人:工作职责,联系方式			学科专题综述
北京师范大学图书馆		学科馆员:工作内容,联系方式	网络资源导航;calis重点学科导航		教育信息摘编
南开大学图书馆		学科馆员:职责范围,联系方式	calis重点学科导航		信息窗

续表

	学科服务	学科馆员	学科导航	学科网页	学科情报服务
天津大学图书馆			重点学科导航		
复旦大学图书馆	学科服务打不开		calis 重点学科导航		
上海交通大学图书馆	学科服务	学科馆员：制度简介，馆员简介，联系方式	学科导航	学科博客	学科信息导报
西安交通大学图书馆		学科馆员：制度介绍，工作职责，联系方式：	calis 重点学科导航		
武汉大学图书馆		学科馆员服务:服务项目,联系方式	学科导航;calis 重点学科导航		
华中科技大学图书馆					国际学术动态
山东大学图书馆		学科馆员：职责,任职条件,联系方式			
中国科技大学图书馆					
南京大学图书馆					
东南大学图书馆	学科服务:主要职责,联系方式		资源导航:calis 重点学科导航		

续表

	学科服务	学科馆员	学科导航	学科网页	学科情报服务
浙江大学图书馆			calis 重点学科导航		
四川大学图书馆		学科馆员：制度介绍，工作职责			
中山大学图书馆					
厦门大学图书馆	学科服务：服务内容，相关资源	学科馆员：工作职责，联系方式	学科导航		
吉林大学图书馆			重点学科导航		

　　不过，当我打开这些相关栏目浏览其内容时，却发现以馆藏文献的利用作为学科服务内容、独立开展学科资源导航服务的只有 7 所，提供了 calis 学科导航链接只有 7 所，开展各种形式的学科情报服务的只有 5 所。学科网页能很好整合学科信息资源，学科博客能充分发挥网络互动功能方便用户之间、学科馆员与用户之间共享与交流，但只有清华大学图书馆和上海交通大学图书馆做了这方面的服务工作，可见我国高校图书馆开展学科服务还不够深入。

　　从用户访问和浏览习惯看，用户访问图书馆主页首先看到的是栏目名称，而不是内容，用户是否会访问某栏目，首先取决于该栏目名称所意指的内容是否能引起他们的兴趣、满足他们的需要，从而产生积极的阅读期待。根据阅读图式理论，好的栏目名称能形成积极的图式预期，对用户产生阅读吸引力和召唤力。"学科服务"这一栏目名称是从服务用户的角度来设置的，所指代的服务内容和针对的用户对象均可一目了然，容易使学科用户产生积极的访问期待，而"学科馆员"这一栏目名称则是从图书馆自我介绍角度设置的，其含义是要介绍图书馆的馆员情况,跟用户有什么关系并不清晰,显然不利于形成用户积极的访问期待。然而表7-3显示,以"学科服务"作为栏目名称的只有5所(占25%),以"学科馆员"作为栏目名称的有9所(占45%),可见多数图书馆是以图书馆为本、以独白的方式来设置学科服务栏目。

表7-4显示,厦门大学图书馆网站"学科馆员"一栏主要是介绍长期不用更新的学科馆员的工作职责和联系方式,给用户的直觉不是给用户看的,而是给学科馆员自己看的,不是要跟用户对话,而是纯粹的独白,其功能主要不是服务用户,而是馆员的自我规范与管理。它信息量极小,无法吸引用户参与,也不需要用户参与。调查结果表明,有10所高校图书馆网站所设置的"学科馆员"或"学科服务"一栏跟厦门大学图书馆"学科馆员"一栏表达内容、表达方式基本一致,都以规则化、制度化语言表达学科馆员的职责。语言刻板、单调、冷漠,具有很强的封闭型和排他性,不利于召唤学科用户的访问和阅读。虽然多数馆提供了学科馆员的联系电话和电子信箱,但并没有清楚指示其服务功能,更没有考虑不同用户的不同沟通习惯。

表7-4　厦门大学图书馆网站"学科馆员"一栏的内容

学科参考馆员主要工作职责:

- 深入了解对口院系的教学科研情况和发展动态,熟悉该学科的文献资源分布。
- 开办相关图书馆讲座,解答课题咨询,逐步提高对口院系师生的信息素养。
- 深入院系,征求读者意见及信息需求。
- 编写、更新相关学科的读者参考资料,包括学科服务网页、资源使用指南等。
- 通过多种渠道宣传推广图书馆的资源与服务,以提高文献资源利用效率。
- 试用、评价、搜集相关学科的文献资源。
- 为对口院系的课题提供文献层面的特别帮助;与对口院系学术带头人建立联系。

学科馆员具体分工和联系方式(略)

　　值得注意的是,众多研究者都认同学科服务以满足学科用户多样需求为目标,强调跟学科用户互动沟通与交流的重要性。有研究者据此还提出了很多工作模式,如基于电子邮件工作模式、基于网络交互工作模式、代理式工作模式、伙伴式工作模式、团队式工作模等①。无论哪种工作模式,都是建立在学科馆员、用户与文献三者之间互动对话基础上的。

7.2.2　基于对话视角的学科服务策略

　　不同于传统的图书馆借阅服务被动等待用户各取所需,学科服务有很强的对象针对性,它是学科馆员在对学科用户需求和学科文献的充分了解基础上主动提供的服务。根据学科馆员与学科文献、学科用户之间的对话要求,高校图书馆可从以下几方面努力,积极有效开展学科服务。

　　(1)以积极交往展开服务

　　学科馆员、用户、文献之间是互相选择的对等关系,是互相协作的伙伴关系,也是积极的人际交往关系,这种关系是建立在尊重、民主与信任基础上的,而这正是对话的前提②。也就是说,图书馆可以吸引用户、指导用户、帮助用户、赢得用户信任,但无法要求用户。馆员虽有筛选和加工文献的权力,但用户也有选择和接受的权利,如果用户不认可、不选择、不接受,自以为筛选和加工得再好,也没有任何意义。学科馆员只有在充分尊重用户需求基础上开展服务,才能满足用户需求,赢得用户信任,也才能去有效引导和影响用户。

　　学科馆员必须通过阅读熟悉和掌握学科文献,才能发掘出学科文献潜在的利用价值,才能高质量推介和提供给学科用户。这个阅读过程就是以文会友的交往过程③。这无疑给学科馆员的素质提出了很高

①　李春旺.学科化服务模式研究[J].图书情报工作,2006(10):15－16

②　靳玉乐.对话教学[M].成都:四川教育出版社,2006:4－5

③　曾祥芹.阅读学新论[M].北京:语文出版社,2000:185

的要求。不懂音乐的人,再美的音乐也会无动于衷。学科馆员要真正成为学科文献的"知音"和理解学科文献价值的"伯乐",就必须具有相当高的专业鉴赏力,仅有图书情报专业背景显然是很难胜任的。

有需求,才有服务。学科服务必须以学科用户的需求为本,了解需求及在此基础上所提供的服务都是一个沟通交往的过程。首先,学科馆员要主动联系学科用户,随时了解和捕捉他们对学科文献和学科服务的需求意见。其次,要照顾不同学科用户不同表达需求意见的心理和习惯,提供各种便捷的沟通管道方便他们自由表达需求意见,特别是通过网络互动交流与共享已成为时尚,博客在迅速兴起,QQ在线交流也越来越受用户欢迎,用户在访问和阅读图书馆网站各个页面时,随时都可能有自己的看法、感想和需求要表达,随时都需要跟馆员和其他用户交流与分享,因此图书馆网站各个页面都应赋予其互动对话功能,为用户提供便捷的留言窗口和交流的平台。再次,要建立用户利用馆藏文献与学科服务的反馈机制。哪些馆藏学科文献学科用户利用率较高,哪些利用率较低,哪些服务内容和方式受欢迎,都有必要及时掌握。香港浸会大学图书馆长期以用户利用各类馆藏资源情况作为馆藏文献选购和剔旧的主要依据,对我国高校图书馆提高馆藏质量、开展学科服务很有借鉴意义。

学科馆员可充分发挥作为学科信息专家的优势,开展深层次服务学科用户的交往活动。例如,每年可有针对性选择几个学科用户都普遍关心的主题,密切跟踪,广泛搜集相关信息,给予系统梳理和总结,通过举办"学科前沿报告会"等方式报道给学科用户,并跟他们面对面互动交流。上海交通大学图书馆实施的"IC^{2}人文拓展计划"所做的可贵探索值得期待。

(2)以满足需要促进服务

任何有效服务都是对服务对象需求的满足,有效的学科服务亦是如此。一方面是学科用户在教学与研究过程中遇到了文献利用方面的问题和困难向学科馆员求助,学科馆员直接提供满足他们现实需要的服务,如代查代检学科文献或指导学科文献获得的途径与方法等;

另一方面是学科馆员在充分熟悉学科文献基础上,主动向他们推介或推送能满足他们可能需要的服务。学科馆员要真正理解用户的专业需要,并从中看出"门道",就一定要成为专业的"内行",如果自己也有过相应的学科教学与研究经验,就能更深切理解学科教学与研究工作的实际需求与痛痒,就能服务到"点子上"。因此,高校图书馆应在制度上鼓励学科馆员参与或直接从事非图书馆专业的学科教学与研究工作。

相对于学科用户来说,学科馆员的优势就是学科信息优势,这是他们能提供满足学科用户深层次需要的服务资本。这表现在,他们获得学科信息的视野更广阔,途径更多样,方法和手段更专业,为学科用户所提供的学科文献内容是先进的,能够对学科发展最新动态和成果做出及时的反映①;为学科用户提供的服务内容是丰富的且为学科用户不易获得的,能够满足不同用户的不同需要,甚至在用户没有利用需要的情况下也能有效唤起他们利用的愿望,在用户已有的学科文献利用能力基础上提高其利用水平。

(3)以可感受方式传达服务

感,即感觉、直觉;受,即接受。对话主体之间的话语表达是否可理解、可接受直接影响对话活动的展开。对话发生在主体与主体之间的理解过程之中②。作为学科服务对话的语言和内容,要易于理解,没有理解的困难和障碍;要易于接受,尊重用户的接受习惯和接受心理;要有交往性,能满足用户需要,有利于召唤用户参与,能吸引用户积极聆听和回应。

学科馆员的重要职能就是要向学科用户宣传与推广馆藏资源和服务,提高馆藏文献利用率和图书馆服务水平,被称为文献"营销专家"和知识推广专家,很多图书馆因此要求学科馆员要有较强的沟通

---

① 武三林,颉艳萍,李莉. 大学图书馆学科馆员制度建设的实施策略[J]. 中国图书馆学报,2007(3):107

② 李衍柱. 巴赫金对话理论的现代意义[J]. 文史哲,2001(2):52

能力和公关能力①。如何有效传达服务,是个值得关注的问题。经验证明,当学科馆员主动联系用户或者院系固定联系人时,常常能感受到他们并不热心,甚至出现不理现象。例如,上海交通大学学科馆员通过电子邮件联系院系图情教授,图情教授很快向有关人员转发邮件后,就不再理会了②。无兴趣、无需要,才会不理会。对话未能展开是因为缺乏共同的话题。学科馆员与用户交流的内容一定要有针对性,能引起对方兴趣,能满足对方需要,这才能保证对方的积极聆听与回应。

语言学认为,人对语言的阅读和把握主要是无意识的不假思索的直觉活动,思维并不直接参与③。这就要求学科服务对话的语言要通俗易懂,用语简洁,所表达的意思能一听就懂,一目了然,无须辨识。北京师范大学珠海分校图书馆多年的经验证明,传统那种语句冗长、文字细密、图书情报专业化语言的表达方式制作的各种活页和发布的宣传资讯,很难引起用户阅读兴趣,通过校园 QQ 发给院系教师甚至还可能引起反感,后来借鉴广告的理念和手段,提炼出最重要的信息,以通俗简洁、生动活泼和图文并茂的方式传达出来,不仅易于阅读和理解,而且能使用户迅速找到自己所需要的信息,颇受用户欢迎。

学科服务是针对学科用户的,因此传达服务信息一定要有用户对象意识。例如,美国 Rutgers 大学的一项研究结果表明,学科馆员与教师、科研人员最有效的沟通方式是电子邮件及面对面的交流;对不同用户要说不同的话,说学科"行话",说贴近学科用户心窝的话,要改变传统那种对任何服务对象都用图书情报专业术语和语言表达服务内容的方式;不同的联系方式和交往场合,应采用不同的表达语言,要让学科用户一听就明、一读就感到亲切,没有心与心的距离,很容易接

---

① 初景利 . 试论新一代学科馆员的角色定位[J]. 图书馆理论与实践,2007(3):2

② 汤莉华,黄敏 . 论高校图书馆学科馆员制度的完善——由上海交通大学图书馆建立学科馆员制度说开去[J]. 大学图书馆学报,2006(1):46

③ 王尚文 . 语感论[M]. 上海:上海教育出版社,2002:35

受,且尽可能活泼多样,有利于吸引用户阅读和聆听,有利于召唤用户利用或回应。

学科服务语言要有吸引力、召唤力,有利于吸引用户阅读和聆听,有利于召唤用户利用或回应。例如,同样是提供联系用户的途径,"参考咨询"这样的栏目名称远不如"我要提问"和"向馆员提问"具有对话性。又如,表7-4的小标题是"学科参考馆员主要工作职责",用户看不出跟自己有什么关系,就很难产生阅读的动机,如果从服务的角度来表达,让用户一眼看到的是自己能享受和利用的服务,就有利于吸引他们细细阅读了。

(4)以开放机制提升服务

开放性、未完成性是对话的两个基本特征①。学科服务内容不是封闭的,不能仅局限于馆藏学科文献,而是要跳出图书馆站在学科发展的广阔空间来反映学科发展的动态与成果。学科服务方式也不是固定的,而是要在服务对话过程中不断地调整、丰富和改变,以适应用户日益发展的接受需要。学科服务的内容与方式始终处于不断完善的状态,需要通过用户的对话参与来不断生成、不断创造。学科馆员、学科文献与学科用户之间始终处于没有时空限制的自由开放状态,它们在不断选择用户,同时也在不断接受用户的选择,被用户所淘汰。用户在利用学科服务满足自己需要、丰富自己内涵的同时,也在不断丰富着图书馆服务的内涵和品质。因此,图书馆应拥有宽广的胸怀,广纳用户参与图书馆学科资源建设与服务中来,同时接受学科用户的选择与淘汰,不断自我更新、自我完善,不断提高自身建设与服务水平。

我国很多高校图书馆实行的是学科馆员与院系图情教授(或联系人)相结合的制度来开展学科服务工作。实践证明,这一体制是很有局限性的。因为图情教授是兼职的,对学科资源与服务关注点完全不同于学科馆员,且大都很专业,除了自己学科教学研究中的

---

① 胡和平.从对话理论看文学的模糊性[J].名作欣赏,2005(10):5

需求外,未必熟悉和了解本院系其他学科需求,他们大都有自己繁重的教学科研任务,没有兴趣来思考图书馆问题,也没有精力按照图书馆的要求去一一了解,然后反馈给学科馆员。因此,应建立一个由学科馆员自己积极交往和组织、院系图情教授(或联系人)协助、所有学科用户随时方便多种方式参与的开放机制,来提升学科资源建设与服务水平。例如北京师范大学图书馆主页设置的"网络资源导航"附设"我要推荐"一栏,召唤用户随时补充有价值的学科网络资源,就是个不错的尝试。

7.3 资讯式学科信息服务

7.3.1 问题的提出

学科服务是现代信息环境下图书馆针对用户日益专业化、个性化需求而推出的深层次信息增值服务,其服务能力直接反映图书馆服务水平,也有助于提升图书馆服务竞争力,因而引起越来越多高校图书馆的关注,纷纷推出相关服务,并成为当前我国图书馆界讨论的热点。从当前研究现状看,我国高校图书馆普遍重视学科资源建设与服务,深层次文献信息服务越来越受到重视,有关知识服务的讨论尤其热烈,但实践层面的研究较少,尤其是从用户接受、利用角度讨论服务策略的较少。虽然张晓林等注意到用户对于如何从繁杂信息环境中捕获和析取所需信息内容所产生的需要,但图书馆如何表达或报道信息内容才能为其所接受则鲜有论及。

目前,尽管对于学科信息服务还有很多方面尚未形成共识,但都认同服务内容、方式与策略归根到底是要为了满足用户需求,如果用户不用、不需要、不接受,那么就失去了服务意义。然而经验表明,图书馆通过网站或纸质产品向用户发布或推送的服务信息,用户常常由于不知道、不了解而不利用,因为他们并没有关注、阅读和接受。因此,如何通过学科信息服务以适当的话语和话语方式向用户报道和表达,使其关注、知而后用,无疑是有效学科服务必不可少的重要环节,甚至是关键性环节。

值得注意的是,我国高校图书馆学科信息服务产品已日益丰富,除了普遍建设了学科资源库、学科导航库等学科资源服务产品外,部分高校还办有学科信息服务刊物。2013 年,一份针对 112 所"211"工程高校图书馆中的调查显示,共有 63 所院校图书馆办有刊物,占院校总数的 56.25%,且有的院校图书馆还办了多份刊物,如北京交通大学图书馆、上海交通大学图书馆、电子科技大学图书馆办有 4 份,北京大学图书馆、中国人民大学图书馆、南京理工大学图书馆和武汉大学图书馆各办 3 份,其中 75.61% 的刊物是《图书馆通讯》之类,主要反映的是图书馆日常工作、馆藏资源与利用、读者指南与用户服务等内容,反映学科信息的刊物占调查样本总数的 24.39%[1]。

观察我国高校图书馆网站所提供的学科信息服务产品,普遍存在如下显著特点:

一是报道学科文献信息的产品屈指可数。仅北京大学的《报纸热点》、北京师范大学的《教育信息摘编》、北京交通大学的《学科发展动态》、沈阳师范大学的《教育信息简报》和南昌大学的《学科信息动态》等产品以报道学科文献信息为主,其它产品则类似于传统的《图书馆通讯》等馆刊,主要是馆情介绍和馆藏资源的宣传与推介,很少反映和报道学科文献内容信息,例如北京工商大学图书馆的《学科信息导报》主要内容就是介绍与学科相关的新馆藏图书、期刊、电子资源,介绍学科经典教材、工具书和数据库,推介图书馆各项服务,介绍学科 OA 资源及网站,介绍电子资源的使用方法及深度挖掘,提供学科最新研究动态及会议信息等[2]。

---

① 孙怡然."211 工程"院校图书馆馆刊现状调查与分析[J].河北科技图苑,2014(1):69-70
② 熊欣欣,周晓丽.学科服务的探索与实践——《学科信息导报》[J].图书情报工作,2010,(21):98

二是以报道网络文献信息为主。大多数产品都是网络文献信息的报道,少数产品是馆员利用自己的专业知识撰写或向学科作者征集的关于学科发展综述的作品,如北京交通大学的《学科发展动态》就是馆员撰写的学科论文计量分析与摘要,北京工商大学图书馆的《学科信息导报》是馆员撰写的资源与服务推介,而华中科技大学的《国际学术动态》、中国政法大学的《法律文献信息与研究》则是向学科作者征稿的汇集。

三是报道方式简单、机械。统计北京大学、北京师范大学、上海交通大学、华中科技大学、北京工商大学、中国政法大学、北京交通大学、沈阳师范大学、南昌大学 9 所高校图书馆报道学科文献信息的产品,有 8 馆提供的是全文或粗加工的类全文,导致其中的大部分产品报道篇幅较长,8 个学科刊物有 6 个平均每期在 10 页以上;多数学科刊物提供的是电子版,且是按栏目或主题类似于学术期刊从头至尾的文章罗列,基本没有排版设计。看到那死板、枯燥和密密麻麻的文字,很难想象用户还有阅读下去的兴致。由此可见,我国高校图书馆学科文献信息服务产品不仅数量少、文献报道范围狭窄,而且主要是浅层次的文献提供服务,用户针对性明显不足,加工粗糙,可读性差。这是个文献信息量爆发式增长的时代,用户每天可通过各种途径和方式获得自己所需要的文献信息,图书馆如果只是简单的文献汇集与提供服务,其服务价值必然大打折扣。

图书馆花费大量的人力、物力和财力为用户所提供的服务,图书馆员付出大量的智力劳动所生产的产品,如果用户视而不见、听而不闻、漠然置之,那无疑是个巨大的资源浪费。因此,如何让用户关注图书馆的学科信息服务,如何让用户阅读、理解和接受学科信息服务产品,无疑是非常值得探讨的问题。资讯式学科信息服务就是一个值得采用的服务方式。

7.3.2 资讯式学科信息服务及其实践

(1)关于资讯与资讯式学科信息服务

一般认为"资讯"即"信息""消息",跟信息一词几乎通用,所以有的高校信息管理系也称为资讯管理系。然而如果从汉语意义看,"资"是资料或凭借、帮助之意,所谓资料就是用作参考或依据的材料;讯,即消息。资讯,简言之,就是有参考价值的消息。资讯一词在台湾地区运用比较广泛,《新编名扬百科大辞典》中所谓资讯(information),是"原始资料经过运算、取舍、分类、排序等手续后所成之内容。原始资料可能是一些相关联的文字、数字或符号,使用者不一定能够明确利用,但是资讯必定是有组织、有实质含义而且可以让使用者完全充分利用之资料"。这里所谓"原始资料"当然是指"一次文献",资讯则是将原始资料经过加工、排序组织后的"二、三次文献"及数据集。可见资讯一词并非是指简单的新闻、信息或消息,而是对所搜集的原始资料经过"分析处理""经过运算、取舍、分类、排序等手续",归纳、整理出原始文献中有意义的信息,也就是说需要对原始资料进行加工处理从而挖掘出其中有参考价值的信息,才算是真正意义上的资讯。

所以资讯一词本身就包含了服务性意味,因为其中的"资"即参考性是针对用户而言的。是否有参考意义,当然是由用户来判断的。因此,图书馆为用户提供的资讯服务也必须以用户需要为基础和前提。但资讯之"讯"又是新闻或消息之意,这就意味着资讯是以新闻、消息的方式报道给用户、对用户产生服务价值的。因此,资讯式学科信息服务简言之是指基于学科用户需要,由学科馆员以资讯方式报道学科信息的服务。之所以强调学科信息服务的"资讯式",就是强调基于学科用户需要以资讯视角选择报道文献内容、提取其中的事实信息,以资讯方式表达,强调报道内容的针对性、资料性、前沿性,报道方式和话语的用户可接受性。

图书馆的所有服务,无论是资源服务、文献服务,还是知识服务,只要是需要告知用户,报道给用户,都存在如何告诉和报道的问题,都存在如何引起用户关注、阅读和接受的问题。传统的做法就是在图书馆网上发公告,或者在图书馆门口张贴通知,这种做法虽然也能把要告诉或报道的内容准确传达给用户,但由于过于正式、单板和程式化,发布的次数过于频繁,不仅跟用户之间产生一种过于严肃、难以亲近的距离感,也很容易引起用户的视觉疲劳,使他们对于图书馆所发的各种通知都习以为常,于是采取了视而不见、听而不闻、漠然置之的策略,导致图书馆自以为清楚地告诉了、报道了,但用户却依然毫不知情的窘境。

资讯式学科信息服务就是要努力解决如何引起用户关注、如何让用户阅读和接受图书馆所要告诉或报道的问题。

(2)资讯式学科信息服务实践

从2004年开始,笔者在北京师范大学珠海分校图书馆参考咨询部尝试创办《教育信息参考》学科文献信息服务小报。最初也如一些图书馆那样就某个专题的网络文献、报纸文献或期刊文献搜集起来,稍做整理以全文或类全文方式汇集在一起,用电子版或纸质印刷提供给读者,但很少获得读者积极反馈。后来笔者感觉自己每天要看的文章很多,无论是看网上新闻,还是看报纸文章,基本上首先只看标题,标题对我有吸引力,我才会稍微看一下正文,并且正文很少全看,而是选择自己感兴趣的、有点新意或有实际内容的文字,长文章基本不看。即使是图书馆发的通知,除非跟自己非常有关,哪怕自己是图书馆员,也极少浏览。推己及人,笔者深深感觉到自己的报道策略存在严重问题。有针对读者读报习惯的调查也显示,在同等条件下,大部分读者对长文章望而生厌,即使是一贯读报认真的人,也很少通篇细读,而是跳跃性地光看标题、导语和各段开头几行,除非是自己写的或与己有关的作品。相反,几乎所有的读者都爱看短新闻,喜短厌长是读者的普遍阅读心理①。

经过八年的探索,笔者逐渐有了成熟的报道策略和编辑理念,形成了自己的风格。所推出的《教育信息参考》《语文教育信息参考》等产品越来越为用户所接受和欢迎。回顾总结八年的探索历程与经验,笔者主要采取了以下策略:

---

①　程光明．新闻受众心理分析[J]．湖南社会科学,1999(5):78

1）极具服务用户的针对性

在确定编辑《教育信息参考》之初就明确服务对象为学校领导和院系领导以及学校教师,一方面设身处地为他们着想,试图理解他们关注哪些方面的文献信息,有哪些文献信息需要,有哪些阅读习惯与倾向,自己也是教职工的一员,自己的体验也能在一定程度上感悟教师的需要;另一方面通过各种渠道主动了解学校领导或教师们的需要,或者由常跟校领导打交道的图书馆领导获得需求信息后及时提供给我,或者自己利用一切服务读者的机会积极跟目标服务对象建立交往关系,在沟通交流中获得需求信息。然后,根据目标用户的需求状况,确定搜集文献的范围和筛选标准。当然,需要具有专业素养,才能跟目标用户找到共同话题,而笔者的研究生专业方向就是教育,并且有长达10多年的基础教育经验,无疑这是一大优势,因此笔者确定的学科方向就是教育。每一期是什么主题并非预先设定,而是根据所搜集和筛选出来的文献内容来确定,有时也根据用户的需求来确定主题。例如,图书馆领导就曾经告诉笔者,学校领导正在关注高校三学期改革方案,笔者便以此为主题搜集了大量相关文献编辑了一期文献摘要提供给学校领导,成为学校领导决策的重要参考依据。总之,每一期无论是主题还是内容,都以用户需要为基础,不拘一格,灵活丰富,紧贴用户之心。

2）注重事实挖掘

无论是什么文献,无论有多长,笔者只关注里面对于用户有参考价值的事实信息,如“什么时候”“谁”“做了什么”“怎样做的”“成效如何”“对我校教学与研究有什么可资借鉴意义”,等等。其他展开的、描述的、修饰的、背景的并不重要的信息基本全部剔除,留下的都是文章的精华。如果将北京师范大学图书馆《教育信息摘编》与笔者编辑的《教育信息参考》在文献处理方式上做一个对比(见表7-6),便一目了然:前者标题照搬,正文基本上只是删改了少量技术性语词后的原文照录,后者无论是标题还是正文,都做了事实信息提炼的精加工,基本看不到任何冗余文字。

表7－5　《教育信息摘编》与《教育信息参考》文献处理效果对比

《教育信息摘编》2014 年第 1 期第 20 页	《中国新闻网》的原始文献
教育部:严查高校挪用科研经费 进一步规范高考加分	原标题　教育部:严查高校挪用科研经费进一步规范高考加分
1 月 24 日,教育部发布 2014 年工作要点明确,严肃查处高校挪用、贪污科研经费的违纪违法案件。进一步清理规范高考加分。 　　要点指出,切实加强高校科研经费管理。严肃查处高校挪用、贪污科研经费的违纪违法案件。进一步清理规范高考加分。进一步扩大高校招生信息公开范围,加大高校财务信息公开力度,推进高校干部任用、职称评聘、公款出国、公款招待、公车配备等信息公开。做好离退休干部工作。支持关心下一代工作。 　　完善廉政风险防控体系。加强巡视工作,强化对党组织领导班子及其成员特别是主要负责人的监督。实现直属高校、直属单位和驻外教育机构的巡视工作全覆盖。落实党风廉政建设责任制。组织开展党风廉政警示教育活动。加强行政监察和审计监督。加强对人民群众反映强烈的热点问题的专项治理。 信息来源:中国新闻网 http://www.chinanews.com/edu/2014/01-24/5778808.shtml［2014-02-25］ 摘编者:吕岩彦	中新网 1 月 24 日电教育部今日在其官方网站发布 2014 年工作要点明确、严肃查处高校挪用、贪污科研经费的违纪违法案件。进一步清理规范高考加分。 　　要点指出,切实加强高校科研经费管理。严肃查处高校挪用、贪污科研经费的违纪违法案件。进一步清理规范高考加分。进一步扩大高校招生信息公开范围,加大高校财务信息公开度,推进高校干部任用、职称评聘、公款出国、公款招待、公车配备等信息公开。做好离退休干部工作。支持关心下一代工作。 　　完善廉政风险防控体系。加强巡视工作,强化对党组织领导班子及其成员特别是主要负责人的监督。实现直属高校、直属单位和驻外教育机构的巡视工作全覆盖。落实党风廉政建设责任制。组织开展党风廉政警示教育活动。加强行政监察和审计监督。加强对人民群众反映强烈的热点问题的专项治理。

《教育信息参考》2014 年第 2 期第 3 版	《浙江日报》2014 年 03 月 29 日第 1 版原始文献
浙大宁波理工学院科研"接地气"	原标题:浙江大学宁波理工学院:七成科研项目来自企业需求
在宁波众多高校科研院所中,浙大宁波理工学院以"接地气"而闻名,学校 70% 的科研项目来自于企业提出的需求。近 3 年来,学校搭准地方经济发展脉搏,大力开展技术创新,累计为 500 余家企业提供了技术服务。学校还牵头成立了宁波市天然产物产业技术创新联盟,联合企业开展科技攻关,解决行业关键性共性难题。而为了引导科研创新成果转型转化而组建的浙大宁波理工学院科技研究院有限公司,目前已经成功孵化学科型公司 2 家。——浙江大学宁波理工学院:七成科研项目来自企业需求,宁波日报 2014 - 03 - 29(1)	本报记者　朱宇　实习生　项一嵌 　　春日的鹤浦港,浪急风高,一个十余米见方的船型平台随着海浪起伏。这套由浙江大学宁波理工学院研发的海岛独立发电制淡水系统,把宁波人利用海洋能量"白天发电、晚上造淡水"的梦想又拉近了一大步。 　　"这套系统利用潮汐能和波浪能发电,多余的电能则用于海水淡化。一套装置成本仅 100 万元,白天的发电能量够 30 户人家同时使用一天,晚上多余的电能可直接淡化 10 多吨海水。"项目负责人陈俊华教授说。 　　这是浙大宁波理工学院以科技创新助推地方经济转型的缩影。在宁波众多高校科研院所中,浙大宁波理工学院以"接地气"而闻名,学校 70% 的科研项目来自于企业提出的需求,近 3 年来,学校搭准地方经济发展脉搏,大力开展技术创新,累计为 500 余家企业提供了技术服务。

续表

《教育信息参考》2014 年第 2 期第 3 版	《浙江日报》2014 年 03 月 29 日第 1 版原始文献
	战略性新兴产业是宁波产业发展的方向。围绕新材料、新装备、节能环保等战略性新性产业,学校鼓励科研人员集中攻关,帮助企业突破技术瓶颈,方征平教授团队研发出的纳米黏土复合阻燃塑料,成功跨越了国外绿色技术壁垒,获得浙江省科技进步三等奖;钟国伦教授与派特勒粉末涂料公司合作开展石墨烯应用研究,预计石墨烯基粉末涂料年产量达到 500 吨,年产值 1000 万元。 　　抢抓蓝色机遇,帮助我市加快发展海洋经济,是学校又一重点努力方向。为解决现有海洋养殖自动化程度低、生产方式粗放等问题,学校与有关部门合作,联合开发了漂浮式智能投喂系统、固定式智能精准投喂装置、沉底式网箱等产品,已在象山南韭山等地应用;学校实施的国际合作项目,运用双向电渗技术,提升沿海混凝土基础设施结构延寿,成功应用于舟山连岛大桥。 　　学校科研人员还积极为我市传统行业转型升级提供技术服务。何杞鑫副教授团队与燎原灯具公司合作研发的大功率 LED 路灯,功率消耗低、使用寿命长、绿色环保,两条生产力在三年内已为企业创造了 1800

续表

《教育信息参考》2014 年第 2 期第 3 版	《浙江日报》2014 年 03 月 29 日第 1 版原始文献
	万元的利润;陈光明教授团队与沃弗圣龙环境技术公司合作研发了"烘干过程废热高效回收利用技术",节能 30% 以上,并可减少 PM2.5 等污染物的排放。 学校还牵头成立了宁波市天然产物产业技术创新联盟,联合企业开展科技攻关,解决行业关键性共性难题。而为了引导科研创新成果转型转化而组建的浙大宁波理工学院科技研究院有限公司,目前已经成功孵化学科型公司 2 家。 感言 "接地气"才会有活力 浙江大学宁波理工学院院长 金伟良 科研成果只有真正实现了转化,运用到生产中,才能发挥其效益。立足宁波,为宁波全方位提供人才支撑和智力支撑,是我们一直以来的目标。建校 13 年来我们坚持人才培养应用型、科学研究服务型、社会服务区域型的办学方针,紧密结合区域经济发展需求,逐步构建了政产学研相结合的社会服务体系。"接地气"才会有活力,只有搭准宁波产业发展的脉搏,响应广大中小企业的需求,学校的科技研发之路才会越走越宽。

3）以凝练醒目的标题吸引用户

基本原则就是读者一看标题，就知道文献正文最重要的内容，并能感受到其意义所在，从而产生阅读正文的兴趣。也就是说，标题本身就能提供事实信息，非常简洁、凝练、醒目，对于读者有吸引力和召唤力。如果原始文献的标题本身就具有这一特点，就采用原标题，如果原标题不具有这一特点，则重新给标题。例如，《人民日报》2014 年04 月 24 日一篇题为《"浅阅读"渐成趋势？大学生阅读应做"深呼吸"》的报道，《教育信息参考》的标题则为《中国人民大学实施"读史读经典"活动》；《珠海特区报》2013 年 10 月 30 日一篇题为《我市赴外揽才引来精英荟萃逾 1500 人达成就业意向》的报道，《教育信息参考》的标题则为《珠海大规模赴外地"挖才"》；《南方都市报》2014 年 5 月30 日一篇题为《华师增城学院转设为广州商学院》的报道，《教育信息参考》的标题则为《广东首所独立学院"单飞"》。经提炼的标题强化了事实信息，凸显了事实的意义，并十分凝练醒目，对读者的阅读无疑会产生很大吸引力。

4）短小精悍，但信息量大、可读性强

无论多长的原始文献，只挖掘其中的事实信息，并以简洁、明了的文字表达出来，凡是原文具有这一特点的文字，也会予以保留，如果原文不具备这一特点，则要么删除，要么提炼，但绝对不能丝毫改变原意。如此以最少的文字传达最大量的原始信息，让读者花最少的时间能获得最大的收获，能让读者感受到每一个字都很有分量，都值得阅读，这就是笔者的追求。《教育信息参考》按照这一原则加工出来的每篇文献一般控制在 300 字以内，最多不超过 500 字，每一期 A3 纸对折双面印刷，仅四个版面，2014 年第 1 期收录文献 32 篇，平均每篇仅242.6 字；而《教育信息摘编》基本是冗长原文的照搬，篇幅较长，每期是 A4 纸双面印刷的小册子，2014 年第 1 期达 36 个页面，收录文献总篇数 49 篇，平均每篇 797.5 字。这就意味着前者版面仅为后者的九分之一，但每个版面的文献信息量却是后者的 5.9 倍。加上前者用语精炼，毫无冗余文章，重要事实信息一目了然，因而极具可读性。

5）来源可靠，且明确具体，便于回溯原文

所选择的文献以网络文献和电子报纸为主，兼顾学术期刊文献。每周都会按时跟踪几个有影响的网站发布的教育文献，发现有价值的新文献，就予以下载保存，过一段时间积累到一定程度再重新阅读每篇下载文献，经过一段时间检验、比较后依然有参考价值的文献，给予加工摘要。每一期所提供的文献，都是从几百篇初选文献中再精心挑选出来，真可以说是披沙拣金。在编辑时，则在文末详细具体注明原文标题，原文出处，如果读者看了摘要对原文产生阅读兴趣，完全可以根据文末来源标注找到原始文献。

6）主题清晰，层次分明，排版简单，辨识度高

每个版面一个主题，这个主题是不固定的，每期的不同主题都是根据所搜集文献的内容临时确定的，所以常编常新。而且每个版面层次分明，按照"主题—标题—正文—出处"选择字体，字体最大、色彩最浓的是主题，其次是标题，最小的是文末的来源出处，读者一看就会感觉有很高的辨识度和区分度，能一目了然迅速锁定自己要看的目标版面和文章，而不必四处寻找。

《教育信息参考》最初只出纸质版主动送给学校领导和院系领导阅读，受到了他们的高度肯定。后来部分教师知道了这一消息纷纷建议也给教师提供电子版阅读，于是通过校内腾讯通给每个学院教师群发电子版，受到了老师们的热烈欢迎。学校领导多次在全校中级干部会议上公开赞扬这一服务的参考价值。院系教师也不断通过各种方式表达对这份小报的肯定和喜爱。每次群发电子版，都有许多教师情不自禁赞叹"真是个好东西啊"！尤其是教育学院的许多教师给予了这份小报高度评价，说"这个很有参考价值""质量很高，信息量大""真是太棒了，忍不住赞扬"。有位教师自己复印了100份给自己班里的学生阅读；文学院教师也肯定这个"很有学术参考价值""很有指导意义"，也复印一些给自己的学生，说"对我和我们学院的学生帮助很大"；数学学院和不动产学院部分教师则在校内腾讯通就2014年第1期的部分内容展开了热烈讨论，其中不动产学院院长亲自发起，副院

长成为讨论的主角。可以说,每年、每学期阅读这份小报几乎成了许多教师的习惯,要是有教师由于某些原因没有收到电子版,还会专门向我咨询原因并向我求索。物流学院一位教授每次与笔者见面,都要打听一下最新一期何时出,说"编得很好,每一期我都一个字不落看完"。政治理论部一位老教授退休了,回校时还不忘来到我办公室求索近来编写的每一期纸本产品。

7.3.3 资讯式学科信息服务原则

基于多年资讯式学科信息服务实践探索的得失经验,我们可以认定有效的资讯式学科信息服务须遵循以下原则:

(1)新颖性原则。喜新厌旧,乃人之常情。新奇信息易引人注意。但未必时间上新,内容就新,资讯式服务强调的并非简单的新闻意义上的新,而是所报道文献信息内容的前沿性和参考价值上的新,只要是用户闻所未闻或虽有所闻却不曾关注而又对其有意义的信息皆为新,这种新价值常常是在与相关文献的比较中显现出来的。所以学科馆员在选择报道内容时,绝不能仅站在自己角度想当然衡量和评价文献信息的报道价值,而是要通过相关文献的比较,选择那些能提供更多有参考价值的事实信息的文献加以报道,有时甚至要经过一段时间相关文献跟踪,看是否有更好的、信息更充分的文献,通过比较和检验来确认拟报道文献信息的新意义和新价值。

(2)参考性原则。对于拟报道的文献信息要时时处处从用户需要出发,筛选和提炼出那些最能使用户受益的事实信息,特别强调报道内容上的事实信息和参考意义,同时又强调通过标题把这些信息首先通过标题加以突出或放大,以吸引用户关注,唤起其进一步阅读的兴趣。从新闻阅读心理看,读者阅读报刊时普遍存在一种接近性心理,时间上的接近、地域上的接近、职业上的接近、性别上的接近等,均能使读者感兴趣或产生认同感①。因此,在准备把文献信息报道给用户

---

① 程光明.新闻受众心理分析[J].湖南社会科学,1999,(05):79

时,必须尊重用户这种喜近厌远的心理,把用户最关心、用户可能认为最重要、与用户心理最接近的信息首先通过标题反映出来。只有标题吸引住了用户的眼球,他们才会阅读正文,才为有效报道创造了条件。所以好的标题是有效报道服务的关键,这就需要借鉴新闻报道和广告语的理念与技巧。

(3)省力阅读原则。人的视觉活动具有就简性原则,也称"阅读最省力原则"①。现代社会用户每天都会面对大量文章和文字需要阅读,他们难以用很多时间来阅读呈现在他们面前的每一篇文章、每一行文字,所以文字不在多,而在能从中收获实实在在有价值的信息。这就要求我们报道的语词必须高度简洁凝练,割掉所有冗余的东西,挤掉所有水分,留下来的每个字都必不可少,且都有沉甸甸的内涵和份量,每行文字都能展示出事实的魅力。也就是说,报道文献信息内容的每个字都应该表达的是事实内容,是事实在说话,而不是空谈、假设和想象,这样才能让用户感觉读有所值。

(4)可靠性原则。我们要报道的是别人发表的文献,而不是学科馆员自己的个人看法,只有报道的内容客观、可靠,才能赢得用户信任。因此,无论怎样提炼标题和内容,都绝对不可以歪曲、更不能修改原文的真实内容,必须高度客观。一旦完成内容的摘要后,一定还要核对原文,看是否准确传达出了原文内容和意义。同时,必须非常详细在文末清楚标注原文的作者、标题和出处,让用户能根据文献来源能迅速找到原文。

结语

资讯式学科信息服务策略无疑也适用于图书馆新资源通报等其它报道性服务。例如图书馆习惯发布"RESSET 数据库试用通知"之类的通知,"RESSET 数据库"是什么,用户毫不了解,自然不会产生阅读兴趣,如果以"获取金融数据的重要平台——RESSET 数据库在我馆

---

① 张理.广告心理学［M］.北京:清华大学出版社,北京交通大学出版社,2011.
178

试用"这种资讯方式报道,用户一看标题便知道这个数据库有什么用,能给自己提供哪些方面的服务,目标用户立刻就被锁定,并使其产生进一步了解的愿望。

资讯式学科信息服务是对学科文献信息的报道服务,在报道内容上充分尊重了用户的需要,在表达和报道方式上也充分。

资讯式学科文献信息服务是对学科文献信息的报道服务,在报道内容上充分尊重了用户的需要,在表达和报道方式上也充分尊重了用户接受的需要,多年的服务实践证明,在网络信息泛滥的时代,用户需要这种披沙拣金的服务,只要充分尊重用户的阅读接受倾向,他们一定会乐意阅读和接受的。

基于资讯式学科文献信息服务的实践探索总体而言是成功的,从阅读学、阅读心理学、受众心理学等角度来理解现代社会用户的阅读倾向,来设计和选择服务话语和话语方式,是有效的。在服务理念与策略上无论对于高校图书馆开展学科信息服务,还是开展其他资源与服务的报道、宣传和推广服务,资讯式学科信息服务的实践探索都具有十分重要的借鉴意义。

当然,要做好资讯式学科文献信息服务,对于学科馆员的专业素养和实践经验都提出了很高要求。笔者的专业方向和教育教学实践是基础教育,能够服务的学科领域是极其有限的,因此在服务理念与实践上的探索究竟有多大的普适价值,还有待相关实践探索的进一步检验。但有一点可以肯定,无论是学科服务还是学科信息服务,学科专业内行与外行对于文献信息需求的理解是有很大区别的,所以学科服务者本身必须是专业内行,没有专业素养和实践经验的学科馆员很难深入理解学科用户的实际需求,自然也就难以融入和嵌入学科用户教学与科研过程中有效开展深层次的文献信息服务。

参考文献

图书:

[1]杜泽逊.文献学概要[M].北京:中华书局,2008

[2]中国大百科全书总编委员会.中国大百科全书:23卷[M].北京:中国大百科全书出版社,2009

[3]冯契.哲学大辞典(上)[M].上海:上海辞书出版社,2007

[4]王众托,吴江宁,郭崇慧.知识与知识管理[M].北京:电子工业出版社,2010

[5]中国大百科全书总编委员会.中国大百科全书:28卷[M].北京:中国大百科全书出版社,2009

[6]菲尔迪南·德·索绪尔.普通语言学教程[M].高明凯,译.北京:商务印书馆,1985

[7]马克思恩格斯全集:第3卷[M].北京:人民出版社,1960

[8]黄宗忠.图书馆学导论[M].武汉:武汉大学出版社,2002

[9]吴慰慈.图书馆学基础[M].北京:高等教育出版社,2004

[10]施良方.学习论[M].北京:人民教育出版社,1994

[11]曹明海,宫梅娟.理解与建构——语文阅读活动论[M].青岛:青岛海洋大学出版社,1998

[12]张必隐.阅读心理学[M].北京:北京师范大学出版社,1992

[13]刘焕辉.言语交际学基本原理[M].南昌:江西教育出版社,1997

[14]曾祥芹.阅读学新论[M].北京:语文出版社,2000

[15]吴慰慈,董焱.图书馆学概论[M].北京:北京图书馆出版社(今国家图书馆出版社),2002

[16]克雷格·勒尔.策略性思维——个人和专业发展的有力工具[M].黄远振,译.沈阳:辽宁教育出版社,2001

[17]李宝元.广告学教程[M].北京:人民邮电出版社,2010

[18]印富贵.广告学概论[M].北京:电子工业出版社,2006

[19]吴慰慈.图书馆学新探[M].北京:北京图书馆出版社(今国家图书馆出

版社),2007

　[20]彭聃龄.语言心理学[M].北京:北京师范大学出版社,1991

　[21]王尚文.语感论[M].上海:上海教育出版社,2002

　[22]靳玉乐.对话教学[M].成都:四川教育出版社,2006

　[23]曹日昌.普通心理学:下册[M].北京:人民教育出版社,1980

　[24]国家图书馆研究院.国内外图书馆学研究与实践进展(2007—2008)[M].北京:国家图书馆出版社,2009

　[25]朱立元.美学[M].北京:高等教育出版社,2001

　[26]马远良.参考咨询工作[M].北京:北京图书馆出版社(今国家图书馆出版社),2000

　[27]北京大学图书馆学系,武汉大学图书馆学系.图书馆学基础[M].北京:商务印书馆,1981

　[28]柯平.信息咨询概论[M].北京:科学出版社,2008

　[29]徐辉,季诚钧.独立学院人才培养的理论与实践[M].杭州:浙江大学出版社,2007

　[30]冯文广.独立学院发展战略研究——以四川省为例[M].成都:西南财经大学出版社,2010

　[31]游丽华.图书馆用户教育[M].北京:中国社会科学出版社,2008

　[32]巴赫金.诗学与访谈[M].石家庄:河北教育出版社,1998

　[33]田慧生,李臣之,潘洪建.活动教育引论[M].北京:教育科学出版社,2000

　[34]佐藤正夫.教学论原理[M].北京:人民教育出版社,2001

　[35]彭聃龄.普通心理学[M].北京:北京师范大学出版社,2001

　[36]第斯多惠.德国教师培养指南[M].北京:人民教育出版社,2001

　[37]初景利等.学科服务进展与创新[M].北京:海洋出版社,2013

期刊、学位论文:

　[1]托马斯 J. 约翰逊,芭芭拉 K. 凯,谭辛鹏.互联网与传统媒介信息可信度的比较[J].国际新闻界,1999(5)

　[2]张惠芳,赵瑞琦.网络时代的纸媒生存之道[J].新闻知识,2009(2)

　[3]任俊为.知识经济与图书馆的知识服务[J].图书情报知识,1999(1)

　[4]陈建龙,王建冬,胡磊等.再论知识服务的概念内涵——与信息服务关系

的再思考[J].图书情报知识,2010(4)

[5]安月英.网络环境下图书馆服务理念的整合——从信息服务到知识服务[J].情报杂志,2002(6)

[6]王琏嘉.图书馆参考咨询实现知识服务的可能性——"网上联合知识导航站"的统计与研究[J].图书馆杂志,2006(2)

[7]刘淑玲.网络环境下高校图书馆的知识管理与知识服务[J].情报科学,2010(4)

[8]王燕海,盛春蕾,范广兵.科研用户对研究所图书馆学科化服务的认知度分析[J].现代情报,2008(12)

[9]陈飞鲸.网络语言的特殊性[J].东南传播,2006(1)

[10]王用源,李爽,王乐乐.试论语言的功能磨损与功能补偿在网络用语中的体现[J].兰州教育学院学报,2012(7)

[11]黄晓斌,余双双.网络用语对信息交流的影响[J].情报理论与实践,2008(1)

[12]李楠.近十年中国网络用语研究综述[J].吉林化工学院学报,2012(10)

[13]韩梅.网络用语的文化现象透析[J].绥化学院学报,2008(1)

[14]刘倩忠,王婷.潜性显性化——网络用语产生的重要途径[J].文教资料,2010(18)

[15]郑勇.从言语到话语——赋予高校图书馆网站以对话性格[J].大学图书馆学报,2014(1)

[16]郑勇.高校图书馆网站:从独白走向对话——以我国20所重点高校图书馆网站栏目设置为例[J].情报资料工作,2010(1)

[17]郑勇.高校图书馆网站建设的问题与对策[J].现代情报,2009(11)

[18]黄文忠.网络环境下大学生图书馆信息行为实证研究——以广州大学为例[J].广州大学学报(社会科学版),2014(7)

[19]王毅蓉.基于大学生调查问卷的"90后"大学生信息需求分析[J].图书馆建设,2012(2)

[20]付立宏,邢萌.高校学生读者享受图书馆咨询服务现状调查与思考[J].图书馆学研究,2011(16)

[21]王强.学科馆员与大学图书馆知识服务研究[D].吉林大学,2010

[22]尚新丽,杨柳.我国高校图书馆网站建设现状研究——基于对学生用户使用评价的调查[J].图书情报工作,2012(13)

[23]张晓林.走向知识服务:寻找新世纪图书情报工作的生长点[J].中国图书馆学报,2000(5)

[24]郑勇.让参考咨询服务更具参考性——高校图书馆参考咨询服务的现状与思考[J].图书馆论坛,2012(6)

[25]屈南,彭艳.大学图书馆纸本图书流通量下降原因分析及对策——以首都师范大学图书馆的实践为例[J].图书情报工作,2011(S2)

[26]于静,杨雪晶.高校图书馆读者服务创新研究[J].图书馆论坛,2007(2)

[27]曹树金,司徒俊峰.高校图书馆的信息技术变革需求——基于中山大学图书馆用户的调查[J].图书馆论坛,2011(6)

[28]涂文波.大学图书馆数字资源需求与服务的读者调查及分析[J].大学图书馆学报,2008(5)

[29]韩宇,杨宝华.论图书馆知识服务的超越用户需求策略[J].图书情报知识,2004(3)

[30]张文莉.基于现代图书馆开展知识服务的思考[J].图书馆,2009(4)

[31]黄宏伟,李作化.略论知识服务在图书馆中的实现[J].图书馆,2006(5)

[32]尤如春.论网络环境下的知识服务策略[J].图书馆,2004(6)

[33]张彬.知识生产服务与知识消费服务——关于"知识服务"概念的哲学解析[J].图书情报工作,2011(15)

[34]乌家培.正确认识信息与知识及其相关问题的关系[J].情报理论与实践,1999(1)

[35]田红梅.试论图书馆从信息服务走向知识服务[J].情报理论与实践,2003(4)

[36]乔杨.论全媒体时代图书馆知识服务的优化路径[J].中国报业,2012(4)

[37]陈景增.知识经济环境下的图书馆知识服务[J].情报科学,2000(7)

[38]李尚民.图书馆信息服务与知识服务比较研究[J].现代情报,2007(12)

[39]王玲.从信息服务到知识服务[J].情报资料工作,2006(6)

[40]周亚雄.论图书馆知识服务[J].图书馆,2003(2)

[41]周倩,刘勇.图书馆知识服务理论与实践概论[J].情报理论与实践,2005(4)

[42]陈建龙,王建冬,胡磊等.一论知识服务的概念内涵——基于产业实践视角的考察[J].图书情报知识,2010(3)

[43]徐以斌.高校图书馆实施知识服务的要素与内涵[J].图书馆,2007(6)

[44]徐楚雄.图书馆服务定位:"知识服务"质疑[J].图书馆建设,2007(6)

[45]陈碧叶.从信息服务到知识服务[J].图书馆杂志,2004(1)

[46]李智敏.不可轻言"知识服务"——关于知识服务能否作为图书馆核心能力的讨论[J].图书馆杂志,2005(10)

[47]闫静波,李玉玲.适应用户需求的图书馆知识服务[J].图书馆学研究,2010(11)

[48]孙宁.图书馆的知识服务[J].云南教育学院学报,1999(4)

[49]田晓阳,陈春,辛小萍.快报在知识服务中的功能探讨[J].图书馆论坛,2010(5)

[50]王均林,岑少起.知识服务与图书馆的核心能力——与张晓林先生商榷[J].图书情报工作,2002(12)

[51]李贺,刘佳.我国图书馆知识服务研究热点述评[J].情报科学,2010(4)

[52]李家清.知识服务的特征及模式研究[J].情报资料工作,2004(2)

[53]柴永红.论信息服务与知识服务[J].情报杂志,2004(4)

[54]孙晓明,张爱臣.知识服务与图书馆组织结构变革[J].图书馆工作与研究,2010(11)

[55]李玉花,孙晓明.图书馆知识服务的实践策略和模式[J].情报资料工作,2010(1)

[56]史振立.基于知识管理的图书馆知识服务[J].情报杂志,2007(7)

[57]范晓.语言、言语和话语[J].汉语学习,1994(2)

[58]胡昌斗.高校图书馆的网页优化与网站建设[J].图书馆论坛,2005(3)

[59]马先皇.对我国20所高校图书馆网站内容建设情况的调查与分析[J].图书情报工作,2005(1)

[60]姚向阳,江蓉星,黄黄.港台与内地高校图书馆读者培训的调查与研究[J].图书情报工作,2012(23)

[61]刘广普,李晓红,张一章.网络环境下的图书馆效益浅探[J].中国图书馆学报,2000(6)

[62]杨容.图书馆员职业倦怠的成因分析及对策探究[J].四川图书馆学报,2012(2)

[63]刘晓光,郭霞,董维春.日本高校社会服务:形式、特点及启示[J].现代教育管理,2011(10)

[64]余宏俊,达庆利.基于知识创新的科研组织人力资源管理体系研究[J].中国软科学,2004(12)

[65]陈喜红.超市化管理模式在高校图书馆读者服务中的应用[J].情报探索,2011(2)

[66]卢小玲,陈漫红,李少贞.港澳两地公共图书馆"超市化"管理的调查与思考[J].图书情报工作,2011(1)

[67]雷萍艳.论高校图书馆实施超市管理模式的利与弊[J].图书馆学刊,2009(2)

[68]潘东霞.现代超市理念对图书馆建设的启示[J].图书馆杂志,2002(1)

[69]马丽华,王丽娟,张桂山等.高校图书馆参考咨询服务中信息服务超市模式研究[J].情报科学,2010(5)

[70]范烨.现代超市管理模式在图书馆的实践[J].河南图书馆学刊,2006(2)

[71]卢小玲.图书馆"超市化"管理模式应用调查研究——以广东省部分高校为例[J].图书馆学研究,2010(10)

[72]李晓红.超市理念在高校图书馆中的应用[J].河南图书馆学刊,2007(5)

[73]陈灏,李晓赤,柳建华."大学文化超市":高校图书馆文化服务新模式——以上海海事大学图书馆为例[J].图书馆杂志,2013(12)

[74]周金林.图书馆书刊广告宣传初探[J].图书情报知识,1991(2)

[75]蔡红,张涛.图书馆宣传推广中的广告策略初探[J].图书馆理论与实践,2011(10)

[76]王君.高校图书馆如何开发利用广告信息[J].图书馆学研究,2002(11)

[77]石宏英.广告对图书馆生存发展的启示[J].河北大学学报(哲学社会科学版),2000(3)

[78]李玲.图书馆开展为研究性学习服务的思考[J].图书馆工作与研究,2008(6)

[79]田野.现代图书馆为读者自主学习服务探析[J].图书馆学刊,2011(12)

[80]李慧,吕云生,涂育红.高校图书馆开展自主学习服务研究[J].图书馆学刊,2014(3)

[81]邱永萍,徐澎,何程.我国高校图书馆网站建设的评价——以北京大学和香港中文大学图书馆网站建设为例[J].图书馆理论与实践,2004(4)

[82]胡敏.关于我国高校图书馆网站建设的思考[J].图书馆理论与实践,2006(5)

[83]相丽玲,董小燕,屈宝强.从网页设计看高校图书馆的网站建设[J].情报学报,2004(2)

[84]张玲,章文娟,茹海涛.高校图书馆开展讲座服务的实践与思考——以北京师范大学图书馆"专家讲座"实践为例[J].现代情报,2008(11)

[85]宫梅娟.论阅读心理图式及其作用[J].山东师大学报(社会科学版),1998(4)

[86]向淑君.网络新闻受众的阅读心理[J].新闻爱好者,2003(2)

[87]陈琳.有效网络阅读资源建设研究[J].情报杂志,2011(1)

[88]宋洁,张敏.大学图书馆参考咨询服务数据的管理和利用实践[J].农业图书情报学刊,2011(6)

[89]黄葵.论阅读心理过程及各种心理因素[J].图书与情报,1998(1)

[90]朱思渝.网络超文本阅读研究——基于大学生网络阅读行为的调查分析[J].图书馆工作与研究,2011(10)

[91]祝力.行话和术语对图书馆网站可用性的影响[J].图书馆杂志,2005(6)

[92]郑勇.在独白语境中徘徊的高校图书馆网站——对我国20所重点高校图书馆网站栏目设置的调查[J].情报探索,2010(2)

[93]张勤.设总咨询台是重塑图书馆形象的良策[J].大学图书情报学刊,2007(4)

[94]范爱红,邵敏,赵阳.大学图书馆网站设计理念的探析与实践——清华大学图书馆网站改版案例研究[J].大学图书馆学报,2006(3)

[95]叶新东,黄云龙,杨清泉.不同人格结构学生群体课程网页浏览轨迹的眼动研究[J].现代教育技术,2012(1)

[96]郑建明,宋海艳.论图书馆员与图书馆核心能力[J].新世纪图书馆,2008(2)

[97]夏侯炳.参考咨询功能论[J].中国图书馆学报,1997(1)

[98]林华.世纪之交的参考咨询工作[J].四川图书馆学报,1998(5)

[99]蒋永新.当前美国高校图书馆参考咨询工作述略[J].图书情报知识,2002(1)

[100]黄智武.高校图书馆参考咨询服务现状与发展的再思考[J].晋图学

刊,2005(4)

[101]李惠珍.高校图书馆的参考咨询工作[J].图书馆论坛,1991(2)

[102]王忠惠.高校图书馆咨询服务机制的探源及其运作[J].图书馆论坛,1996(1)

[103]陈梅花.独立学院图书馆的发展现状及对策[J].图书情报知识,2004(6)

[104]刘素清.让虚拟参考咨询服务走出困境、走向振兴[J].大学图书馆学报,2009(6)

[105]刘群.论参考咨询服务在独立院校中的变通[J].图书馆学研究,2006(11)

[106]刘勇,徐双.独立学院学生阅读倾向调查分析及图书馆应对策略[J].农业图书情报学刊,2009(10)

[107]胡辛,邓煜.心在电影之梦中飞翔——张艺谋与斯皮尔伯格的美学追求比较[J].南昌大学学报(人文社会科学版),2005(2)

[108]郑勇.从对话的视角看高校图书馆学科服务策略[J].图书馆论坛,2010(2)

[109]柯平,唐承秀.新世纪十年我国学科馆员与学科服务的发展(下)[J].高校图书馆工作,2011(3)

[110]袁曦临,范莹莹,陈霞.大学图书馆嵌入通识教育的实践探索——以东南大学为例[J].图书情报工作,2011(17)

[111]朱永新.满堂灌、缺乏阅读等是中国教育的最大问题[J].成才之路,2011(15)

[112]张佳佳.网络时代我国高校图书馆读者培训工作调查与分析[J].高校图书馆工作,2011(3)

[113]王亚军.网络环境下高校图书馆用户培训效果的有效控制[J].情报理论与实践,2009(6)

[114]刘绍荣,朱莉.高校图书馆读者咨询服务的现状调查与对策分析——以复旦大学图书馆为例[J].图书情报知识,2005(2)

[115]毕道村.人与环境的辩证关系和历史研究的辩证方法[J].史学理论研究,1994(4)

[116]肖珑.不枉五载推移力,今日中流自在行——记北京大学图书馆用户培训服务的发展历程[J].大学图书馆学报,2004(4)

[117]赵莉.网络环境下用户培训新模式[J].图书馆学研究,2007(11)

[118]王莲.伊利诺伊大学图书馆用户培训及其启示[J].图书馆学研究,2012(18)

[119]袁红军.高校图书馆读者教育培训能力研究——以中南六省区"211"高校图书馆为例[J].图书馆,2013(3)

[120]成俊颖,朱莉,郝群等.复旦大学图书馆江湾分馆开馆读者问卷调查分析报告[J].图书馆建设,2008(10)

[121]初景利.嵌入式图书馆服务的理论突破[J].大学图书馆学报,2013(6)

[122]朱述超.大学图书馆读者教育新探索:基于信息寻求模式分析与建构认知观[J].图书馆论坛,2011(2)

[123]袁红军.高校图书馆读者教育培训能力研究——以中南六省区"211"高校图书馆为例[J].图书馆,2013(3)

[124]刘青华.香港地区高校图书馆的读者教育[J].图书馆理论与实践,2003(3)

[125]司莉,吴方枝,钱绮琪等.高校图书馆嵌入教学服务的成功要素分析[J].图书馆杂志,2013(3)

[126]王泽琪,周凤飞.体现本科专业特点的信息检索课程教学内容研究[J].图书馆工作与研究,2007(3)

[127]沈小玲.基于学科知识管理的高校图书馆学科知识服务[J].情报探索,2009(8)

[128]钟启泉."有效教学"研究的价值[J].教育研究,2007(6)

[129]李慧美,陈朝晖,杨广锋.从豆瓣网看图书馆学科信息服务的改进[J].图书馆杂志,2009(8)

[130]洪拓夷.信息检索"实践+研究+自助"教学新模式[J].图书馆杂志,2005(4)

[131]胡和平.从对话理论看文学的模糊性[J].名作欣赏,2005(10)

[132]徐晓琳,蒋亚琳,熊建萍.网络环境下的文检课改革[J].图书馆建设,2005(6)

[133]郑勇.高校文献检索课对话教学初探[J].科技情报开发与经济,2009(34)

[134]高飞.教育绝不是服务[J].教育理论与实践,2008(3)

[135]王春,方曙,杨志萍等.中国科学院国家科学图书馆"学科馆员"的学科

化服务[J].图书情报工作,2007(2)

[136]张召琪.高校学科化信息服务创新机制研究[J].图书馆理论与实践,2010(8)

[137]严玲.中美高校专业图书馆学科服务创新与发展探析——以高校法学院图书馆为例[J].图书情报知识,2012(6)

[138]李春旺.学科化服务模式研究[J].图书情报工作,2006(10)

[139]吴跃伟,张吉,李印结等.基于科研用户需求的学科化服务模式与保障机制[J].图书情报工作,2012(1)

[140]赵闯.国内高校图书馆学科服务实证研究[J].图书馆学研究,2013(18)

[141]吴漂生.我国学科馆员研究综述[J].图书馆理论与实践,2006(6)

[142]祁宁,吴齐.论高校图书馆学科馆员制度的建设——对沈阳建筑大学图书馆学科馆员制度的建议[J].图书馆学刊,2007(6)

[143]王群.高校图书馆学科服务实证研究[J].图书馆学研究,2010(16)

[144]罗亚泓.广州大学城高校图书馆学科服务现状调研与建议[J].图书情报工作,2013(11)

[145]柳卫莉,卢娅.高校图书馆学科馆员服务效果调查分析[J].图书馆,2010(6)

[146]荆光辉,张润泽,安云初等.独立学院人才培养目标思辨与定位[J].中国高教研究,2006(4)

[147]周进,冯向东.独立学院的办学定位与办学主体转换——依托名校办分校的"办学主体转换机制"研究[J].高等教育研究,2007(9)

[148]李春旺.学科馆员与参考馆员、信息经纪人比较研究[J].大学图书馆学报,2005(4)

[149]夏文华,杨艳燕.从主体性到主体间性:图书馆活动中对话关系的转变[J].图书馆杂志,2007(11)

[150]朱丽萍,陈耀盛.试论"学科馆员"的角色定位与高校图书馆实施"学科馆员"制度的必要性[J].浙江高校图书情报工作,2008(1)

[151]康军."资讯"浅论[J].晋图学刊,1991(2):48

[152]陆莉."211工程"高校图书馆学科服务现状调查与分析[J].图书馆学研究,2013(4)

[153]陈红艳,章望英,孙晶.我国"985"高校图书馆学科服务现状调查与分

析[J].高校图书馆工作,2012(3)

[154]汤莉华,黄敏.论高校图书馆学科馆员制度的完善——由上海交通大学图书馆建立学科馆员制度说开去[J].大学图书馆学报,2006(1)

[155]郑勇.独立学院实施学科馆员制度的路径选择[J].科技情报开发与经济,2009(28)

[156]初景利.试论新一代学科馆员的角色定位[J].图书馆理论与实践,2007(3)

[157]孙怡然."211工程"院校图书馆馆刊现状调查与分析[J].河北科技图苑,2014(1)

[158]闻靖灏.独立学院科研发展现状及对策[J].宁波大学学报(教育科学版),2006(5)

[159]许勇.大学图书馆馆刊的现况调查[J].上海高校图书情报工作研究,2009(4)

[160]熊欣欣,周晓丽.学科服务的探索与实践——《学科信息导报》[J].图书情报工作,2010(21)

[161]武三林,颉艳萍,李莉.大学图书馆学科馆员制度建设的实施策略[J].中国图书馆学报,2007(3)

[162]李衍柱.巴赫金对话理论的现代意义[J].文史哲,2001(2)

[163]程光明.新闻受众心理分析[J].湖南社会科学,1999(5)

国家图书馆出版社
图书馆学、信息管理科学重点图书推介

RDA 全视角解读
罗翀主编　　　　　定价:100.00 元　　　　出版时间:2015 - 05

《资源描述与检索》的中文化
胡小菁等著　　　　定价:60.00 元　　　　　出版时间:2015 - 01

资源描述与检索(RDA)
RDA 发展联合指导委员会主编
　　　　　　　　　　定价:480.00 元　　　　出版时间:2014 - 06

UNIMARC 手册:规范格式(第三版)
Mirna Willer 编;《中国机读规范格式》工作组译
　　　　　　　　　　定价:120.00 元　　　　出版时间:2013 - 12

电子资源 MARC21 组织法
罗翀等编著　　　　定价:48.00 元　　　　　出版时间:2013 - 11

编目:新的变化与应对之策——第三届全国文献编目工作研讨会论文集
国家图书馆中文采编部编
　　　　　　　　　　定价:120.00 元　　　　出版时间:2013 - 10

中文书目数据制作
全国图书馆联合编目中心,国家图书馆中文采编部编
　　　　　　　　　　定价:100.00 元　　　　出版时间:2013 - 09

中国图书馆分类法(第五版)

《中国图书馆分类法》编辑委员会编

定价:360.00 元　　　　　　出版时间:2010 - 09

中国图书馆分类法(未成年人图书馆版)(第四版)

《中国图书馆(未成年人图书馆版)》编辑委员会编

定价:180.00 元　　　　　　出版时间:2013 - 11

《中国图书馆分类法》第五版与第四版增删改类目对照表

卜书庆　刘华梅编　　定价:50.00 元　　　出版时间:2013 - 03

中国图书馆分类法简本(第五版)

《中国图书馆分类法》编辑委员会编

定价:120.00 元　　　　　　出版时间:2012 - 09

《中国图书馆分类法》第五版使用手册

《中国图书馆分类法》编辑委员会编

定价:59.00 元　　　　　　出版时间:2013 - 11

中文普通图书分类方法与 CNMARC 书目数据编制技巧

秦小燕著　　　　　定价:38.00 元　　　出版时间:2014 - 05

以上系列图书盗版严重　请从正规渠道购买

地址:北京市西城区文津街 7 号

邮编:100034

电话:010 - 66126153;66114536;66151313;88003146

传真:010 - 66121706

网址:www.nlcpress.com